허슬, 멈추지 않는 추진력의 비밀

일러두기

각주는 '*'으로, 미주는 아라비아 숫자로 표시하였다.

HUSTLE
허슬, 멈추지 않는 추진력의 비밀

닐 파텔·패트릭 블라스코비츠·조나스 코플러 지음 | 유정식 옮김

21세기북스

어이쿠, 이런! 당신을 만날 줄이야!

정말이지 당신이 우리를 만난 건 행운이나 우연의 일치가 아니다.

(뭐, 우리는 행운과 우연을 모두 믿기는 한다.)

이 책은 우리가 의도한 대로 당신을 사로잡고 당신 안으로 밀고

들어가 당신 내면에 무언가를 이야기할 것이다.

이제 당신 차례다.

당신에게는 끝내지 못한, 꽤 큰 **할 일**이 있다.

그리고 이 책을 **얼른** 읽을수록 당신은 **더 빨리** 그 일을

시작할 수 있다.

프롤로그
포스는 우리 편이 아니다

"솔직히 말해서, 저는 당신 말을 믿지 않습니다."

때는 2012년 가을이었다. 닐이 2,500명의 열정적인 마케터들을 대상으로 한 디지털 마케팅의 최신 트렌드에 관한 기조연설을 막 끝내고 열렬한 박수를 받으며 무대 아래로 내려오던 차였다. 그는 기업가적인 '허슬Hustle'을 수용하는 것이 성공을 위해 무엇보다 중요하다는 말로 청중을 열광시키며 연설을 마무리했고, 잘 끝난 것 같아 뿌듯했다.

깜짝 놀란 닐은 목소리가 들린 쪽으로 고개를 돌렸다. 검은 머리칼에 자그마한 여자였다.

"뭐라고 하셨나요?" 그는 엉겁결에 물었다.

"이봐요, 닐." 그녀가 말했다.

"알다시피 성공을 위한 최고의 방법은 부유한 부모 밑에 태어나는 거라고요. 주위를 둘러봐요. 승자들은 죄다 특권층 출신이잖아요."

닐은 고개를 저으며 대답했다.

"글쎄요. 제 첫 직업은 놀이공원 화장실 청소였는데요, 그 놀이공원이 집 근처에 있었다는 '특권' 덕분이었죠. 제가 말 그대로 허슬이 믿을 만하다는 살아 있는 증거입니다."

하지만 비난하는 사람의 끓어오르는 불신에 자기 대답이 묻히는 것 같았기에 닐의 목소리에는 힘이 없었다. 그녀는 못마땅한 듯 눈을 굴리며 노트에 필기하던 펜으로 허공을 찔러댔다.

"거짓말 말아요. 빌 게이츠를 보세요. 마크 저커버그, 첼시 클린턴Chelsea Clinton(빌 클린턴과 힐러리 로댐 클린턴의 딸-옮긴이)도요. 하버드나 스탠퍼드를 다니지 않았다면 그 클럽에 들어가지 못하죠. 클럽에 못 들어가면 인맥을 얻지 못하고, 인맥이 없으면 기회도 없는 거잖아요. 기회가 없으면 진정한 성공의 가능성도 없는 거고요."

전직 놀이공원 화장실 청소부였고 이제는 인터넷 마케팅계의 아이콘이자 스타트업 창업자가 된 닐이 뭐라 설명할 겨를도 주지 않고 그 까만 머리칼의 여자는 닐을 남겨둔 채 컨벤션 센터 홀 저편으로 사라졌다.

콘퍼런스 뒤풀이 파티가 열리던 그날 밤 내내, 그녀를 설득하지 못한 자신의 무능함에 닐은 짜증이 났고, 공짜로 무제한 제공되는 칵테일과 귀를 찢을 듯한 음악 소리, 시끌벅적하게 맥주를 들이켜는 동료들 속에서도 지나치게 발랄한 보더콜리(양치기에 이용되는 개 품종 중 하나-옮긴이) 같은 좌절감이 그에게 달려들었다.

그 일을 떨쳐내려고 하면 할수록 그는 그 까만 머리칼의 여자가 틀렸다는 것을 증명해야 한다고 생각했다.

꼭 그녀와 같은 생각은 아니더라도, 전문가들과 학생들, 예술가들과 기업가들, 엄마들과 아빠들 중에는 이런 불만을 가진 사람들이 엄청나게 많다. 우리는 그들을 잘 안다. 그들은 우리의 친구이고 동료이며 가족이다.

일요일 밤마다 표준적인 업무 규정과 사회적 관습의 멍에를 쓴 우리는 '월요병'이라는 가벼운 우울증에 빠진다. 다음 날 아침 8시에 우리를 기다리고 있는 힘들고 단조로운 일상에 압도된 나머지 우리의 아이들, 배우자들 그리고 우리의 여러 가지 취미들—인생의 작은 선물이 되는—이 무대 뒤로 서서히 모습을 감추지 않는가?

대부분의 직장인들이 자신의 일과 감정적으로 단절돼 있고, 과거에 품은 꿈은 여전히 요원해서 이제 순간의 기억으로 남아 있을 뿐이라고 한탄하듯 말한다. 우리 모두가 신에게서 특별히 은총 받은 존재라면 일용할 양식을 구하느라 왜 이리 힘든 악전고투의 시간을 보내야 하나?

하지만 솔직히 말해보자. 우리 대부분은 그렇게 '특별하지' 않다.

우리는 페이스북의 최고운영책임자 셰릴 샌드버그Sheryl Sandberg처럼 아이비리그 학력이나 케네디 가문과 같은 정치적인 혈통, 도널드 트럼프 같은 부자 아버지를 남들에게 뽐내지 못한다. 매일 아침 대중교통이나 자동차 운전석에 갇혀 출근하는 우리는 소수 특권층이 누리는 지름길에 올라탈 수 없다. 우리가 바랄 수 있는 최고의 것은 이따금 '다인승 전용차선(버스 전용 차선과 비슷한 개념-옮긴이)'을 이용하는 것뿐이다.

현실에서 우리는 루크 스카이워커(〈스타워즈〉의 남자 주인공-옮긴이)라기보다 록키 발보아(〈록키〉의 남자 주인공-옮긴이)에 더 가깝다. '포스force'는 우리 편이 아니다. 우리에겐 특별한 강점이 없다. 사실 우리는 약점투성이다. 기껏해야 승산이 별로 없고 우리의 삶을 압박하는 시스템에 맞서 싸워야 하는 '언더독underdog(이기거나 성공할 가능성이 거의 없다고 여겨지는 약자-옮긴이)'일 뿐이다.

요즘 우리 셋-닐, 패트릭, 조나스-은 주위 사람들 몇몇이 잘해내고 있는 모습을 지켜보고 있다. 물론 애를 먹고 있긴 하지만, 그들은 예외적이라 할 만큼 잘해내고 있다. 몇몇은 우리의 절친한 친구, 고객, 그리고 우리가 존경하는 사람들이다. 그리고 유별나게 재능 있는 사람들 몇몇은 근근이 살아가던 생활을 청산하려고 악전고투를 벌이면서 자신과 가족에게 했던 약속들을 지키고 있다. 우리는 너무나 많은 사람들이 쉴 새 없이 떠들어대는 비이성적인 공포에 압도당하고, 좀 더 많은 리스크를 떠안아야 한다는 부담감에 질식당하며, 미래를 선택하지 못하는 함정에 빠져 있는 모습을 목격한다.

그들의 꿈에 무슨 일이 생긴 걸까? 선의를 가지고 열심히 일하는 수많은 사람들이 왜 아무런 진전을 이루지 못할까? 그에 비해 극소수의 사람들은 번창하는 데 말이다. 성공하는 사람들과 성취하지 못한 사람들 간에 어떤 차이가 있을까? 여기에 무언가가 단절되어 있다. 우리는 그 차이를 발견해서 세계의 많은 사람들이 더욱 행복한 몽상가가 되고 더욱 자신만만한 행동가가 되도록 돕고 싶다.

그러면 어떻게 해야 우리가 원하는 방향으로 지속적인 성공과 성취를 달성하는 길을 발견할 수 있을까?

유일한 길이 있다. 바로 '허슬'하는 것이다.

한없이 풍족한 이 세상에서 우리가 꿈을 성취하지 못하도록 막아서는 유일한 한 가지는 안락한 곳 바깥으로 기꺼이 걸어나오려는 자발성에 독을 뿌리고 마는, 스스로에 대한 저항이다.

그리고 이 책은 바로 그 해독제다.

들어가며
아버지, 허슬은 '도둑질'이 아니랍니다

"좋은 일은 허슬하는 자에게 일어난다."

- 아나이스 닌Anaïs Nin

몇 개월 전에 패트릭이 아버지에게 자신과 공저자들이 이 책을 쓰고 있다는 말을 전하자 아버지는 매우 진지하게 물었다.

"왜 너는 도둑질에 대한 책을 쓰려고 하니?

패트릭은 이렇게 대답했다.

"허슬이란 말의 뜻을 다시 '훔쳐 오려는' 중이니까요."

인간의 언어가 시작된 이래, 허슬이란 단어는 뚜렷한 에너지를 담고 있었다. 이 단어는 사실 다른 뜻으로 통용됐다. 허슬은 '흔들다'라는 뜻을 지녔던 1600년대 중세 네덜란드어 'hutselen'이라는 동사에서 유래됐다. 지난 몇 년 만에 허슬이란 단어는 '훔치다' 혹은 '속이다'라는 부정적인 의미에서 '무언가를 일어나게 하다' 혹은 '가능성이나 장애물에도 불구하고 한 길로 나아간다'라는, 영감을 주는 단어로 진화되었다.

단어의 뜻이 최근에 이렇게 극적으로 변한 것은 우연이 아니고 사소한 것도 아니다. 이런 변화는 아이를 키우는 방식부터 세계의 전통적인 사회경제 기관들과 상호작용하는 방식에 이르기까지, 우리를 고용하는 기관들로부터 새로운 회사를 설립하도록 독려하는 기업가들의 세력과 기업가들을 규제하는 정부, 교육 시스템에 이르기까지 문화의 거대한 전환을 알리는 징후라고 볼 수 있다.

그러나 우리가 지금 경험하는 경제적, 문화적 변화의 속도는 전례가 없기에 허슬이란 단어에는 새로운 정의가 필요하다.

우리는 허슬을 다음과 같이 정의한다.

목표를 향한 결단력 있는 움직임.
간접적으로 그 움직임 자체가 행운을 창조하고 숨어 있던 기회를 드러내고
우리의 삶을 더 많은 돈과 의미, 추진력으로 충전시키는 움직임.

이 허슬에 대한 새로운 정의는 실용적 관점으로서 핵심을 포착한다. 뿐만 아니라 세계화와 어마어마한 소프트웨어들이 세상(그리고 우리의 직업)을 갉아먹을 거라는 전망이 현실세계에서 가족의 삶과 우리의 경력에 영향을 미치는, 이 급변하고 불확실한 세계에서 이익을 챙기기 위한 전략, 다시 말해 오늘날의 시대정신을 오류 없이 표현하고 있다.

이러한 '변덕'에 대응하기 위해 사람들은 자신의 힘과 존재를 행사하고 영속의 장소를 물색하기 위한 방편으로 에이전시를 물색한다. 결국 자신을 존재하게 만드는 더 많은 자기주도성과 자신감, 기회의 샘에 이르는 길을 찾으려 하는 것이다.

허슬은 자신만의 독특한 수단과 개인적인 성공을 찾으려는 사람들의 별스러운 면을 드러내는 말이다. 또한 타인의 성공을 맹목적으로 모방하기보다 자신만의 방법을 발견하는 것은 성공으로 가는 가장 진실된 길이다.

허슬은 새로운 아메리칸 드림에 있어 가장 중요한 도구다. 꿈을 '소유'함으로써 우리가 시스템에 대한 효력과 통제력을 발휘하도록 만들기 때문이다.

자신의 꿈을 전적으로 소유하려면 세 개의 기본적인 힘이 필요하다. 바로 돈money, 의미meaning, 추진력momentum이다. 허슬은 당신이 행하는 모든 것들, 개인으로서 되고자 하는 모든 것들을 통해 당신의 인생 전체에 걸쳐 이 세 가지 힘을 함양하고 증폭시키는 것을 목표로 한다. 올바르게 이루어지기만 한다면, 허슬은 무엇보다 중요한 재능이다.

돈의 필요성은 두말하면 잔소리다. 현금은 사람들에게 자신감을 심어주고 물질적인 요구를 충족시키며 현상을 유지하도록 해준다. 하지만 얼마나 많이 버는지에 상관없이 '의미가 없는 돈'은 채워질 수 없는 허무함을 야기한다. 의미란, 우리가 힘들게 일하고 고투하는 이유, 즉 아침에 일어나 하루를 맞이하는 이유로서, 돈에 의미가 있어야 하는 것처럼 의미도 돈을 필요로 한다. 이 둘이 적절하게 조합되면 추진력을 만들어낸다. 그리고 추진력을 얻게 되면 한 자리에서 멈출 수가 없다. 추진력이란 열정과 에너지를 뜻하며 누군가의 허락을 구하지 않고서도 자기 생각대로 일을 성사시킨다는 자신감의 원천이기 때문이다.

〈스타워즈〉의 제다이처럼 허슬의 '포스'가 이미 내면에 강하게 자리 잡고 있어서 당신이 대부분의 사람들보다 특별한 존재라면, 한 손으로도 우주선을 조종할 수 있는 사람이라면, 당신에겐 성공이 너무나 쉬운 일이라면, 그리고 세상이 알아서 당신의 모든 요구를 충족시켜 준다면 휴가철 책 읽기나 유머용 외에 다른 목적으로 당신이 이 책을 필요로 할 가능성은 별로 없을 것이다.

하지만 당신이 닐에게 따져 물었던 여성처럼 이러지도 저러지도 못한 채 억눌려 있는 대부분의 사람들과 마찬가지라면, 공정한 기회를 부여 받지 못했다면, 마땅히 누려야 할 휴식을 취하지 못한 채 그저 운 좋게 휴식의 기회가 생기기만을 기다린다면, 행동가가 될 준비를 갖춘 몽상가라면, 아웃사이더로 전락됐다고 느끼거나 길을 잃어버렸는데도 다른 길을 찾아나서는 걸 망각했다면, 친구여, 이 책을 계속 읽어라. 자신의 꿈을 소유하기로 결심했다면 힘의 균형을 깨뜨리고 자기 마음대로 성공적인 미래를 계획적으로 재구성하는 언더독, 혁신가, 리스크 수용자의 그룹에 들어가라.

우리는 그런 그룹의 사람들을 '허슬 세대Hustle Generation'라고 부른다. 우리 클럽에 온 걸 환영한다.

왜 우리냐고?

성공적인 기업가와 인터넷 아이콘으로 올라서기 몇 년 전 닐 파텔 Neil Patel은 대서양을 건너 영국 런던에서 캘리포니아 남부로 자리를 옮겼다. 이민 1세대로서 그의 가족은 자유와 경제적 유동성을 꿈꾸며 웨스트코스트에 정착했다. 닐의 부모는 중산층으로 가는 길을 천천히 밟아갔다. 전진하기 위해 필요하다면 무엇이든 했다. 그의 어머니는 정규직 일자리를 얻기 전까지 학교에서 무료로 학생들을 가르쳤고, 아버지는 여러 사업체를 옮겨 다니며 일했다. 부모님이 여러 가지로 강요되는 이민자의 윤리를 준수하려고 애쓰는 가운데, 닐은 뼈 빠지게 일하고 리스크를 수용하며 짭짤한 보상으로 이어질 기회를 두 눈 부릅뜨고 살피며 사업을 번창시키는 법을 배웠다.

그에게 도전이 없는 삶은 없었다. 닐은 잠시 노츠베리팜 Knott's Berry Farm 놀이공원의 화장실 청소부로 일하며 겸손과 책임감 그리고 악취를 없애버리는 방향제의 놀라운 힘에 대해 배웠다. 후에 그는 진공청소기 방문 세일즈맨으로 직업을 바꿔 살까 말까 망설이는 고객이 미래적인 디자인의 먼지 흡입기에 1,600달러를 투척하도록 설득해야 했다. 결국 단 한 대도 팔지 못했고, 그는 온라인 마케팅에서 자신의 재능을 발견하고 컨설팅 회사를 설립했다. 「월스트리트저널」은 스물한 살이 된 그를 웹에서 가장 영향력 있는 사람들 중 하나로 선정했고 그는 한 달에 수만 달러를 벌게 됐다.

하지만 그의 꿈은 바로 무너져내렸다. 스타트업을 키우려다가 완전히 발을 잘못 들여 수백만 달러의 채무를 지고 만 것이다. 그는 두 명의 직원을 고용했는데—그들에게 집을 사주기도 했다—둘은 그의 투자금을 훔쳐 달아나버렸다. 끔찍하다고? 그렇다. 하지만 이때가 닐의 진짜 허슬이 빛을 발하던 시기였다. 1년도 지나지 않아 그는 마케팅 전문성을 발휘해 컨설팅 사업을 매각했고, 강연 스케줄을 늘렸으며, 대담하게도 여러 개의 거래를 성사시킴으로써 수백만 달러의 빚을 바로 청산했다. 그는 수십여 개의 '포춘 선정 500대 기업'들이 온라인 트래픽과 수익을 늘리도록 도왔다. 그리고 세계를 리드하는 온라인 마케터로서 의심할 여지없는 거물로 성장했다.

요즘 닐은 상위에 랭크된 그의 블로그 '퀵스프라우트닷컴 quicksprout.com'에서 인터넷 마케팅을 설파하고 매년 수백만 명의 독자들에게 단순하면서도 명료한 기업가적인 조언을 제공하고 있다.

닐처럼 패트릭 블라스코비츠Patrick Vlaskovits도 이민자들의 사고방식과 그들에게 놓인 장애물들이 무엇인지 잘 알고 있다. 패트릭의 부모는 그가 여섯 살 때 아메리칸 드림을 좇아 유럽에서 과잉 경쟁의 분위기가 팽배한 캘리포니아 북부의 실리콘밸리로 이주했다. 어눌한 영어, 이상하게 생긴 점심 도시락, 촌스러운 옷차림이 그의 어린 시절을 상징하는 것들이다. 독일어와 헝가리어밖에 할 줄 몰랐던 패트릭은 1학년이 돼서야 뒤늦게 영어를 배웠다.

파란 눈과 금발의 그는 이웃들의 얼굴 모습과 별다를 게 없었지만, 패트릭은 전형적인 캘리포니아 아이들처럼 자라지는 못했다. 금욕과 궁핍함, 폭력이 오가던 부모의 이혼으로 점철된 유년생활은 그에게 엄격함을 강요했다.

현실 도피를 위해 패트릭은 책이라는 가상의 놀이터에 집착했다. 탐욕스러울 정도로 끊임없이 책을 읽어댄 나머지 3학년 때 선생님은 이렇게 말할 정도였다.

"저는 패트릭이 수업 중에는 책 읽기를 그만하고 내 말에 귀 기울이길 바랐어요."

그는 지식과 모험 추구를 자기 인생의 '애인'으로 삼고 부모와는 다른 꿈을 갖기로 결심했다. 부모와 선생님들이 영원한 부진아가 될 운명이라고 생각했던 패트릭은 「뉴욕타임스」가 꼽은 베스트셀러를 저술했고, 스타트업을 설립했으며, 전 세계의 혁신적인 기업가들과 포춘 500대 기업들에게 비즈니스 조언을 제공하는 사업체를 설립했다.

조나스 코플러Jonas Koffler는 전통적이지 않은 부모 밑에서 자랐다. 그의 부모는 아이디어에 열광하고 권위를 경멸하는 전문적인 '유목민', 다른 말로 '유대계 지식인'이었다. 엄밀히 이민자는 아니었지만 수십 개의 주와 몇몇 국가로 이사를 자주 다녀야 했기에 이민자와 다를 바 없었던 그는 매번 이사 다닐 때마다 어쩔 수 없이 '회복탄력성resilence'을 연마할 수밖에 없었고 여러 사람들과 여러 장소를 알게 됐을 뿐만 아니라, 자기 문제를 해결하려면 독자적으로 일하는 것이 중요하다는 점도 깨달았다.

십 대 시절, 그는 인권 운동가인 괴짜 이모와 화가이자 노조 협상가이자 그의 레슬링 코치 노릇을 해주던 이모부와 행복하고 안정적인 삶을 보냈다. 부모와 이모부는 누구보다 그에게 삶과 허슬의 기술에 대해 많은 것을 가르쳐준 후견인이었다.

이십 대에 스타트업에서 일하는 동안 조나스는 엄청난 충격을 받은 나머지 일시적인 시력 상실과 실어증을 얻었다. 기억력과 운동능력 일부를 잃은 그에게 병원에서는 '다발성경화증Multiple Sclerosis(중추신경계에 발생하는 만성 신경면역계 질환으로 시각과 감각에 장애가 생기는 증상을 보임-옮긴이)'이라고 했는데, 이는 오진이었다. 조나스는 요가와 명상을 통해 이러한 장애를 극복했고 결국 예전의 건강을 되찾는 데 성공했다.

이 과정에서 그는 공포를 떨쳐내고 현실에 이의를 제기하며 재능을 개발하도록 자극하는 여러 개의 목표를 중심으로 삶을 구축하는 법을 배웠다. 그는 창의력 넘치는 미디어 컨설팅 업체를 설립했고 예전부터 꿈꿔왔던 결과물을 성취했다.

닐, 패트릭, 조나스는 각자 벤처기업가들이 냅킨 뒷면에 휘갈겨 쓴 아이디어를 성사시키도록 기회를 제공할 만큼 영향력과 존경심, 신뢰와 믿음을 쌓아왔다. 그들은 어디든 여행하고 어디서든 일할 수 있는 자유, 부유하며 유명한 자들과 어울릴 수 있는 능력, 더 나은 곳으로 세상을 변화시키는 힘을 얻었다. 사실 셋의 어린 시절만 놓고 보면 절대 누리지 못했을 법한 특권이다.

그리고 이것들은 당신도 충분히 누릴 수 있다. 우리(저자들)가 배운 것이 있다면 그것은 허슬을 위해 특권을 가질 필요가 없다는 점이다.

당신은 오직 자신에게 허락을 해주면 된다. 그러면 나머지들, 즉 돈, 의미, 추진력은 자연스럽게 따라오기 마련이다.

[차례]

프롤로그: 포스는 우리 편이 아니다   6

들어가며: 아버지, 허슬은 '도둑질'이 아니랍니다   11

개요: 이 책이 어떻게 생겨먹었는지에 대한 안내   24

PART 1 마음

1. 남의 꿈을 이뤄주려 출근하지 마라   33

꿈은 결말을 위한 수단이 아니다 / 당신의 꿈에 무슨 일이 생긴 걸까? / 그래, 버지니아,
게임은 조작됐어 / 이번 주엔 팔지 않습니다: 아메리칸 드림 / 내 작은 친구에게 안부 전
해줘: '자유'의 조건 / 꿈을 소유하면 무제한의 이득이 생긴다 / 당신과 타인을 위한 선택
은 당신을 위한 선택이 될 것이다 / 꿈을 위해 허슬하라 / 허황된 꿈에 중독되지 마라

2. 리스크를 모르는 삶은 위험하다   57

일상이 공허한 이유 / 0칼로리라도 살은 찐다 / 성공을 원한다면 기꺼이 실패하라 /
숨어 있는 리스크의 무게 / 엉망진창의 악순환 / 셀리그먼의 개

3. 열정에 속지 말고 재능에 착각 말자   73

내가 나의 눈을 가린다 / 1만 개의 실수들 / 재능 인식이라는 '왜곡의 거울' / 자신의 링에
서 제대로 된 펀치를 날려라 / 웬만해선 눈에 보이지 않는 직무기술서의 진실 / 누가 리
스크를 먹고 있지? / '그릿'이라는 작은 거짓말 / 성공 훔치기 / 경험의 거울 / 당신은 바
퀴벌레가 아니다: 전문화는 곤충이나 하는 일이다 / 인생에서 꼭 알아야 할 '네 글자' / 완
벽 추구는 허슬을 방해한다

PART 2 머리

4. 약간의 고통이 허슬을 끄집어낸다   107

또라이에게서 공주님을 구하는 방법 / 약간의 고통 즐기기 / 몸이 괴로울 때 얻어지는 것들 / 뇌가 괴로울 때 얻어지는 것들 / 고통이 너무 크면 얻는 게 없다

5. 행운은 발견하는 것이 아니라 발굴하는 것이다   119

개울에서 만난 행운 / 행운을 만드는 방법 / '탈출 버튼'을 누를까 말까 / 행운의 과학 / 이봐, 타자! 스윙하라고! / 스윙 이론

6. 눈에 보이지 않는 허슬의 세 가지 법칙   136

여우가 알려준 비밀 / 허슬의 첫 번째 법칙: 당신을 움직이게 하는 것을 행하라 / '무엇'으로 시작해서 '왜'로 끝내라 / 당신의 열정을 따르지 마라 / 허슬의 두 번째 법칙: 고개를 들고 눈을 크게 떠라 / 기회의 바다 / 세 번째이자 아마도 가장 무서운 법칙: 계약을 맺고 그것을 실현하라 / 자신에게 진실하도록 자신을 배신하라 / 예술은 인생을 모방한다

7. 가장 빠른 길은 직선이 아닐 수도 있다   163

우회성: B에서 A로 가는 경로 / 꿈으로 가는 우회도로 / 허슬과 우회성 / 급경사 오르막길과 예상치 못한 목적지 / 다른 사람의 경로는 잊어라: 당신에겐 옳지 않은 길이니까 / 택시 잡기에 대한 리버스 엔지니어링 / 뱅크숏이 성공할 확률

8. 허슬러는 무턱대고 모험하지 않는다   180

세상에서 가장 현실적인 모험 / 네 가지의 길 / 밖에서 안으로의 허슬 / 안에서 위로의 허슬 / 안에서 밖으로의 허슬 / 밖에서 위로의 허슬

PART 3 습관

9. 미래를 위한 포트폴리오: 잠재력, 사람, 프로젝트, 증거   211

POP은 개인 IPO와 유사하다 / 기회의 구조: 허슬의 하부구조 / 모든 것을 압도하는 한 가지 습관: 10분 법칙 / POP의 네 가지 요소 / 연습: 간단한 POP 차트 분석

10. 잠재력은 당신을 차별화시킨다   235

잠재력에도 '콜슬로'가 필요하다 / 비밀 방정식: 보통의 것 + 보통의 것 = 놀라운 것 / 그리즐리 곰에게서 살아남는 법 / 성공의 80퍼센트는 일단 눈에 띄는 것이다 / 잠재력의 삼총사 ESP / E: 실험 / S: 스토리텔링 / P: 설득과 피칭

11. 사람은 당신의 허슬을 회복시킨다   260

인맥 수집의 잘못된 예 / 어부지리의 제3자 / 기회를 보장받는 가장 위대하고 가장 흔한 방법 / 참가하는 제3자 / 기회를 만드는 것은 다리를 만드는 것과 같다 / '스스로를 돕도록' 도와주기 / 꿀단지처럼 사람들의 이목 끌기 / 3만 피트 상공에서 만난 행운

12. 프로젝트는 당신의 허슬을 강화시킨다   282

열 살짜리 프로젝트 매니저 / 허슬의 기본은 경력이 아니라 프로젝트다 / 프로젝트의 경제: 허슬러들이 일하는 방식을 보라 / 프로젝트 바구니 / 프로젝트는 증거를 만들어낸다 / 프로젝트는 '생산'이다

13. 증거는 '탈락'으로부터 당신을 지켜주는 방탄복이다   304

니나의 게임 / 연금술과 빙산 그리고 증거에 관한 진실 / 이력서는 공룡들에게나 필요하다 / 빙산에서 '증거의 산'으로 / 증거는 말이 아니라 보여주는 것이다 / 증거가 세상을 바꾸는 순간

14. 돈은 추진력의 연료이자 도구다 326

피카소의 조언 / 배고픈 예술가를 굶기고, 갈망하는 허슬러를 먹여라 / 과호흡의 딜레마 / 보어 효과 / 보어 효과가 '더 많이 효과'를 만날 때

15. 허슬러와 확고한 의미 337

한밤의 통화와 달라이 라마의 미소 / 서쪽으로 가려면 '정동'으로 가라 / 의미 탐색은 '의미 있게' / 일상에서 더 많은 의미를 추출하기 위한 팁

16. 무한한 게임에 임하는 허슬러의 자세 349

시작의 끝 / 로그오프 / 진짜 허슬러와 '탁상 허슬러'의 차이 / 당신의 진정한 '이유' / 꿈을 소유하는 것은 벼락출세를 뜻하지 않는다

에필로그: 무한한 허슬 364

감사의 말 366

옮긴이 후기: 누구나 자신만의 허슬이 있다 368

이 책을 쓰는 데 영감을 준 자료들 372

미주 382

이 책이 어떻게 생겨먹었는지에 대한 안내

이 책을 다 읽게 되면, 당신은 삶을 좀 더 변화시키고 자신의 꿈과 운명에 대한 소유권을 되찾을 수 있는 준비를 갖출 것이다. 당신을 돕기 위해 우리는 이 책을 세 개의 파트로 나누었다. 마음, 머리 그리고 습관이다.

1부 '마음'에서는 너무나 많은 사람들이 조작된 시스템에 갇혀 움직이는 모습을 날카롭게 파헤쳐본다. 우리가 사는 모든 곳에서 사회의 가진 자들이 '살고 일하고 노는' 방식에 관해 조작되고 제한된 선택지를 올가미처럼 씌우고 우리를 좌절케 한다. 간단히 말해, 그들은 우리에게 꿈을 빌려주고 있다. '나'라는 존재가 타인의 조건과 제한에 따라 규정되고 확정된다면 우리는 자신의 경제적·감정적 성취감을 미뤄야 하는 함정에 빠지고 만다.

1부에서 부채와 같은 강력한 사회적·경제적 압력들이 어떻게 사람들이 가진 한계를 악화시킬 수 있는지도 살펴볼 것이다. 하지만 다행히 우리가 자신의 궤도를 변화시키는 것은 전적으로 가능하다.

그런 다음, 익숙하게 느껴지는 골치 아픈 현상을 들여다볼 것이다. 사람들은 삶 속에서 끊임없이 불평을 늘어놓으며 손에 잡히지 않는 '더 많은 것'을 추구하지만, 애석하게도 그런 것들은 절망적이리만큼 찾기가 어렵다. 저자들은 이런 현상을 '지루함의 평범함Mediocrity of Meh'라고 명명했다. 1부에서는 왜 우리가 이런 지루함을 느끼는지, 어떻게 우리가 '학습된 무력감'에 봉착하고 말았는지 살펴볼 것이다. 성공을 추구한답시고 실패를 피하려 한다면, '리스크 회피Risk Aversion'라는 불건전한 사고방식이 커지고 만다. 사람들은 숨겨진 리스크를 수용하고 그 리스크가 무엇인지 진정으로 알려하지 않은 채 고의적으로 스스로를 억눌러왔다. 우리(저자들)는 당신 삶에 올바른 유형의 리스크를 어떻게 더 많이 수용할 수 있는지 알려줄 것이다.

당신 삶을 어떻게 느끼는지 들여다보고 스스로에 질문을 던져라. '움직이고 있는데 왜 아무런 진전이 없는 걸까?' 당신은 아마도 위험하고 고질적인 '엉망진창의 악순환cycle of suck'에 빠져 있는지 모른다. 엄밀히 말해 우울증에 빠진 건 아니지만 그렇다고 행복하다고 단정할 수는 없다. 그런데 당신만 그런 것이 아니다! 사람들 대부분은 그렇게 느끼고 있고 그것에서 빠져나오는 길이 없다고 똑같이 생각한다. 어딘가에 더 많은 것이 있음을 알지만, 어깨를 으쓱거리기만 할 뿐 더 이상 관심을 두지 않는다. 다행히도 엉망진창의 악순환은 뒤집힐 수 있다.

첫 번째 단계는 진정한 재능의 핵심을 발견하고 시간과 노력을 들여 그 재능이 겉으로 드러나도록 만드는 것이다. 좋은 의도를 가지고 있더라도 자신의 재능은 남에게서 빌려온 꿈이 강요하는 '그래야 하는 것들' '그럴지 모르는 것들' '그러기를 바라는 것들' 아래에 여전히 묻혀 있는 경우가 많다. 이러한 잠재력의 비극적인 낭비를 치료하기 위해 할 수 있는 최선의 방법은 일과 삶에서 벌어지는 여러 가지 도전적인 프로젝트들과 환경에 스스로를 노출시키는 것, 그리고 그러는 동안 표면 위로 떠오르게 될 '뜻밖의 강점'에 초점을 맞추는 것이다.

사람들은 '1만 시간의 몰입'이 하나의 스킬을 마스터하는 최고이자 유일한 방법이라고 배웠다. 하지만 성공적으로 허슬한 사람들은 이보다 더 나은 대안이 있음을 알고 있다. 타인의 계획에 순응하며 아직 검증받지 않은 자신의 재능을 묻어두지 말고 우리의 진정한 재능과 능력이 무엇인지 규명해야만 한다. '워비곤 호수 효과Lake Wobegon Effect'를 끊어버리고 재능이 표면 위로 떠오르도록 해야 한다.

1부 말미에서는 당신이 한 가지 역할에 특화된 곤충이 아니라는 점을 상시킬 것이다. 당신은 '완벽주의자의 함정Perils of Perfection'*을 현명하게 피하는 유연한 제너럴리스트generalist(넓은 범주에서 두루두

---

* 대부분의 사람들(우리 저자들을 포함하여)에게 완벽주의란 어떤 일을 완료하는 데 있어 주요 장애물이다. 완벽주의는 우리 스스로를 돕지 못하게 만드는 위험한 '귀신'이다. 완벽하지 않아도 스티브 잡스가 말한 '위대한 예술가 정신'을 구현할 수 있다. 완벽함이 선의의 적이 되지 않아야 한다.

루 능력이 있는 사람-옮긴이)가 되도록 노력해야 하고 현재 상태에서 가능성이 충만한 상태로 나아가도록 스스로를 자유롭게 해방시켜 한다.

2부 '머리'에서는 엉망진창의 악순환으로부터 탈출하는 전략과, 자신의 꿈을 소유하기 위해 최고의 경로를 설정하는 전략을 살펴볼 것이다. 또 '호르메시스Hormesis(무해한 농도의 독이 인체에 미치는 영향-옮긴이)'란 개념을 소개할 것이다. 이 말은 반복적으로 적은 양의 스트레스 유발인자를 가하는 것이 우리를 강하게 만든다는 개념이다. 현재의 스킬이 위축되지 않도록 하려면 적은 양의 고통을 반복적으로 가할 필요가 있다. 적은 양의 스트레스는 미래에 필요한 스킬과 지식을 계발하도록 해주고 복잡한 도전을 예상하고 해결하는 데 도움을 준다.

적은 양의 고통이 성장의 가장 큰 동력이라는 점을 받아들인다면 곧바로 당신은 당신의 미래를 더 용감한 시선으로 바라볼 수 있다. 멋진 잠재력을 지녔지만 100퍼센트 확실하지 않은, 대단하지만 조금은 위험해 보이는 아이디어를 가지고 있는가? 당신에게 중요한 것은 안타나 홈런 수가 아니다. 당신은 단순히 타석에 좀 더 자주 나가야만 성공을 드러낼 수 있다. 그렇게 함으로써 '행운의 네 가지 유형'들을 만들어낼 수 있는 것이다. '무작위적인 행운''허슬의 행운''숨겨진 행운''엉뚱한 행운'이 바로 그것이다. 허슬과 행운이 교차하는 지점에서 보편적인 진리 하나가 나타난다. 자신의 꿈을 소유하겠다고 선택하면 어떻게 행운을 얻을 수 있는지가 아니라 그보다는 어떻게 '불행'을 없앨 수 있는지 배우게 된다는 것이다.

허슬의 여정을 따라가다 보면 당연히 여러 번 문제를 경험할 것이다. 때때로 실패할 것이고 재정비가 필요할 것이다. 때때로 계획이 의도하지 않은 결과물로 이어지는 바람에 한 발짝 물러나 상황을 이해해야만 할 것이다. A에서 B로 곧바로 이어지는 여정은 사실 삶에서 드물게 나타난다. A에서 B로 나아가려고 애써도 여러 번 멈췄다 출발하고 옆길로 빠지거나 심지어 후퇴하면서 길을 찾아 나간다. 그런데 왜 사람들은 성공을 향한 최고의 길이 '직선'이라고 착각하는 것일까? 여기에서 우리는 '우회성obliquity'라는 개념을 제시할 것이다. 우회성이란 돈, 의미, 추진력을 향한 각자의 여정을 독특하고 중요하게 만드는, 허슬의 간접적인 특징이라고 말할 수 있다.

허슬과 우회성이 매우 잘 어울리는 이유는 허슬이 당신만의 재능을 찾도록 해주는 반면 우회성은 독특한 방식으로 그 재능을 사용하도록 만들기 때문이다.

허슬의 여정을 따라가는 동안 당신은 지금껏 알지 못했던, '허슬의 세 가지 법칙'을 발견할 것이다.

마지막으로, 우리는 잘못된 일을 하는 것(옳지 않은 유형의 사람과 사랑에 빠지는 것, 잘못된 이유를 가지고 일자리를 구하는 것, 능력이 미치지 못하는데도 어떤 존재가 되고자 애쓰는 것 등)이 사실은 자신에게 옳은 일을 발견하기 위한 필수적인 단계라는 점을 보여줄 것이다.

3부 '습관'에서는 성공적인 기업공개IPO, Initial Public Offering를 통해 폭발적인 성장을 이룬 발 빠른 기업들과 마찬가지로 영리한 허슬러들이 놀랍고 긍정적인 잠재력을 지니고 있음을 밝힐 것이다.

우리(저자들)는 사람도 기업처럼 갑자기 등장하여 자신의 시장 가치를 빠르게 증가시킬 수 있다고 생각하고, 관리자이든 기업가이든 아니면 예술가이든 모든 개인들은 '개인적 기회 포트폴리오POP, Personal Opportunity Portfolio'를 개발해야 한다고 생각한다. POP는 허슬의 모든 노력들을 구조화하고 의미 있게 만드는, 길잡이와 같은 계획이다. 당신이 허슬이라는 바다를 항해하는 데 도움이 되도록 POP의 여러 가지 도구를 마련해 두었다. 또한 일과 삶에 대한 접근방식을 완전히 바꿔 줄 '10분 법칙10 Minute Rule'의 힘을 알려줄 것이다.

모르고 있었겠지만, 당신은 인생 전반에 걸쳐 POP를 이루는 여러 개의 부품들을 이미 조립해오고 있다. 이제 우리(저자들)의 도움의 받아 얼마나 그 부품들이 네 가지 핵심 카테고리에 적합한지 파악해야 할 시기다. 잠재력potential(어떻게 더 큰 역량을 개발하는지), 사람people(어떻게 커뮤니티를 조성하는지), 프로젝트project(어떻게 창의력을 표현하는지), 증거proof(어떻게 신뢰성을 보여주는지)가 바로 핵심 카테고리다.

당신이 직장생활을 시작하든, 새로운 경력으로 도약하든, 작은 기업을 창업하든, 당신의 작품을 팔든, 아니면 아주 크고 매우 인정받는 벤처기업을 육성하든, POP은 유연하게 변화해야 한다. 개인적 삶이나 업무 차원에서 당신이 어떤 상태에 있든지 간에 POP를 개발하는 것이 성공으로 가는 길이다.

일이나 경력 계획에서 남들보다 앞서 나가고 전진하기 위한 여러 가지 방법들이 존재하는데, 허슬의 방법을 터득하기만 하면 그 방법들이 모두 강력해질 것이다. 우리(저자들)는 '네 가지의 길The Four fold Path'라고 이름 붙인 움직임들을 당신에게 보여줄 것이다. '밖에서 안으로의 허슬(발 들여놓기)'부터 '안에서 위로의 허슬(승진으로 조직의 사다리를 타고 올라가기)''안에서 밖으로의 허슬(다른 조직으로 이동하거나 기업가의 영역으로 움직이기)''밖에서 위로의 허슬(폭발적이거나 지속 가능한 기업가적 성장 모델)'에 이르기까지 당신의 상황에 가장 잘 맞는 모험을 선택할 수 있을 것이다.

이 책을 쓰는 목표는 추진력과 돈의 적절한 조합이 어떻게 의미로 이어질 수 있는지를 보여주는 것이었다. 이 세 개의 M(돈, 의미, 추진력을 의미함-옮긴이)은 무한한 허슬Infinite Hustle을 지속시키기 위한 에너지를 찾아감에 따라 나란히 함께 결합됨으로써 당신의 삶을 풍요롭게 만든다.

만약 당신이 여기까지 읽었다면, 이제 항해하는 갑판에 올라설 준비가 된 것이다. 게임이 시작되는 것이다.

PART 1
마음

"오로지 마음으로만 봐야 또렷하게 볼 수 있어.
중요한 건 눈에는 보이지 않아."

-앙투안 드 생텍쥐페리Antoine de Saint-Exupéry, <어린왕자The Little Prince> 중 여우의 말

1. 남의 꿈을 이뤄주려 출근하지 마라

"간단한 원칙 하나가 있어. 사랑 말고 사람들이 줄 수 있는 가장 신성한 것은 노동이야.
그런데 웬일인지 그걸 잊어버리곤 해. 노동은 우리가 가진 가장 소중한 거야.
노동과 사랑을 결합시킬 수 있다면 이미 하나가 된 거지."
- 다큐멘터리 영화 <워 룸The War Room>에서 제임스 카빌James Carville의 말

꿈은 결말을 위한 수단이 아니다

자신이 선택한 일은 본인이 어떤 사람인지를 보여준다. 일은 그저 시답잖은 시도나 충동적인 발산을 위한 수단이 아니다. 하지만 너무나 많은 사람들이 예전보다 일에 더 많은 시간을 쏟으면서도 정작 자신이 어떤 사람인지 별로 드러내지 못하고 있다.

낮이면 사람들은 성취감을 느끼지 못하는 일과 직장의 단조로움에 사로잡힌다. 내일이면 뭔가 달라지길 기대하면서 말이다. 그리고 밤에는 점점 커져가는 신용카드 빚과 학자금 대출 납입액의 중압감에 허덕인다. 사람들은 독단적인 규칙과 반복적인 공포라는 힘든 쳇바퀴를 돌리느라 삶의 많은 시간을 허비한다. 그리고 타인이 통제하는, 고루한 '나인투파이브9-to-5' 시스템에 자신의 자유를 유보한다.

하지만 우리는 종종 몇몇 사람들이 자신들의 운명을 통제하고, 꿈을 소유하고, 부를 달성하고, 조금이라도 세상을 더 낫게 변화시키는 모습을 목격하게 된다. 그들은 대다수가 간과한 것을 발견했던 것이다.

20세기 사람들은 모두 보상 시스템이 제대로 작동한다고 믿었다. 신분 상승이라는 중산층의 꿈을 추구하며 사람들은 쉬지 않고 죽어라 일했다. 그들은 그런 규칙을 받아들였고 그 대가로 공정한 급여, 직업 안정성, 알맞은 가격의 주택 그리고 부모들보다 나은 삶을 즐겼다. 하지만 요즘에는 그런 한결같은 믿음이 성공으로 이어지지도, 그와 같은 일종의 '편승'이 성취를 담보하지도 못한다. 적어진 보상이라도 얻기 위해 점점 더 큰 짐을 짊어져야 하기 때문에 사람들은 타인의 계획에 자신을 사슬로 묶는 대신에 얻을 수 있었던 직업 안정성이나 보호, 혹은 일관성을 더 이상 보장받지 못한다. 하지만 그렇게 진정한 자유를 차단당했던 사람들이 많음에도 불구하고, 누군가는 창조적인 표현의 기회를 포착하고 자신의 재능을 마음껏 펼칠 수 있는 즐거운 일을 발견한다. 그리고 그들이 원하는 삶을 깨닫는다. 그들의 꿈은 수단에 정당성을 부여한다. 당신도 그렇게 할 수 있다.

당신의 꿈에 무슨 일이 생긴 걸까?

※ 주의하시오 ※
앞으로 몇 페이지의 내용은 좀이 쑤시게 만들 것이다.
일부러 그렇게 한 거니까 펑퍼짐한 옷을 입고서 계속 이 책을 읽어라.
우리가 어떻게 이런 생각에 이르렀는지 알게 될 테니.

옛날 옛적에는 제대로 된 직업윤리와 성장욕구가 있는 사람이라면 거의 누구나 직업안정성과 신분 상승을 확실히 보장받는 경력을 쌓을 수 있었다. 이때는 모든 사람들이 하얀 나무 울타리가 쳐진 집을 가질 수 없었던 시기였다. 하지만 일자리가 부족한 요즘 사람들은 세계화에 큰 타격을 받고 있고, 인플레이션으로 급여가 점점 줄어들며, 사람들 대부분은 하루 벌어 하루 사는 임금 노예로 전락한 데다가, 오직 소수만이 앞으로 닥칠 불경기를 대비해 충분한 돈을 저축하고 있을 뿐이다.

현재 미국인들 중 4,000만 명은 부담이 큰 학자금 대출에 묶여 있는 탓에 제대로 날개를 펴지 못하고, 2,000만 명 이상이 부모의 품을 떠나지 못한다. 우리는 스스로에게 물어야 한다. '교육비가 집값보다 비싸다니 도대체 어찌 된 일이지? 저기요, 대답해줄 사람, 혹시 없나요?'

적당한 집을 소유하는 건 어떤가? 아, 요즘 같은 시기에 집을 사는 건 아이러니다! 많은 사람들이 '하우스 푸어 house poor'가 되어 빈

민 구호소poorhouse로 향한다. 전 세계의 수많은 사람들은 열심히 일하지만 불확실성의 늪에서 허우적대고 자신들의 미래를 염려하며 하루하루를 산다.

친애하는 밀레니얼 세대와 X세대에게.

항상 이렇지는 않았습니다.

정말로 미안합니다.

– 베이비붐 세대이자 가장 위대한 세대로부터

골치 아픈 상황이다. 더 많은 돈을 벌기 시작해서 마침내 성공했다고 느끼는 순간, 세금은 우리를 현실로 되돌려놓는다. 이치에 맞는 규칙 하에 있었던 사람들의 꿈과 삶의 자유에 도대체 무슨 일이 생긴 걸까?

아메리칸 드림은 살아 있는가, 아니면 죽었는가? 이 질문의 답은 당신이 누구냐에 달려 있다. 2015년 하버드 대학교의 정치학 연구소Institute of Politics가 18세부터 29세까지의 사람들을 대상으로 설문조사를 했는데, 응답자들의 답이 거의 비슷하게 나뉘었다. 48퍼센트는 '죽었다'라는 답을, 49퍼센트는 '살아 있다'고 긍정적인 답을 했다. 흥미롭게도 대학 졸업자의 약 58퍼센트는 개인적인 꿈이 유효하다고 말한 반면, 대학 미졸업자는 42퍼센트만이 그렇다고 답했다.[1]

우리(저자들)가 비공식적으로 30~40명의 동료들을 대상으로 물어봤을 때도 비슷한 결과가 나왔다. 절반 정도가 아메리칸 드림을 믿었고, 나머지 절반은 아메리칸 드림이 죽었거나 지옥과 다름없다고 말했다. 이런 결과를 접한 우리는 요즘의 몇몇 정치적 수사가 옳을지 모른다는 생각하게 되었다. 뭔가 더 큰 게임이 숨어 있는 게 아닐까? 있는 것 같은데 선명하게 보이지 않는 게임 말이다.

그래, 버지니아, 게임은 조작됐어

다른 사람이 두는 체스 게임의 '졸'이 된 것처럼 느낀 적이 있다면, 당신은 아이러니하게도 '좋은' 회사에 다니는 것이다. 전설적인 코미디언 조지 칼린George Carlin은 이렇게 말하면서 냉정하게 꼬집었다.

"빅 클럽이 있는데 당신이 그 클럽에 들어가려면 그들은 당신에게 무엇을 믿어야 하는지, 무엇을 생각해야 하는지, 무엇을 사야 할지 말할 거야. 테이블은 기울어져 있고, 게임은 조작됐지만 아무도 눈치채지 못해. 아무도 신경 쓰지 않고."

당신이 칼린의 관점을 받아들이든 무시하든 간에, 모든 사람들이 보이지 않는 거미줄 속에서 성공을 향한 똑같은 게임을 벌이고 있는 것이 현실이다. 그리고 그 성공 게임의 실체는 현실에 만족하고 순응하는 것이다.

작은 비밀 하나를 알려줄까? 우리(저자들)는 그런 게임을 하지 않는다. 당신도 그런 게임을 하지 말아야 한다.

어떻게 살아야 하는지에 관한 아주 오래된 조언은 현실 만족과 순응에 관한 모델에 불과하다. '책상에 진득하게 붙어 앉아 있어라, 공부해라, 좋은 학점을 받아라, 차를 타라, 결혼해라, 괜찮은 직장으로 옮겨 다녀라, 집을 사서 두 명의 아이를 낳아라. 그렇게 40년 안에 은퇴한 다음, 편안하게 있다가, 죽어라.'

현재의 시스템을 신뢰하라고? 제발, 그렇게 말하지 마라. 그 시스템은 성인으로서 삶을 시작할 때부터 학자금 대출과 신용카드, 부담스러운 주택담보대출, 임금이 낮은 자들에게 빠르게 이전돼버리는 성취감 없는 일, 과도하게 비싼 건강보험료, 빠르게 상품화된 단조로운 직업들이 우리를 옭아매도록 설계되고 조작된 게임이다. 그리고 무리 지어 함께 달리는 대부분의 사람들은 자신들의 직업을 싫어한다. 과장이 아니다. 조나스가 잠깐 근무하기도 했던 갤럽Gallup의 조사에 따르면, 전 세계의 노동자들 중 거의 90퍼센트가 자신들이 직업적으로 하는 일과 감정적으로 단절됐다고 느낀다. 직업은 성취의 근원이라기보다 좌절의 원천인 셈이다.

이러한 상황에서 가장 화가 나는 것은, 사람들이 구식이 된 규칙을 죄다 따르느라 자신을 억누르는 자들과 손을 잡는다는 것이다. 이런 시스템은 사람들이 규칙을 준수하도록 만들 작정인 것처럼 보인다. 탈출 버튼을 눌러 더 나은 방법을 찾을 수천수만 가지의 이유가 있음에도 불구하고 사람들은 항상 현실에 안주하는 것을 정당화할 핑계만 찾는 것 같다.

그리고 모두가 잘 알듯, 이건 바보 같은 짓이다.

이번 주엔 팔지 않습니다: 아메리칸 드림

전통적인 관념에 따르면 대학은 비판적 사고를 함양하는 최고의 기관이고 의미 있는 경력을 찾도록 이끄는 곳이다. 다시 생각해봐도, 비판적으로 사고하는 능력이야말로 그 길로 이끈다는 점은 분명하다. 하지만 대학은 그런 역할을 하기도 하고 못하기도 한다. 물론 대학 생활은 의식 함양 외의 여러 가치를 제공하긴 하지만, 어떤 관점에서 보든 그런 의식 함양에 드는 비용은 결코 저렴하지 않다. 미국에서 4년 동안 대학을 다닐 때의 평균 비용은 여섯 자리 숫자-몇 십만 달러-를 무섭도록 상회하는데, 이는 캐나다에서 가장 학비가 비싼 대학에 비해 두세 배나 많은 금액이고,[2] 학비가 무료라서 두려움 없는, 미국을 비롯한 여러 외국 학생들이 몰려들기 시작하는 독일과 비교하면 가히 천문학적인 비용이다. 하지만 국경을 넘어서까지 교육 받기를 원치 않는 사람들 역시 두려움이 없기는 마찬가지다. 언제든 학자금 대출을 하면 되니까!

'맞아, 그런 방법이 있구나!'

미국에서 학자금 대출금 총액은 최근에 크게 증가했다. 2007년에 5,160억 달러에 달했던 학자금 대출이 2015년 후반에 이르러 두 배가 넘는 1조 2,000억 달러(1,200,000,000,000달러), 무려 13자리 숫자가 된 것이다. 8년 만에 130퍼센트나 증가하리라 아무도 예상하지 못했다. 설상가상으로 최근 대학 졸업생들의 실질임금은 하락했다. 직장을 구한 자들의 전국 평균연봉은 4만 5,000달러 정도다.

하지만 대학을 졸업하자마자 평균 3만 달러가 넘는 학자금 대출을 갚아야 한다. 만약 대학원에 진학하면 빚은 6자리 숫자까지 육박할 수 있다.

직장을 찾을 수 없는데도 지나치게 돈이 많이 드는 학위를 따려고 학자금 대출을 어쩔 수 없이 받아야 하다니! 당신은 운이 나쁘다. 목까지 차오르는 신용카드 빚도 갚아야 하니까.

신용카드 빚과 달리, 학자금 대출 빚은 합법적인 파산 절차를 통하더라도 청산되기가 사실상 불가능하다. 이상하지 않은가?

기억하라. 파산은 사람들이 내린 딱한 결정이나 불행한 상황으로 인해 남은 삶이 부채에 허덕이는 것을 막아주는 방법이다. 젊은 사람이든 나이든 사람이든 모든 종류의 부채를 청산해달라고 합법적으로 법원에 청원할 수 있다. 그 부채가 탐욕에 의한 것이든 잘못된 판단에 의한 것이든 상관없다. 형편이 안 되면서도 '노티크Nautique' 웨이크보트와 같은 사치품을 구입하느라 바보같이 빚을 짊어졌거나, 신중하게 생각하지 않고 대출 보증을 서줬거나, 세금을 납부하지 못했거나 해도 파산 절차를 통해 면제받을 수 있다. 하지만 학자금 대출은 어떠한 사정이 있더라도 거의 봐주지 않는다.

파산법원(파산 사건에 관하여 법원이 행할 권한을 행사하는 법원-옮긴이)들은 선의에 의한 학자금 대출 빚보다 멍청한 도박 빚을 더 잘 면제해주곤 한다. 이게 말이 되는가? 이 조작된 시스템에서 이득을 보는 자는 누구일까? 학자금 대출 담보 증권Student Loan Asset-Backed securities, SLABs의 형태로 학자금 대출을 투자 포트폴리오에 넣어두고 있는 사람들일 것이다. 좋든 싫든, 이게 현재의 시스템이다.

요즘 대학 졸업생들은 낮은 임금으로 높은 학자금 대출 빚을 갚도록 강제하는 시스템 속에 갇혀버린 자기 자신을 발견한다. 그래서 차오르는 빚의 수면 위로 필사적으로 머리를 내놓기 위해 선택은커녕 자신의 꿈을 소유하지 못하고, 그에 더해 남의 꿈을 빌릴 수밖에 없다. 결국 의미 없는 직업을 갖게 된다. 『부채, 그 첫 5000년Debt: The First 5,000 Years』의 저자이자 인류학자인 데이비드 그레이버David Graeber는 이렇게 간명하게 정리했다.

"어떤 사회든 대량 자살을 유도하는 방법이 필요하다면, 젊고 에너지가 넘치며 재기발랄한 사람들 모두에게 5만 달러라는 빚의 멍에를 짊어지게 해서 노예로 살게 하는 것보다 더 좋은 방법은 없다."

당신의 음악이 사라진다. 당신의 문화가 희미해진다. 돌발적으로 튀어나와야 할, 모든 새로운 것들이 자취를 감춘다. 이런 모습은 우리 사회에서 현실로 나타나고 있다. 당신은 흥미롭고 창의적이고 별난 사람들을 포용할 능력을 상실한 사회에 살고 있는 것이다.

잔꾀 많은 고용주들은 젊은 직원들이 짊어진 빚의 무게를 이용하려들지 모른다. 예를 들어, 그들은 법대 졸업자들이 평균적으로 8만 4,000달러 이상의 학자금 대출 빚을 지고 있음을 알고 있다. 법률회사(로펌)들은 연봉과 근무시간을 결정하는 데 믿어지지 않을 정도의 힘을 누리고 있다. 결국, 학자금 대출을 갚으려고 직업을 구해야 한다. 그리고 그 직업을 유지하려면 문제가 될 일을 하지 않고 군말 없이 직장을 다녀야 한다.

빚과 그로 인한 고통은 단순히 미국만의 현상은 아니다. 부채는 의도적으로 사람들에게 양날의 칼을 건네는 전 세계적인 현실이다. 한편으로, 대출은 사람들에게 교육을 받을 수 있는 기회를 제공하고 힘든 시간을 견디도록 생명선과 같은 자금을 제공하며, 재산과 사업이 파산으로 이어지지 않게 유지시켜준다. 우리(저자들)도 그랬다. 다른 한편으로, 빚은 잘못 관리되고 제대로 파악되지 못하면 참담한 결과로 이어지는, 소리 없는 촉매가 될 수 있다. 그렇기 때문에 채무자는 다음을 명심하자. '빚을 조심하고, 빚을 다 갚으면 감사하라.'

우리(저자들) 같은 호주인들이 다른 나라들처럼 GDP의 130퍼센트를 상회하는³ 주택 관련 모기지 대출, 신용카드 빚, 사채 등의 빚을 진다는 것은 전혀 가치 없는 일이다. 역설적이지만, 호주에 살고 있는 우리 친구들이 세계에서 가장 행복한 사람들이다.

돈이 부족한 상황은 가벼이 다뤄서는 안 될 인생 전환의 계기를 찾도록 사람들을 강하게 밀어붙이곤 한다. 물론 돈 말고도 가족에 대한 사랑이나 자유에 대한 갈망 등 단조로운 일상으로부터 탈출하여 기회를 탐색하도록 사람들을 흔들어대는 힘들도 존재한다.

내 작은 친구에게 안부 전해줘: '자유'의 조건

쿠바에서 대출은 기본적으로 전무하고, 자유기업 체계도 마찬가지다. 일상적으로 소비자의 선택지가 부족하고, 사회적인 신분 상승의 기회가 거의 제로에 가까우며, 고루하고 재정이 부족한 사회주의 체제의 지배자들이 조직화한 노동 시스템에는 보상이 결여돼 있기 때문에 수많은 좌절과 고통을 야기하고 있다.

현재 진행 중인 사회적 변화는 여전히 느리지만, 낙관론과 혼란이 뒤섞여 흐르는 표면 아래의 물줄기는 거리마다 퍼져서 모두 감지할 만한 수준이 되었고 머지않은 미래에 극적인 전환이 이루어질 것을 예고하고 있다. 조나스와 그의 아내인 로라는 최근에 쿠바를 방문하는 동안 이를 직접 체험하고 한껏 흥분했다. 그들은 몽상가와 행동가들이 이곳저곳에서 출현하여 경제적 변화를 '허슬링Hustling'하고 자신들 생각대로 인생을 설계하는 것을 가까이서 목격했던 것이다.

"트레이타 돌라리스Treinta dólares(30달러라는 뜻의 스페인어─옮긴이)."

아바나Havana 구舊 시가지로 가기 위해 말레콘Malecón을 지나던 중 두 사람을 태운 운전기사─에르네스토Ernesto라고 부르자─는 자신의 이야기를 들려줬다.

"저는 쿠바의 최고 학교에서 전기엔지니어 교육을 받았어요. 미국으로 치면 석사학위에 해당하죠." 에르네스토는 이어서 말했다. "학교에 다니는 동안 제가 뭘 받았는지 아세요? 정부로부터 한 달에 30달러요."

에르네스토와 간호사인 그의 아내 루시는 두 아이의 자랑스러운 부모다. 둘이 합해서 한 달에 40달러가량을 벌었는데, 배급으로는 제공되지 않는 우유, 고기, 비누, 옷가지 등 생필품을 사기에는 턱없이 부족했지만, 매월 정부는 몇몇 소비재 구매에 필요한 보조금을 모든 쿠바인들에게 지급했다.

에르네스토는 에너지 효율성을 높인 전기 시스템을 설계하는 사업에 대한 오랜 꿈을 가지고 있었다. 하지만 개인 사업체를 운영하는 것은 쿠바에서는 정말로 헛고생에 해당한다. 정부 관료들이 모든 행동을 감시하고 버는 족족 돈을 빼내가기 때문이다.

결혼하고 몇 년이 지났을 때, 에르네스토는 결정적인 선택의 순간에 직면했다. 그는 규칙에 순응하면서 지내느냐―다시 말해, 자신의 직업을 충실히 수행하면서 쿠바 혁명의 충성심 높은 지지자로서 조용히 사느냐―아니면 규칙을 피해가면서 개인 사업을 운영하고 싶은 꿈을 따를 것이냐의 기로에 섰다. 후자를 선택하면 쿠바 정부의 감시를 피해야 하고, 만일 체포될 경우에는 징역 10년형이라는 리스크를 각오해야 했다. 현실에 안주하느냐 아니면 자기 가족을 위해 더 많은 돈과 의미, 추진력을 얻기 위해 기존의 시스템에 도전하느냐!

이러한 극단적 리스크는 사실 말이 되지 않는다. 이런 상황은 존재에 관한 근본적인 질문을 던지도록 만든다. 다른 세상에는 무엇이 있는가, 감옥 혹은 강탈? 내 가족을 보살피기 위해 나는 얼마나 많은 희생을 감수할 각오가 돼 있는가? 동일한 문제에 직면한다면 나는 어떤 선택을 할까? 부패한 시스템의 한계를 수용하고 준수할 것인가, 아니면 리스크에도 불구하고 나의 꿈을 추구하는 방법을 찾아내 더 많은 자유를 쟁취할 것인가?

에르네스토는 두 번째 문을 선택했다. 현실에 안주하고 시스템의 한계 내에서 일하는 것은 더 이상 그의 선택이 될 수 없었다. 자유를 원했고 가족을 위해 의미 있는 선택을 하고 싶었다. 그는 그가 알고 좋아하고 비밀을 털어놓을 만큼 신뢰하는 외국인과 일하려면 어떤 일을 해야 하는지 과감하게 그려보기 시작했다. 그러자 저평가되어 제대로 인정받지 못하고 자격증조차 없는 자신의 엔지니어링 기술을 활용해 전기 시스템을 구축하고 개조하는 일뿐만 아니라, 필요하면 공간을 디자인하고 번역도 하고 현장 작업자로서도 일할 수 있다는 생각에 이르렀다.

그는 목록을 만들었다. 목록에는 브라질의 사업가인 파올로와 루카도 올랐는데, 몇 개월 전 그가 번역 작업을 해준 사람들이다. 그리고 아바나 외곽 국제업무지구에 있는 작은 호텔을 개조하고 싶다고 했던 프랑스 외교관 클로드도 목록에 넣었다. 또한 목록에는 개인적인 여행을 원하는 미국인 무리들도 있었다. 목록을 살펴보던 그는 예전보다 많은 돈을 벌 수 있는 기회에 둘러싸인 스스로를 발견했다.

에르네스토는 자신의 성공을 향해 액셀러레이터를 밟았다. 그는 브라질인들(파올로와 루카)의 사무실에 전기 배선을 설치하는 일을 시작으로 추진력을 얻었다. 또한 우유와 자동차 부품을 물물교환해서 찾기 불가능했던 부품과 배선 장비를 확보함으로써 자신의 가치를 증명해 보였다. 점점 많은 돈을 벌게 되자 에르네스토는 자신을 좋아하고 신망이 두터운 사람들을 모아 팀을 구성했다. 그의 팀은 아바나 변두리 끝에 거의 무너질 듯한 건물들을 개조해 반짝거리는 부티크 호텔로 변모시켰다. 그들은 동지애를 쌓아갔고 비밀을 지키기 위해 입을 닫기로 다짐했다.

그런데 소위 '대박'을 쳤음에도 예전에 없던 새로운 종류의 스트레스가 에르네스토의 어깨를 짓눌렀다. 자기 주위의 누군가가 밀고자가 될지도 모른다고 의심하기 시작한 것이다. 위층에 사는 못 말리는 친척인 카밀로가 입을 열지는 않을까? 개조공사 현장에 찾아와 감리를 하는 공무원들이 이것저것 물어대면 어떻게 하지? 또한 고객들이 그에게 쿠바에서 비공식적으로 꼭 필요한 것으로 여겨지는 뇌물을 건네는 우발적인 실수의 위험도 있었다. 그의 정신 상태가 어땠을지(탈모는 말할 나위 없고) 누구나 상상할 수 있을 것이다. 하지만 그는 그럼에도 굴하지 않고 계속 나아갔다.

에르네스토의 궁극적인 목표는 자신과 가족을 자유의 몸이 되도록 하는 것이었다. 이런 측면에서 규칙을 피해가며 사업을 추진하고 '견제 작전diversionary tactics'을 잘 계획해 나가는 것은 충분히 가치 있는 일이었다.

에르네스토가 무허가의 도급업을 그만두던 날, 그와 루시 그리고 세 명의 자녀들은 한 달에 40달러를 벌던 때보다 100배나 많은 현금 다발을 손에 쥘 수 있었다.

그들은 돈을 안전한 장소에 숨겨놓고서ㅡ말 그대로 정원에 땅을 파서 묻어놓았다ㅡ우유나 고기, 기타 생필품을 구입하는 데 사용했다. 마침내 그들은 오래된 셰보레 컨버터블에 충분히 '투자'할 만하게 되었고 1만 1,000달러라는 이해할 수 없는 자동차 가격을 현금으로 지불했다! 잊지 마라. 대부분의 쿠바인들은 1년에 300달러가량을 번다. 이제 1954년형 벨 에어Bel Air를 택시로 굴리는 에르네스토는 지금 이 순간에도 허슬을 계속하는 듯 보였다. 아바나의 아베니다 파제오Avenida Paseo 거리에서 혁명광장Plaza de la Revolución의 모처를 향해 가는 동안 그는 꿈을 소유하기 위해 현명하게도 규칙을 거부하고 게임을 변화시켰다는 것이 자랑스러운 듯 만면에 웃음을 띠었다.

매우 극단적인 상황 속에서 공포와 회의를 견디면서도 당신은 위로 향하는 길을 반드시 추구해야 한다. 지독한 공산주의 체제나 징역살이를 각오해야 하는 상황이 아니더라도 '허슬 세대'는 자신이 통제할 수 있는 힘을 발견한다. 그에 따른 보상이 리스크를 감수할 만한 가치가 있음을 믿어야 하고 행동할 수 있는 용기를 가져야 한다. 엉망이 된 시스템으로부터 삶의 통제권을 되찾아 오는 것이 스스로를 위한 의무다. 자유롭고 힘차게 앞으로 나아갈 수 있는 선택을 해야 한다. 꿈을 향해 움직여야 한다. 더 나은 결과를 추구하게 되면 자신만의 모험을 선택할 수 있다. 한마디로, 당신은 허슬을 해야 한다.

꿈을 소유하면 무제한의 이득이 생긴다

우리는 더 많은 사람들이 역사상 어느 때보다 많은 재화를 구입하고 소유하는 세상에 살고 있다. 더 많은 자동차와 더 많은 스마트폰을 소유하고 있다. 기존의 화폐뿐만 아니라 비트코인bitcoin(온라인 가상화폐-옮긴이)도 있다. 우리는 다 입을 수 없을 정도로 많은 옷, 아이들이 다 가지고 놀 시간이 부족할 정도로 많은 플라스틱 장난감, 상상할 수 있는 것보다 많은 유·무형의 소유물을 가지고 있다.

미국 전역의 많은 가정에서(분명 패트릭의 집에서도) 더 이상 가지고 놀지 않는 장난감들은 산더미처럼 쌓여 있다가, 결국 아무 쓸모가 없어져서 쓰레기장이나 고물상으로 직행한다. 하지만 이와 달리, 꿈은 늘 가치가 올라가기만 한다. 꿈은 당신의 영혼을 살찌우고 당신에게 방향을 제시한다. 물건을 수집하며 하루하루를 보내는 것은 짧은 만족을 주는 게임이다. 하지만 꿈을 소유한다는 것은 아주 오랫동안 즐거움을 선사하는 게임이다. 그렇기 때문에 당신에게 살아 있다는 느낌과 어딘가에 몰입하고 있다는 느낌을 주는 것 대신에 인기 있는 새로운 기기나 멋진 자동차, 최신 유행의 장난감을 소유하는 것을 우선한다면 우스꽝스러운 일이 아니겠는가?

당신이 도달하고자 하는 꿈은 당신이 소유할 수 있는 것인가? 소유하겠다고 마음먹는다면 그렇게 될 것이다. 그 꿈이 엄청나게 복잡하고 난해할 필요는 전혀 없다. 개인적이고 주관적인 꿈을 갈망하면 된다. 에르네스토의 꿈은 자존감과 선택 가능성, 신분 상승에 관한 것이었다. 그리고 가족에게 정부가 허용하는 수준 이상의 수입을 가져다주는 것이었다. 아마도 당신의 꿈은 살아 있다는 느낌을 주는 일, 즉 당신이 해야만 하는 '소명'과도 같은 일을 하기 위해 매일 아침 깨어나는 것일지 모른다. 책을 출판하거나, 자신만의 의류 상품을 출시하거나, 항상 흥미를 느꼈던 분야에서 새로운 경력을 시작하는 것이 당신의 꿈일 것이다. 건강관리, 기아 구제, 아동 교육 등 당신이 평소에 깊게 우려하는 것을 해결하기 위해 빌과 멀린다 게이츠보다 많은 돈을 벌어 기부하는 것이 꿈일지도 모른다. 아마도 그 꿈은 지금 당장 달려갈 수 있는 것은 아닐 것이다. 그래서 당신의 변화를 도우려고 우리(저자들)가 여기 있는 것이다.

당신과 타인을 위한 선택은 당신을 위한 선택이 될 것이다

전 세계의 보편적인 현실과는 거리가 멀지만, '자유의지'와 '선택'은 아메리칸 드림의 기본 원칙이다. 매일 수많은 사람들이 아침에 일어나 맥도날드를 갈지 던킨도너츠를 갈지, 〈리얼 하우스와이브즈The Real Housewives〉(미국 NBC사의 케이블 채널인 브라보TV의 리얼리티 쇼-옮긴이)를 볼지 〈키핑 업 위드 더 카다시안즈Keeping up with the Kardashians〉(케이블 채널 E!에서 방영되는 리얼리티 쇼-옮긴이)를 볼지 결정한다. 이러한 선택은 사람들에게 자유의지라는 환상을 심어준다. 즉, 삶을 약간은 통제한다는 느낌을 주는 것이다. 하지만 그것은 일시적인 즐길거리에 불과하다. 즉각적인 편안함을 충족시켜주지만, 더 중대한 상황 속에서 지극히 시시한 것에 지나지 않고 꿈을 소유한다는 진정한 목표와 거리가 먼 일시적인 기분전환일 뿐이다.

숨 막히게 만드는 직업과 자신에게 성취감을 주는 직업 중 무엇을 택할지, 질식하게 하는 관계와 자신을 성장시키는 관계 중 무엇을 택할지 등 정말로 중요한 선택의 순간에 너무나 많은 사람들이 '선택하지 않기'를 선택한다. 사람들은 선택을 미루거나 최소한으로 저항하는 길을 선택한다. 즉, 쉽기만 하면 무엇이든 택하거나 안전하고 확실해 '보이는 것 같은' 선택을 한다. 결국 자신의 꿈을 '빌리고' 마는 것이다.

'꿈을 빌린다'는 말은 주어진 대로 현재의 선택을 받아들이고, 시스템 내에서 고분고분하게 움직이며, 자신에게 진정으로 최상이 될 수 있는 것이 무엇인지 전혀 생각하지 않는다는 뜻이다. 당신이 움켜쥘 수 있는 더 많은 것들이 있다고 속삭이는 내면의 작은 목소리에 귀 기울여 봐도 골치만 아프고 혼란만 가중되니까 말이다.

하지만 절대로, 절대로, 그렇지 않다. 당신은 늘 익숙한 길 위에 머물러 있으면서 당신의 삶이 있는 그대로 좋다고 스스로를 속이고 있는 것이다. 자신에게 최고의 성취감을 안겨주는 것이 무엇일지 멈춰 서서 생각해본 적이 한 번도 없다면, 그런 삶이 과연 얼마나 의미 있을까?

'꿈을 소유한다'는 것은 색다르고 때론 이상한 느낌마저 줄지 모른다. 그것은 몰입하는 삶을 산다는 뜻이다. 최선을 다하고, 매우 결단력 있는 선택을 하며, 결과를 두려워하지 않고 필요하면 도중에 당신의 경로를 수정할 수도 있다. 또한 결심을 행동으로 옮기고 자신의 운명에 정당한 소유권을 행사한다는 의미다.

꿈을 빌린다는 것의 다른 의미는 현재의 경제적 여건으로는 다른 어느 곳에서도 채용될 수 없을 테니 박봉에 감사하며 살라는 말을 따르는 것이다. 혹은 누가 봐도 자신의 능력이 넘치는데도 말단 직원으로라도 입사하려고 면접을 볼 때 '성장의 가능성이 있는 위대한 회사'라는 고용주의 말에 속아 넘어간다는 뜻이다.

생활하고, 일하고, 노는 방식에 대해 이 사회의 가진 자들이 부당하게 제한해놓은 선택 메뉴를 받아들이는 것, 이것이 바로 '꿈을 빌린다'는 개념의 핵심이다. 불완전하고 부당한 선택지들로부터 선택을 강요받는다고 느낀다면 당신은 그런 가진 자들이 누군지 인식할 수 있을 것이다. 어떤 선택을 하든 당신은 잃고 그들이 이긴다. 손에 쥔 선택지들을 받아들이겠다는 당신의 암묵적인 동의로 인해 그들은 이익을 벌어들인다. 그들은 당신이 관행적인 경로를 따르도록 강제하기 때문에 이길 수밖에 없다.

이는 당신이 집을 사고 싶어 모델하우스를 둘러보러 갔는데 3층 집만 선택할 수 있다는 말을 듣는 것과 같다. 물론 3층 모두 안락하게 가구가 비치돼 있고 다양한 색깔의 설비가 완비되어 언제든 입주가 가능하지만, 자신만의 특별한 취향과 정체성에 부합되도록 개조하기는커녕 장식조차 허용되지 않는 상황과 다를 바 없다. 빌려온 꿈은 결국 당신이 생활하는 방식, 사고하는 방식, 세상을 보는 방식을 두고 이래라저래라 명령한다. 다른 사람의 조건과 한계들이 당신 자신을 규정하고, 종종 당신에게 해를 끼치기도 한다.

당신이 사회의 가진 자들에 맞서 저항하지 않는 순간, 당신은 언제나 패배한다. 매일 당신이 그런 시스템 속으로 걸어 들어갈 때마다 당신이 들어간 구멍은 점점 더 깊어지고 자신의 꿈을 소유하는 것은 점점 더 요원해진다. 신용카드 빚에 붙는 이자처럼, 정신적인 이자는 매일 복리로 늘어난다.

당신은 꿈을 찾기 위해 끊임없이 분투해야 한다. 어딘가에 청사진이 존재한다. 그리고 당신은 그것을 당신의 꿈으로 만들 수 있다. 그렇게 되면 꿈을 빌릴 때와 달리 당신은 좀 더 큰 책임감을 느낄 것이고 가진 자의 자산이 아니라 당신만의 자산을 쌓아갈 것이다.

소유한다는 말은 사는 동안 일상의 선택에 더 넓은 통제권을 행사한다는 뜻이라는 걸 명심하라. 당신은 당신이 할 수 있고 할 수 없는 것을 일일이 지시하는 가혹한 배우자나 상사, 부모나 교사에 의해 통제받아서는 안 된다. 빌려온 꿈은―금전적이거나 감정적인―선택과 통제의 힘을 당신이 아니라 다른 누군가의 손에 쥐어준다. 그렇게 되면 기가 꺾여 살 수밖에 없다.

당신의 꿈을 소유할 때 당신의 성격과 요구에 따라 꿈을 재단할 수 있다. 그래야 당신의 꿈이 성장할 수 있고 함께 진화할 수 있다.

꿈을 위해 허슬하라

단순히 꿈을 가지는 것만으로는 충분하지 않다. 당신은 그 꿈을 적극적으로 추구해야 한다. 꿈에 대해 끊임없이 이야기하지만 꿈을 위해 아무것도 하지 않는 대부분의 사람들은 선택하지 않기를 선택한 것에 불과하고 결국 자신들도 인식하지 못하는 삶을 살 뿐이다. 그런 사람들은 왜 자신이 그리 기진맥진하고 패배감에 젖어 사는지 모르는 듯하지만, 내심 다른 선택지가 있다는 것을 잘 알고 있다.

장기적으로 볼 때 당신에게 주어진 유일의 좋은 선택지는 스스로의 꿈을 소유하는 것이다. 이를 거부한다면, 다른 사람들의 꿈에 기대어 사는 소작인이 될 것이다. 그들의 꿈이 당신의 현실이 될 것이다. 그게 어떤 느낌일까? 당신의 보스가 빌 럼버그Bill Lumbergh(영화〈뛰는 백수 나는 건달Office Space〉에서 무의미한 문서 작업을 강요하는 속 좁은 경영자로 나오는 인물-옮긴이)라고 생각해보라. 그가 당신의 빨간 스테이플러를 가져가고 당신을 지하실로 다시 쫓아내는 상황을 떠올려보라(마이크 저지Mike Judge가 감독한 이 영화를 아직 보지 못했다면 꼭 보기를 권한다. 아울러 〈이디오크러시Idiocracy〉도 추천한다).

빌리는 것과 소유하는 것이 동시에 가능하지 않느냐고 생각할지 모르겠다. 가능하지 않다. 당신은 소유자와 임차인 중에 하나일 수밖에 없다. 빌려야 할 때가 필요할지 모르지만, 일시적이어야 한다. 당신이 꿈을 빌린다면 당신만의 꿈과 자산을 구축하지 못한다. 그렇기 때문에 당신은 자신만의 꿈을 소유하기 위해 더 많은 기회를 붙

잡으려는 출구 전략exit strategy을 세워야 한다. 이것이 바로 당신이 이 책을 읽어야 하는 정확한 이유이다.

허황된 꿈에 중독되지 마라

'황금시간대의 여왕'이라는 명성을 얻기 몇 년 전(그리고 당신의 여동생부터 고양이까지 모두가 패트릭 뎀시Patrick Dempsey와 사랑에 빠져 정신을 못 차리기 오래전에) 드라마 〈그레이 아나토미Grey's Anatomy〉와 〈스캔들Scandal〉의 크리에이터 숀다 라임스Shonda Rhimes는 꿈이 자신을 앞으로 나아가게 만들기보다는 오히려 발목을 잡는다는 것을 깨달았다.

라임스는 다트머스 대학교에서 열린 졸업식 연설에서 이렇게 말했다. "저는 미친 듯이 꿈을 그렸어요." 그녀는 회상했다.

"저는 꿈꾸고 또 꿈꿨습니다. 꿈을 꾸었는데도 불구하고 저는 여동생 집의 지하실에 살고 있더군요. 몽상가들은 지금 누군가의 친척 집 지하실에서 살고 있을지 몰라요. 참고하세요."

지나치게 허황된 꿈을 꾼다면 아무것도 못하게 된다. 사람들은 지나치게 꿈을 꾸는 강박적인 상태에 빠져 있다. 그런 나머지 낙관적인 생각에서 한 치도 벗어나지 못해 완전한 결실을 맺지 못한다. 누구나, 심지어 당신의 가장 친한 친구이자 사랑스러운 강아지도 꿈을 꿀 수 있다. 하지만 꿈만으로는 아무것도 되지 않는다.

라임스는 꿈만이 아닌 행동이야말로 성취의 길로 인도한다고 역설했다.

"꿈은 던져버리고 행동을 하세요. 몽상가 말고요. 여러분은 어떤 사람이 되고 싶은지 정확히 알고 있겠죠. 아니면 열정을 어떻게 가져야 하는지 몰라서 무력감을 느낄지 모릅니다. 하지만 진실을 말하자면, 그런 건 아무 상관없어요. 아는 것은 필요 없습니다. 여러분은 그저 앞으로 계속 나아가야 합니다."

현명한 조언이다. 그리고 꿈을 소유한다는 것이 단순히 꿈꾸는 것 이상을 뜻한다는 점을 아는 것도 중요하다. 잘 모르겠는가? 그렇다면 이 간단한 규칙을 기억하라. '명사로서 꿈은 중요하다. 동사로서 꿈꾸기는 그리 중요하지 않다.'

우리는 꿈을 소유하는 것이 목표지, 꿈만 꾸는 것이 목표가 아니다. 인생의 보물지도, 알려지지 않은 앞으로의 기회들은 지나친 꿈꾸기에서 빠져나와 꿈의 소유권을 차지할 때에야 비로소 튼튼한 형태를 띠고 나타난다. 꿈꾸기를 '과다복용'하는 상태에서 벗어나 그 꿈을 실천하기로 의식적으로 몰입할 때 기회가 확실히 보인다. 그래야 당신의 꿈은 현실이 된다. 꿈을 소유한다는 것과 꿈꾸기의 차이, 이 미묘하지만 심오한 차이를 이해해야 당신이 수용할 수 있는 가장 중요한 결론에 이를 수 있다. 그것은 '허슬해야 한다'는 것이다.

아무도 당신에게 이런 말을 해주지 않는다. 앞으로 나아가기 위한 비결은 구조적이고 대대적인 변화가 아니라 감당할 수 있는 만큼의 조정에 있다. 그렇다고 즉효약이 있는 것은 아니다. 당신만의 모험을 선택하는 것이 가장 중요하다. 당신이 원하기만 하면 곧바로 모험이 시작된다. 다시 시작하기에 너무 늦은 때란 없다.

2. 리스크를 모르는 삶은 위험하다

"기계화는 기껏해야 그렇고 그런 것들을 낳는다."
- 프랭크 로이드 라이트Frank Lloyd Wright

일상이 공허한 이유

매일 눈을 뜨면서 막연히 최상을 기대하기보다는 규칙적인 단조로
움이라는 시시한 일상을 살면서 어떻게 진정한 자신을 발견하고 꿈
을 소유할 것인가? 당신은 자리에서 일어나 샤워를 하고, 옷을 입고,
사랑하는 이에게 입맞춤을 하고 집을 나선다. 커피숍에 줄을 서고,
차이라테 한 모금에서 위안을 얻는다. 헬스클럽에서 몸무게를 재보
고, 러닝머신을 달리고, 살아 있음을 느끼기 위해서 몸을 극한까지
밀어붙인다. 또 요가 수업에 등록해 고결한 자아와 다시 연결되기
위해, 이를테면 '일주일에 52분 동안' 깊이 숨을 쉰다. 하지만 당신
은 여전히 불만족스러운 감정에서 탈출하지 못한다. 존경받는 사회
비평가인 루이스 CKLouis CK가 지적했듯이 "모든 것이 놀랍지만 아

무도 행복하지 않다."

당신의 삶에서 눈에 보이지 않는 '더 많은 것'을 끊임없이 찾으려하지만 이는 달성하기 어려운 일이다. 당신에게 소중한 것들에 노력을 기울이고 시간을 쏟아야 한다는 것은 알고 있지만, 다른 사람들에게는 말할 것도 없고 자기 자신에게조차 성취감이 부족하게 느껴지고 가슴이 공허한 이유를 표현할 수 있는 단어도 알지 못한다. 왜 그토록 숨이 막히는 걸까?

0칼로리라도 살은 찐다

몸무게를 계속 관리하기 위한 노력의 일환으로 당신은 회사 책상 위에 은색 띠를 두른 차가운 다이어트 콜라를 항시 비치한다. 게다가 사무실 공용 냉장고 속에도 몇 병을 상비해둔다. 점심으로 배와 케일 샐러드를 먹고 다이어트 콜라와 레몬으로 마무리한다. 저녁에 친구들과 외식을 할 때 역시 당신의 선택은 항상 얼음으로 쨍그랑거리는 긴 유리잔에 담긴 다이어트 콜라다.

'음~ 맛있군. 게다가 건강에도 좋고 말이야!' 하지만 당신이 온종일 입에 달고 사는 다이어트 음료는 기대와 달리 눈에 보이지 않는 해를 끼친다. 그것이 몸에 미치는 생화학적인 효과는 당신을 날씬하게 해주기보다 오히려 뚱뚱하게 만드는 거니까! 샌안토니오에 있는 텍사스 대학교 건강과학센터에서 실시한 연구에 따르면, 10년 이상 규칙적으로 무가당 다이어트 음료를 마시는 사람은 허리 사이즈가 70퍼센트나 늘어날 가능성이 크다고 한다.[4] 이와 비슷하게, 퍼듀 대학교의 연구자들도 쥐를 대상으로 한 실험에서 인공감미료가 든 음식을 먹은 개체가 설탕이 들어간 음식을 먹은 개체보다 체중이 더 늘었다는 결과를 내놓았다.[5]

설상가상으로 우리 인간들, 특히 대부분 앉아서 생활하는 사무실 형제·자매님들은 머핀 모양처럼 배에 스페어타이어 하나씩 끼고 있을 가능성이 아주 높다. 여러 연구에서 지적하듯, 배 둘레에 지방이 많을수록 질병이 발생할 가능성이 높아진다. 벨트를 느슨하게 매도록 만드는, 너무나 사랑스러워 껴안고 싶은 피하지방은 빙산의 일각에 불과하다. 다이어트 음료를 마시면 설탕이 들어간 일반 음료를 마실 때만큼 인슐린 수치가 확 올라간다. 당신의 몸이 혈당 수치를 안정시키려고 하기 때문에 인슐린 수치가 롤러코스터처럼 급변하는 것이다.

이런 사실을 알지 못한 채 당신은 자신을 파괴하고 있다. 언론을 통해 비만의 위험을 목격하고 필사적으로 그렇게 되지 않으려고 하지만 오히려 더 큰 위험을 끌어들이고 만다. 왜 그렇게 하는 걸까? 한마디로, 당신은 왜 그리 멍청한 짓을 하는 건가?

이유는 극도로 지나친 '리스크 회피' 성향으로 인해 '실패 회피'라는 잘못된 목표를 조준하기 때문이다. 뚱뚱해지지 않으려는 노력이 바로 실패 회피다. 이는 '건강해지는 것'이라는 더 나은 선택지와는 거리가 멀다. 별 어려움 없이 '깡마른' 몸을 만들고 '이제는 됐어'

라고 안심할지 모르지만, 그것이 반드시 건강한 상태는 아니다. 건강하려면 좀 더 많은 노력이 필요하다.

실천의 부족, 그리고 실패를 회피하려는 소심함은 예외 없이 사람들을 자기 파괴의 절벽으로 내몬다. 실패 회피는 현실에서 달성할 수 있는 목표가 아니기 때문이다. 그것은 환상이다. 사람들은 목적지에 도착했는지 절대 알지 못할 것이다. 실패는 아주 가까이에 있을 수 있기 때문이다. 실패 회피의 마인드는 당신 내면의 리스크 회피 성향을 극적으로 자극하여 당신을 마비케 하는, 영원한 피해망상의 상태로 이어지게 만든다. 기분 좋으려고 다이어트 음료를 마신다면 스스로를 위험한 함정으로 밀어넣는 것이다. 당신도 알듯이 더 좋은 선택은 물을 더 마시고 맛있는 수십 종의 다이어트 음료들을 덜 마심으로써 몸을 보호하는 것이다(물론 매일 몇 분 정도 운동을 함께 하면 더 좋다). 그렇게 해야 긍정적인 이익을 얻을 수 있고 실패 회피라는 벽을 깨뜨릴 수 있다.

이런 난제에서 벗어나는 길은 무엇일까? 목표는 리스크와 실패를 모두 회피하는 것이 아니라, 리스크를 조금씩 받아들여서 성공을 추구하는 것이라고 머릿속에 각인시키는 것이다. 이것이 바로 우리(저자들)의 성공의 길이고, 우리의 도구, 우리의 방향, 우리의 의미를 성취해낸 길이다. 바로 허슬을 통해서 말이다.

성공을 원한다면 기꺼이 실패하라

영화 〈록키〉에서 실베스터 스탤론Sylvester Stallone은 거리의 떠돌이 복서 록키 발보아Rocky Balboa로 나온다. 그는 자신의 실력을 만천하에 드러내고 세계 챔피언인 아폴로 크리드Apollo Creed와 싸울 것인지, 아니면 클럽에서 파트타임으로 복서 노릇을 하면서 싫지만 어쩔 수 없이 빚 받으러 다니는 깡패로 살 것인지, 뜻하지 않은 인생 전환의 기로에 놓인다. 록키의 꿈은 위대한 사람이 되는 것이다. '부랑자'가 아닌 '특별한 누군가'가 되는 것 말이다.

꿈을 소유하기 위해 그는 승리하고자 한다. 그는 성공하기를 바라지 실패를 회피하려 하지 않는다. 또한 자신이 견뎌야 했던 고통과 가난을 떨쳐버리고 자기 앞에 놓인 힘겨운 훈련과 결전의 날을 담대히 바라보길 원한다. 그래서 그는 훈련에 맹렬히 임했고, 링에서 아폴로 크리드와 대적하게 됐을 때 '잃을 것 없고 얻을 것만 있는' 사람처럼 싸운다. 그는 그 링에 모든 것을 쏟아붓는다. 비록 경기에 졌지만 인생의 궤적은 더 나은 쪽으로 극적으로 변화한다.

록키는 허구의 인물이지만 그는 꿈을 가졌고 그 꿈을 이뤘다. 그는 현실에 존재하지 않지만 당신은 현실에 사는 사람이다. 당신의 꿈을 소유하기로 마음먹는다면 당신도 록키와 같은 기회를 얻을 것이다. 실패를 회피하고 싶어지거나 성공을 추구하는 방법이 떠오르지 않는다면, 반드시 그를 떠올리기 바란다.

숨어 있는 리스크의 무게

양팔저울이 하나 있다고 상상해보라. 무게를 재고 싶은 물체를 한쪽에 놓고, 양팔이 균형을 이룰 때까지 다른 쪽에 추를 올린다. 500그램짜리 추 하나를 올려놓은 다음 100그램짜리 추 두 개를 올리고 마지막으로 50그램짜리 추 하나를 놓는다. 그러면 당신은 돈으로 살 수 있는 최고의 헝가리산 베이컨 750그램을 샀다는 걸 알게 된다.

'숨어 있는 리스크hidden risk'를 다루는 것은 베이컨 덩이를 산 후 다음 날 응급실로 직행해 그 고기가 위험한 살모넬라균에 오염됐다는 것을 깨닫는 것과 같다. 살모넬라균의 무게는 저울에 나타나지 않지만 그 존재는 당신에게 매우 유해하다. 사람들은 종종 리스크를 내면의 저울로 측정하지 못해 살모넬라균과 같은 숨은 리스크를 집어먹곤 한다. 그건 정말 형편없는 결정으로, 때로는 비극적인 결말로 이어질 수 있다.

2001년 9월 11일에 일어난 끔찍한 사건의 후유증으로 인해 장거리를 여행하는 많은 미국인들이 이전에 비해 비행기보다 직접 운전을 선호하게 됐다. 하지만 애석하게도 이러한 사람들 중 상당수는 장거리 운전에 숨은 리스크를 알지 못했다. 통계적으로, 그리고 현실적으로 장거리를 비행기로 여행하는 것이 자동차 운전보다 훨씬 안전하기 때문이다.

2006년에 코넬 대학교에서 실시한 연구는 9/11 이후 2년 동안 자동차 사고로 2,302명이 추가로 사망했다고 추측했다. 비행기를 이용하기로 했으면 당하지 않았을 불행이었다. 그럼 비행기는 자동차에 비해 얼마나 더 안전할까? 전문가들의 예측에 따르면, 동일한 거리를 여행한다고 가정할 경우에 비행기가 자동차보다 약 65배 안전하다고 한다. 하지만 그렇다고 비행기 여행이 마냥 안심이 되는 건 아니다. 비행기가 활주로에서 이륙해서 중력을 이기려 할 때마다 우리는 우유를 사러 자동차에 올라타는 것보다 훨씬 더 위험한 느낌에 사로잡히니 말이다.

장거리 운전에 숨은 유·무형의 리스크를 저울에 올리는 일은 생각보다 이론적이지 않다. 텍사스 오스틴에 집을 구입하고 나서 패트릭은 캘리포니아 남부에 있는 가족을 텍사스까지 어떻게 데리고 와야 하는지 결정해야 했다. 처음에 그는 장거리 자동차 여행이 이곳저곳의 풍경을 더 많이 볼 수 있을 뿐만 아니라 이 기회에 가족의 유대를 강화하는 멋진 기회일 거라고 생각했다. 운전하면서 '홀리데이 로드Holiday Road(린지 버킹엄Lindsey Buckingham의 1983년 발표곡)'를 반복해서 듣고 길가의 작고 값싼 식당에서 매일 저녁을 먹는다는 아이디어는 엄청나게 매력적으로 느껴졌다. 3일 내내 '슬러그 버그 앤 아이 스파이Slug Bug and I Spy'란 게임 따위는 하지 않으리라 생각했다.

하지만 그가 생각을 바꾼 이유는 잘 모르는 길을 오랫동안 자동차로 운전해야 한다는 것과, 그에게 소중한 가족이 차를 함께 타고 가다가 사고를 당할 가능성이 '제로'가 아니라는 것 때문이었다.

숙고를 거듭한 끝에 패트릭은 숨어 있는 '살모넬라균'을 피하기로 결정했고 자동차 대신 비행기로 가족을 오스틴까지 데리고 왔다.

경력을 관리할 때도 이 '숨어 있는 살모넬라균'에 주의해야 한다. 당신은 소기업 두 곳 중 하나가 망하고 만다는 통계를 익히 알고 있을 것이다. 또한 개인적으로 아는 기업가들이 악전고투를 벌이는 모습을 목격하고 있을 것이다. 그래서인지 안정적인 직업을 그만두면 수입에 즉각적인 손실이 발생할 거라고 '깊이' 우려한다. 안정적이지만 별로 영감을 주지 못하는 직장보다는 새로운 벤처를 시작하기로 한다면, 당신은 부모님의 회의적인 눈빛을 느낄 것이다. 당신이 보지 못하는 것은 숨어 있는 리스크다. 당신은 무엇을 잃어버리고 있는가? 지금 그 자리에 있기로 결정함으로써 당신은 무엇을 포기해야 하는가? 그리고 내일은 무슨 일이 있을까? 당신의 직업은 겉으로 보이는 것처럼 진짜 안정적일까?

매일 당신은 일과 삶에서 앞으로 나갈지 아니면 뒤에 남을지를 놓고 전투를 벌인다. 이런 전투 속에서 당신은 성취감과 자유가 리스크를 받아들일지 여부와 의심할 나위 없이 엮여 있음을 알게 될 것이다. 비밀은 링 안으로 걸어 들어가 단조로운 일상을 깨뜨리기 충분할 만큼 당신 스스로가 갈망하게 만들어야 한다는 것이다. 리스크를 한입 크기로 더 많이 잘라낼수록, 즉 적극적으로 리스크를 수용할수록 더 좋다. 그러나 만약 당신이 작은 리스크들을 거부하고 당신을 자유롭게 만드는 작은 변화들을 받아들이길 원치 않는다면, 당신은 틀림없이 다이어트 콜라에 대한 갈망처럼 깨뜨리기 어려운 쳇바퀴 속에서 허우적대는 자신을 발견하게 될 것이다.

엉망진창의 악순환

당신의 동기가 무엇이든 간에, 당신의 미래에서 무엇을 보든지 간에 꿈을 소유할 준비를 갖춰라. 그래야 남들과 조금은 차별적으로 일에 몰입할 수 있고, 똑바로 난 길보다는 구불구불한 길을 택할 수 있으며, 그 길을 가는 동안에 만나는 뜻밖의 사건들에 마음을 열 수 있다. 하지만 여전히 꿈을 소유한다는 것은 어려운 일이다. 인생이라는 세탁기가 우리를 돌리고 또 돌리면서 빨아들이는 '엉망진창의 악순환'* 속에 있을 때는 특히 어렵다.

스스로에게 이렇게 물어보자. '나는 움직이고 있는가, 가끔은 미친 듯이?' '하지만 어디에도 다다르지 못하고 있는 것 같은데? 혹시 나는 '엉망진창의 악순환'에 빠져 있는 건 아닐까?'

할리우드의 모 광고 에이전시에서 중간 직급의 크리에이티브 디렉터로 일하는 서른넷 피트를 예로 들어보자. 피트의 엉망진창의 악순환이란 아마도 흥미롭지 않은 제품을 위해 일해야 한다는 것, 그래서 독창적이지 않은 마케팅 캠페인을 억지로 맡아야 한다는 것, 결국 평범하고 지루한 경력만 매번 쌓고 있다는 것이다. 매번 다른 브랜드를 위해 일을 시작하지만 그 사이클은 다시 돌아올 뿐 전혀

---

* 반복적이고 순환적인 '학습된 무기력'을 일컫는다. 이 같은 사이클에 빠지면 기력을 잃고 목표를 향해 움직이지 못한다. 게다가 그 사이클을 깨뜨리기 위해 스스로를 도울 수도 없고, 취할 수 있는 모든 행동은 상황을 악화시킬 뿐이다. 이것은 서서히 진행되기도 한다. 살면서 달성할 수 있고 성취할 수 있는 것들에 대해 잠재의식적으로 기대감을 낮추기 때문이다.

새롭지 않다.

오하이오 주 콜럼버스에서 최근에 대학을 졸업한 스물두 살의 밀라는 또 어떤가? 그녀의 '엉망진창의 악순환'은 아마도 도전적이지만 흥미로운 직업에 지원해도 경험이 부족하다는 이유로 거부당하는 것, 그래서 단조롭고 급여가 적은 아르바이트 자리에 시간을 쏟는다는 것, 결국 그런 아르바이트 경험으로는 재능을 발휘하기는커녕 아무것도 배우지 못한다는 것이다. 밀라는 시작점으로 다시 돌아가 관련 경험이 없다는 이유로 의미 있는 직업을 포기해야 한다. 이런 게 과연 '해피밀Happy Meal(맥도날드의 메뉴 이름으로 '행복하지 않다'는 점을 비꼬는 저자들만의 표현-옮긴이)'인가?

아마도 당신은 고위임원 승진 심사에서 매번 미끄러지는, 뉴저지 주 뉴브런즈윅 출신의 마흔아홉 살 제약회사 간부 맥스와 비슷할 수도 있다. 맥스의 상사는 막 승진했고, 그는 맥스를 적으로 간주하고 새로운 팀을 꾸렸다. 맥스는 한직으로 좌천됐다. 2년 후에 그의 상사는 승진을 했지만 맥스는 여전히 동일한 업무와 동일한 직위, 그리고 동일한 좌절감에 묶여 있다.

아니면 당신은 루이지애나 주 배턴루지에 있는 작은 가죽제품 유통업체의 소유주인 쉰둘의 조이스와 비슷할지도 모르겠다. 그가 상점에서 벌어들이는 이익은 아주 적다. 손으로 만든 지갑과 가방들은 충분히 팔리지만 아쉽게도 그것들은 저가 아이템들이다. 매출은 딱 각종 청구서를 납부하고 동일한 제품을 재입고하는 데 드는 비용만큼만 발생한다. 그래가지고는 저가 제품을 찾는 고객들만 끌어들일 수밖에 없고 가격을 올릴 수도 없으며 이익은 늘 거의 없다시 피 한다.

이러한 엉망진창의 악순환이 무서운 이유는 끊임없는 반복됨으로써 자기 운명에 대한 기대를 낮추고 결국 그런 낙담이 습관으로 굳어진다는 점이다. 그건 아주 나쁜 습관이다. 이 나쁜 습관이 끔찍한 데는 몇 가지 명백한 이유가 있다. 두 가지만 꼽는다면, 없애기가 무진장 힘들다는 것과, 무의식적으로 행해진다는 것 때문이다. 그 사이클은 나쁜 습관이 되고, 사람들은 하루하루를 덜 고통스럽게 버티기 위해 임시방편용 즐길거리를 찾아 그런 사이클을 감추려 한다. 스스로를 통제할 수 있게 해줄 일을 반복적으로 만들지만, 실제로는 꿈을 빌려준 자가 내건 조건에 자신을 헌신하는 것에 불과하다.

한 번이라도 안 좋은 습관을 버리려고 노력한 적 있는가? 하다못해 커피를 마시는 무해한 습관이라도 고치려고 애써본 적 있는가? 그 검은 추출물에 중독된 몇몇 사람들은 커피 없이 아침을 시작하는 게 얼마나 불가능한지를 잘 안다.

'그래, 맞아. 나는 언제든 커피를 끊을 수 있어. 단지 지금은 끊고 싶지 않을 뿐이야.' 사람들은 자신에게 이런 식으로 거짓말을 한다. 하지만 아침에 하는 첫 번째 일이 배우자에게 인사하거나 아이들에게 입 맞추는 게 아니라, 게슴츠레한 눈으로 휘청거리며 주방으로 가서 커피메이커를 더듬거리며 찾거나 근처 스타벅스에 좀비처럼 차를 몰고 가서 바리스타에게 간신히 입을 열어 "아메리카노 벤티 하나요."라고 내뱉는 것이라니!

당신은 커피 마시는 습관을 버리지 않는다. 안 좋을 게 뭐가 있을까 싶기 때문이다. 안 그런가? 그저 커피일 뿐인데. 게다가, 지난 20년 동안 계속된 습관 아닌가? '젠장, 이른 아침과 오전에 아메리카노 벤티를 마시고 오후에 두 번 더 마시는 게 바로 나란 말이다! 커피 맛이 얼마나 끝내주는데 그걸 끊으라고?'

물론 커피 자체는 그다지 나쁠 것이 없다. 사실 커피는 산화 방지에 큰 효과가 있다. 하지만 커피 중독이라면(커피에 대한 의존도가 높다면) 재고할 필요가 있다. 아침에 에너지를 얻고 정신을 차리기 위한 여러 가지 방법이 있는데도, 커피 중독은 그런 방법들이 있다는 걸 잊게 만든다.

우리(저자들)가 원하는 허슬링은 '엎어버리고 쇄신하는 것'이다. 자신의 삶을 빨아들이는 낡은 패턴을 벗어 던지고, 새로이 시작하는 것이다.

셀리그먼의 개

심리학자 마틴 셀리그먼Martin Seligman은 1967년에 실시된 유명하고도 충격적이며 끔찍한 실험을 통해, 자신에게 동기를 불어넣으려면 자신의 능력을 파악하는 것이 중요하다는 예상 밖의 멋진 통찰을 끌어낸 바 있다.

실험에서 셀리그먼은 스물네 마리의 개를 여덟 마리씩 세 그룹으로 나눴다. 첫 번째 '탈출 그룹'은 전기 충격이 가해지면 울타리에 달린 패널을 향해 머리를 부딪쳐 전기 충격을 끌 수 있도록 훈련받았다.

그런 다음 탈출 그룹의 개들은 낮은 벽을 사이에 두고 두 구역으로 나뉜 커다란 박스에 들여보내졌다. 전기 충격을 받으면 탈출 그룹의 개들은 비명을 지르며 전기 충격이 들어오지 않는 다른 쪽으로 뛰어 넘어갔다.

두 번째 그룹인 '통제 그룹'은 전기 충격을 끄는 훈련을 받지 않은 채 박스 안에 들어갔다. 전기 충격이 시작되자 개들은 경악과 고통을 표현하고 충격을 피하려고 벽을 넘어가는 등 매우 똑같은 방식으로 행동했다.

가장 불행한 세 번째 그룹, '멍에 그룹'에 대해서 셀리그먼은 다른 조치를 취했다. 그는 울타리 속의 개를 제압한 다음 전기 충격이 발생하는 멍에를 채워서 아무리 세게, 아무리 여러 번 패널에 머리를 부딪히더라도 전기 충격이 끊기지 않도록 만들었고 탈출도 불가능하게 했다. 그런 다음 셀리그먼은 멍에 그룹의 개들을 다른 그룹의 개들이 들어갔던 상자에 밀어넣었다. 이전 그룹들과 마찬가지로 낮은 벽을 그냥 넘어가기만 하면 전기 충격을 피할 수 있었다.

하지만 탈출 그룹, 통제 그룹과 달리, 멍에 그룹의 개들은 전기 충격을 피하려는 시도를 하지 않았다. 탈출의 길(낮은 벽)이 명백하게 보이는데도 말이다.

그 개들은 '무기력'을 학습했던 것이다.

엉망진창의 악순환에 빠져 되풀이되는 삶을 사느라 끔찍하고 지긋지긋하고 나쁜 결과를 받아들여야 한다는 게 문제가 아니다. 반복 자체도 문제는 아니다. 진짜 문제는 '학습된 무기력learned helplessness' 이다. 이것이야말로 고민의 해결책이 바로 눈에 보이는데도 불구하고 여러 저항에 직면할 때마다 스스로를 도울 수 없다고 체념하고 마는 끔찍한 현상이다.

당신에게도 이런 빌어먹을 상황이 찾아온다(아니면 그 빌어먹을 상황이 당신을 기다리고 있거나). 엉망진창의 악순환이 음흉하게시리 당신 정체성의 일부가 되면, 전기 충격의 고통을 탈출할 수 없다고 믿도록 훈련받은 '멍에를 쓴' 개들이 그랬듯이, 그 사이클은 당신의 정신을 장악하기 시작한다. 이런 일이 발생하면 당신은 일시적으로 나쁜 상황에서 영원히 나쁜 상황으로 빠져들고 만다.

우리(저자들)는 이런 현상을 '지루함의 일상화'*라고 부른다. 그것은 여러 가지 것들이 섞인, 따분한 좌절감이다. 감각은 둔해졌고, 기대감은 완전히 김이 빠졌으며, 야망은 계속 깊은 잠에 빠져 있고, '왜 내가 그래야 하지?'란 이유로 실천을 회피하는 상황이다.

엄밀히 말해 우울한 것은 아니지만, 그렇다고 행복한 것은 아니다. 당신은 바로 저 너머에 더 많은 것이 있음을 알고 있지만, 어깨를 으쓱거리기만 할 뿐 더 이상 신경 쓰지 않는다.

---

* 가만히만 있고 움직임이 없으며, 사는 게 재미없는 상태. 성공하지 못했지만 그렇다고 실패한 것도 아니다. 현실에 너무 안주한 나머지 행동을 변화시킬 수 없다. 게다가 무언가를 잃어버린 듯한 느낌이 내내 지속된다. 잠재의식은 틀리지 않았다. 뭔가 잘못된 것이 있다는 뜻이니까.

어떤 측면에서 보면, '지루함의 일상화'는 우울증보다 더 나쁘다. 우울증에 빠진 사람과 가족, 친구들은 그가 우울증에 걸렸다는 것을 알아차리고 의약품이나 치료법을 통해 그의 출렁거리는 감정의 너울을 가라앉혀줄 수 있을 것이다. 하지만 지루함의 일상화에 빠지면 '이렇게 사는 게 당연한 거 아닌가?'라고 여기도록 당신 스스로를 속인다.

당신은 그저 지루할 뿐이다. 그리고 이렇게 생각한다. '너도 나도 우리도 지루하다. 세상 모두가 지루하고 따분하다!'

하지만 그렇지 않다. 세계적인 규모로 자유롭게 의사를 표현하고 자유롭게 거래할 수 있는 기회의 바다가 있다. 제품 개발에 관한 아이디어가 있는가? 거대한 기업들이 운영하는 세계적인 '적기just-in-time 공급망'을 당신 역시 가동할 수 있다. 열아홉 살 먹은 밀레니얼 세대들이 대학을 졸업하기도 전에 전 세계를 누비며 성공적인 사업을 시작하고 있다. 의미 있는 꿈을 너무나 오랫동안 미루어온, 50대의 베이비붐 세대들도 그렇게 할 수 있다. 우리에겐 예전보다 더 많은 '사이드 허슬Side-hustle(주업에 종사하는 상태에서 다른 길을 모색해 보는 시도를 의미함-옮긴이)'의 기회들이 있다. 와이파이Wi-Fi 기반의 감시 카메라 개발을 위해 며칠 안에 크라우드펀딩을 받을 수 있는데, 왜 은행에 가야 하나?

따주기를 기다리는 무한한 기회들이 나무 위에서 익어가고 있다면, 버리기 힘들고 무의식적이며 충족되지 않은 정체성의 일부가 되어 버린 '학습된 무기력'의 습관을 반복하기보다는 그것을 돈, 의미,

추진력으로 변화시킨다면 어떤 일이 벌어질까? 그런 엉망진창의 악순환을 반전시킬 수 있다면 어떻게 될까?

좋다. 이제 당신은 다이어트 음료가 살을 빼는 데 전혀 도움이 안 된다는 걸 알게 됐다. 그리고 다이어트 음료보다 더 나쁜 건 마틴 셀리그먼이 정말로 불쌍한 개들에게 심한 짓을 했다는 점이다. 나쁜 소식을 더 많이 전달해야 할 것 같아서 미안하다. 암울하게 들리겠지만, 아주 가까이에 또 다른 리스크가 아직 존재하고 있다. 그것을 간과하기는 어려울 것이다. 좀 더 밝은 미래로 가는 열쇠를 그 리스크가 쥐고 있기 때문이다.

3. 열정에 속지 말고 재능에 착각 말자

"대부분의 사람들은 '자신이 잘하는 것'을 안다고 생각한다.
하지만 그런 생각은 일반적으로 옳지 않다. 사람들은 대개 '자신이 잘하지 못하는 것'을 안다.
그렇다 하더라도 더 많은 사람들이 맞기보다는 틀린다."
- 피터 드러커

내가 나의 눈을 가린다

앞의 두 장은 숨겨져 있거나 드러나 있는 개인적인 경력 리스크에 대해 어떻게 생각해야 하는지에 대해 다뤘다. 그러나 당신에게 생소한 또 다른 리스크가 존재한다.

'학습된 맹목learned blindness'이라는 이 리스크는 당신의 모든 인생뿐만 아니라 생산성과 행복을 위한 당신의 능력을 규정할 것이다. 쉽게 말해, 당신이 하려고 의도했던 것이나 '되기로' 했던 것에 대해 맹목적이 되어버리는 리스크다. 자신을 잘못된 거울로 바라보면, 자신의 재능을 잘 알지 못하고 어느새 그런 상태로 학습되어 버린다.

재능은 손에 닿을 듯 말 듯 떨어져 있지만 당신은 리스크를 회피함으로써 어둠 속에 머물러 있으라고 스스로를 가르친다. 그리고 헛

되이 이런 질문만 되뇐다. '내가 잘하는 것은 무엇일까? 나는 무엇을 해야 하는가? 나는 어떤 사람이 되어야 하는가?'

만약 당신이 이 질문에 대한 아주 기초적인 대답을 대강이라도 할 수 있다면 필연적으로 더 필요한 돈, 더 많은 의미, 그리고 더 많은 추진력이 생기는 것은 시간문제다.

하지만 답을 찾아보려 하지 않는다면 당신이 얼마나 고생스러운지, 얼마나 고군분투하는지 상관없이 부글부글 끓어오르는 불만족을 감수할 수밖에 없다. 아마도 당신은 완전하게 실패하지는 않겠지만, 분명 승리하지도 못할 테니까.

줄곧 당신에게 돈, 의미, 추진력은 눈에 보이지 않는 상태로 남아 있다. 눈에 보이지 않으면 다다를 수 없지 않은가?

"유일한 출구는 뚫고 지나가는 거야."라는 말처럼 이 장을 뚫고 지나가보라.

1만 개의 실수들

엄청난 베스트셀러이자 대단히 읽기 쉬운 책 『아웃라이어Outliers』의 저자 말콤 글래드웰Malcolm Gladwell은 심리학자 K. 앤더스 에릭슨K. Anders Ericsson의 연구를 많은 사람들에게 알렸다. 에릭슨은 어떤 분야에서 1만 시간 동안 '계획적인 훈련'에 전념한 사람들이 진정으로 세계적 수준의 성취를 이루었다는 점을 여러 사례로 보여주었다. 그는 '최고라고 불리는 사람'과 '아주 잘하는 사람'을 가르는 기준은 선천적인 재능이 아니라 단순히 인내하고 훈련에 전념하느냐에 달렸다고 강하게 주장했다.

그리고 유치원 때부터 알고 있었던 것, 즉 '훈련이 완벽을 만든다'라는 뜻으로 독자들이 인식할까 봐 세계적 수준의 작가인 글래드웰은 에릭슨의 아이디어에 진지함을 부여하려고 '법칙'이라는 말을 붙여서 '1만 시간의 법칙'이라고 명명했다. 틀림없이 당신은 이 말을 들어본 적이 있을 것이다. 10년 동안 매주 20시간씩 훈련하면 어떤 분야를 택하든지 당신도 세계적 수준이 될 수 있다니!(법칙이라고 하니 항상 옳지 않겠나!)

세계적 수준의 골프 선수가 되고 싶다면, 1만 시간만 쏟아부어라. 세계적인 음악가나 작곡가가 되고 싶다고? 좋아, 음치라서 멜로디에 맞지 않는 노래를 짜증스럽게 흥얼대는 당신도 마크 노플러Mark Knopfler(영국의 기타 연주자이자 싱어송라이터, 뉴웨이브 그룹 '다이어 스트레이츠Dire Straits'의 리더-옮긴이)처럼 기타를 연주하고 밥 딜런처럼 작곡하는 법을 배울 수 있다. 1만 시간만 쏟아부으면 말이다!

1만 시간의 법칙은 아주 잠깐이지만 글래드웰 같은 세계적인 작가가 될 수도 있다는 환상을 사람들에게 심어준다. 하지만 현실로 돌아오면 대부분의 사람들은 세계적인 작가가 되기 위해 투자해야 할 1만 시간이 없다는 것을 깨닫는다. 그래서 사람들의 의식의 흐름은 편리한 '자기 합리화'를 향해 내달리기 시작한다. '1만 시간의 법칙은 내가 글쓰기를 계획적으로 충분히 훈련하면 세계적인 작가가 될 수 있다고 말하지. 하지만 나는 그럴 시간이 정말로 없어. 아내와 두 명의 아이들을 돌봐야 하고, 소프트웨어 팀을 이끌어야 하지. 시에라Sierra 산에 백패킹backpacking하러 갈 시간도 거의 없다고. 내게 시간이 있다면 당연히 글을 쓸 것이고 분명히 세계적인 수준의 소설가가 될 거야. 법칙이 그렇다고 말하잖아! 말콤 글래드웰과 나의 차이 혹은 J. K. 롤링과 나의 차이는 그 둘이 각각의 분야에 쏟을 1만 시간이 있다는 것뿐이야. 두 사람에게 그럴 시간이 없었다면 그들이나 나나 다를 바가 없다고!'

이런 식의 자기 합리화는 근본적인 진실, 즉 선천적인 재능이 중요하다는 것을 무시하고 있다. 더 나쁜 것은, 자신의 재능을 스스로 발견할 필요가 있다는 것을 일부러 무시하는 것이다.

1만 시간의 법칙은 더 많은 돈, 더 많은 의미, 더 많은 추진력을 얻고자 노력하는 사람들에게 말로 다하지 못할 피해를 입혔다. 실제보다 자신이 더 능력 있고 더 재능 있다고 인식하는 것이 사람들의 자연스러운 경향인데, 1만 시간의 법칙은 '개발될 가능성이 거의 없는 재능'을 기대하는 리스크를 수용하도록 사람들을 부추겼다. 숙달의 과정 중에 1만 시간의 법칙은 트로피(보상)와 목표점을 혼동하도록 조장한다. 트로피와 목표점은 같지 않다. 트로피를 노린다면 결국에는 길을 잃고 말 것이다. 이를 우리(저자들)는 '달인의 광기 Madness of Mastery'라고 부른다.

물론 피아노, 농구, 소프트웨어 제작에 계획적으로 훈련을 받으면 실력이 향상될 것이다. 하지만 패트릭의 어릴 적 유도 코치는 이렇게 말하곤 했다.

"훈련은 완벽을 이끌어내지 못해. 완벽한 훈련이 완벽을 만들지."

이 말은 선천적인 재능이 궁극적인 성공의 중심적 역할을 담당한 다는 뜻으로 연결된다. 기타 연주에 얼마나 많은 시간을 연습하든 간에 패트릭은 절대 세계적인 수준의 음악가가 되지 못할 것이다. 그렇다고 패트릭이 기타를 연습할 시간에 음악 감상이나 즐겨야 한 다고 말하는 것은 아니다. 돈, 에너지, 집중력을 직업적 음악가가 되 는 데 쏟아붓기로 결심해서는 안 된다는 뜻이다.

우리(저자들)는 고된 노동의 미덕을 극찬하느라 시간을 낭비하지 않을 것이다. 고된 노동이 필요하긴 하지만 그것만 가지고는 목표를 달성하는 데 충분하지 않다는 것을 당신이 알 거라고 생각한다. 우 리는 당신이 성공 방정식을

$$성공 = 고된 노동 \times 행운$$

이라고 생각하지 말고, 실제로는 다음과 같다는 것을 받아들이기 를 바란다.

$$성공 = 허슬 \times 행운 \times 독특한 재능$$

뻔뻔하게도 본능적으로 '이런 게 나의 재능이었으면 좋겠다'라고 바라면서 아무것도 하지 않은 채 빈둥거리는 것은 시간 낭비고 비

생산적이다(패트릭은 자신이 마크 노플러가 아니라는 사실을 억울해하면서 놀고만 있지는 않았다). 자신이 뛰어나지 않은 어떤 분야에서 슈퍼스타이길 바라기만 한다면 스스로를 돈, 의미, 추진력으로부터 멀리 떨어지게 만들 뿐이다. 막연히 '이런 사람이고 싶다'고 꿈꾸는 것은 숨겨진 리스크들 중에 가장 회복 불가능하고 가장 후회스러운 리스크를 추구하는 것이기 때문에 바람직하지 않다. 그런 바람이 자신의 진정한 재능을 절대 발견하지 못하고 활용하지 못하게 만들기 때문이다.

재능 인식이라는 '왜곡의 거울'

확신에 찬 선입관에 부합되지 않아서 잘못 판단되고, 소외되고, 수치심을 경험했던 사람들의 이야기는 셀 수 없을 정도로 많다.

우리(저자들)의 경험상, 사람들은 어떤 분야에서는 자신의 능력을 과소평가하면서도 또 어떤 분야에서는 자신의 재능을 과대평가하는 경향이 있다. 마치 유령의 집에 있는 거울을 들여다보는 것처럼 말이다. 당신은 분명 당신을 비춘 모습을 거울을 통해 보지만, 너무 왜곡돼서 자신이 아닌 것만 같다. 설상가상으로 왜곡된 상을 반사하는 이 거울은 다른 사람에 의해 다뤄진다. 그 사람이 자기 마음대로 이리저리 거울의 각도를 돌리는 바람에 왜곡이 더 심해진다.

진정한 재능을 발견하려면, 당신은 두 개의 왜곡된 거울이 당신의 진정한 자아를 바라보지 못하게 막는다는 것을 이해할 필요가 있다. 그 두 개의 거울은 바로 '워비곤 호수 효과'와 '재능의 인민재판'이다.

워비곤 호수 효과

유머 작가 개리슨 케일러Garrison Keillor는 활동하는 내내 '기만적 우월 감illusory superiority'이라고 알려진 인간 정신의 아주 흥미로운 측면을 조롱하곤 했다. 오랫동안 진행한 버라이어티 라디오 쇼 〈어 프래리 홈 컴패니언A Prairie Home Companion〉에서 아저씨같이 푸근하게 생긴 케일러는 워비곤 호수라는 가상의 마을을 만들어냈다.

"그 마을에 사는 모든 여성은 강인하고, 모든 남성은 잘생겼으며, 모든 아이들은 평균 이상"이라고 말이다.

이 말은 우리가 어떤 스킬이나 행동에 있어 실제보다 더 낫다고 스스로를 속임으로써 연약한 자아를 보호하려는 경향을 일컫는다. 진정한 재능에 눈멀게 만드는 또 하나의 심리적 함정이다.

직관에 어긋나는 이 말을 듣고 당신은 필시 미소를 지었을 것이다. 통계적으로 위배되는 말이기 때문이다. 어떤 집단의 모든 구성원들이 동일한 차원에 대해 모두 평균 이상이 되기란 불가능하다.

현실에서 워비곤 호수 효과는 사람들이 다른 사람들에 비해 자신의 운전 실력이 어떤지 평가해달라고 요청받을 때도 나타난다. 매번 거의 모든 사람들은 자신의 운전 실력이 높다고 평가하는데, 대개 평균보다 높다고 답한다. 그러고는 보통 이렇게 말한다.

"다른 사람들은 모두 운전 실력이 형편없지만, 전 안 그래요. 제 운전은 환상적이죠."

워비곤 호수 효과는 당신의 자아가 무의식적으로 도움이 안 되는 생각으로부터 스스로를 보호하려는 방어수단이다. 즉, 당신의 운전 실력이 남들보다 형편없다는 불편한 사실로부터 스스로를 보호하고 자 하는 것이다. 타인을 속이기 위해 스스로를 기만하는 성향이 비즈니스 세계에서는 '과신overconfidence'으로 나타난다. 타인이 당신의 능력 발휘를 의심하면, 그 사람의 우려를 누그러뜨리기 위해서라도 당신은 과신의 함정에 빠진다.

지나친 자기기만은 분명히 위험하다. 자기기만은 균에 감염됐을 때 개입하는 면역 시스템과 비슷하다. 바이러스나 박테리아 같은 외부 물질이 몸 안으로 침투하면, 신체의 자연적인 방어체계가 작동되는 동안 면역이라는 일시적인 보호장치가 필요하다. 하지만 면역 시스템이 매번 켜져 있어서 건강한 조직까지 공격을 가한다면, 오히려 자가면역질환autoimmune disorder을 앓고 만다.

당신만의 숨겨진 재능을 정확하게 판단하려 할 때, 진실(아마도 마주하기 싫은 진실들일 테다)을 감추려는 강력한 워비곤 호수 효과는 결국 최악의 적이 된다.

재능의 인민재판 Kangaroo Court of Talent *

사람들은 성공을 바라는 분야에서 자신의 능력을 과대평가하는 반면, 당신의 꿈에 별로 관심이 없는 사람들은 당신을 엄격하게 평가하는 경향이 있다. 이 또한 인간의 본성이다. 우리(저자들)는 그런 사람들을 '재능의 인민재판관'이라고 부른다.

어떤 유형의 재능, 특히 숨겨진 재능을 정확하게 판단하는 것은 정말로 흔치 않은 능력이다. 객관적인 데이터를 들여다보면 인간의 편향 때문에 놓쳐버린 저평가된 재능이 얼마나 많은지 알 수 있다. 재능의 인민재판관들 때문에 미국 풋볼 리그NFL는 쿼터백 톰 브래디Tom Brady를 놓칠 뻔했다. 브래디는 2000년 NFL 드래프트의 여섯 번째 라운드가 되어서야 겨우 드래프트됐다. 이 글을 쓸 때 이미 슈퍼볼 MVP를 세 번이나 차지했고 2017년 2월에 또 한 번의 MVP를 획득한 선수에게는 불명예스러운 신참 시절이었다.

사람들은 자신의 재능을 판단하는 데 젬병이듯 다른 사람들ー보통 힘 있는 지위에 있는 사람들ー도 타인의 재능을 잘못 평가한다.

목표가 공정한 평가나 판단이 아니라 굴욕감, 공포, 벌주기가 목적인 우리 주변의 인민재판관들은 부당하리만큼 다른 사람들의 재능을 공격한다. 그 재판관들은 장기적인 관점을 지닌 '현명한 철인왕哲人王'들이 아니라, 바로 당신처럼 의식적이든 무의식적이든 단기

---

* 인민재판은 정의 구현이 아니라 여러 사람들 앞에서 창피를 주고 책임을 전가하기 위한 재판을 말한다. 다른 사람들에게 우리 내면의 재능을 판단해달라고 요청할 때 우리는 우리를 의기소침하게 만드는, 도움 안 되는 피드백을 자주 받곤 한다. 재능의 인민재판은 학습된 맹목이라는 리스크로 이끄는 심리적인 함정 중 하나다.

적인 것에 관심을 가진, 결점투성이의 보통 사람일 뿐이다.

　보통 재판관들은 '선의를 가진' 부모들인 경우가 많다. 부모는 스스로도 삶에 대해 불안감과 후회가 많은데, 그것이야말로 당신과 아무 상관없는 지독한 '악령'이다. 그들은 판단하려고만 할 뿐 당신을 이해하려고 노력하지 않는다. 부모 옆에는 '성공이란 이런 것이다'라는 사회의 집단적 인식을 전달하기만 하는 '사회적 지위 창조자social-status maker'가 있다. 그들은 당신이 의사, 변호사, 투자가가 되기에 맞지 않은 엉뚱한 재능을 가졌다고 말한다.

　하지만 걱정하지 마라. 당신의 친구와 동료들은 당신과 경쟁하느라 너무 바쁜 나머지 당신의 재능에 믿음직한 피드백을 해주지 못한다. 사실 그들은 종종 어깨 위의 악마에게 굴복하여 당신을 깎아내리고 의기소침하게 만든다(이 책의 초고를 읽은 어떤 사람은 '이것이 바로 당신이 입을 웨딩드레스를 친구와 함께 골라서는 안 되는 이유다'라고 말했다. 정말 그렇지 않은가?). 그러나 그들을 용서하라. 그들은 자신들이 무슨 짓을 했는지 의식하지 못하니까.

　올바른 조언보다는 잘못된 조언들이 상당히 많이 오간다. 대표적으로 잘못된 조언에는 '당신만의 이유를 찾아라'라는 것이 있다. 진정한 동기를 찾아내고 그것을 삶의 나침반으로 삼으라는 뜻이다(대부분 틀리지만). 최상의 경력을 쌓는 데 도움을 받으려면 정교한 심리적 판단 결과를 제공하는 '선다형 직업 적성 테스트'를 받아보라는 조언도 마찬가지다. '똑똑한 사람들'에게 당신에 대한 의견을 묻는 것 역시 잘못된 방법이다.

자신의 링에서 제대로 된 펀치를 날려라

닐의 어릴 적 친구인 비비아나는 재능 있는 비주얼 아티스트지만, 현재 그녀는 매우 비참한 상태다. 어릴 때부터 비비아나는 분명 예술적 재능을 지니고 있었다. 유치원생인 그녀가 손가락으로 그린 그림이 동급생들에 비해 언제나 뛰어나다는 걸 그녀의 부모도 모르지 않았다. 교실 벽은 귀엽기만 한 아이들의 이해하기 어려운 낙서로 어지러웠지만, 나머지와는 확실히 다르게 보이는 그림이 항상 그려져 있었다. 어떤 물체를 충실하게 표현했다고 보기는 힘들었지만, 구성과 색깔 선택, 비율과 균형은 의심할 여지없이 예술적이었고 평범한 유치원생이 그릴 수 있는 수준보다 몇 배나 나았다. 성장하면서 비비아나는 자신의 재능을 더욱 발휘했다. 고등학교 졸업 무도회를 위해서 그녀는 〈누가 로저 래빗을 모함했나Who Framed Roger Rabbit〉에서 제시카 래빗Jessica Rabbit이 입고 나온 옷을 모티브로 드레스를 디자인했다. 대학에서는 조각과 유화의 기초를 배웠지만, 결국 그녀는 자신의 재능을 더 발휘하는 데 전념하지는 못했다.

비비아나는 입으로는 자신의 재능을 갈고닦기를 원한다고 말했지만 머릿속에선 다른 목소리가 들렸다. '미술 대회에 나가볼까? 아니, 너무 상업적이야. 산업 디자인 회사에 들어가 견습생부터 시작해볼까? 아냐, 아냐. 아직 그럴 자격이 없어. 아니면 길가의 커피숍에 작품 몇 개를 걸어볼까? 그건 너무 볼품없잖아. 누가 내 그림을 사겠어?' 이런 식으로 어떤 경우든 항상 '해서는 안 되는' 핑곗거리가 있었다.

그녀는 자신이 쉽사리 압도할 만한 적수(꿈과 목표)에게 제대로 펀치를 날리지 않았고 어떨 때는 도리어 맞아서 나가떨어지기도 했다. 물론 그녀에게도 들어가서 제대로 된 펀치를 날릴 만한 '링'이 있었다. 어렸을 때 그녀는 2미터 높이의 송어 조각품을 그림으로 그려서 지역 우체국에 전시하는 공공미술전시회에 참가했는데, 송어를 낚시꾼으로 표현하는 등 매우 상상력이 뛰어난 그림으로 고향 사람들로부터 폭넓게 인정을 받았던 것이다.

이렇게 그녀의 예술적인 재능은 높은 수준이었지만, 작문과 말하기 능력은 엄밀히 말해 평균이었다. 하지만 대학을 졸업하고 그녀는 로스쿨에 지원하고픈 욕망에 사로잡혔다. 누구나 알듯이, 로스쿨에 들어가면 말하기나 작문, 커뮤니케이션 스킬이 상당히 높고 의욕까지 하늘을 뚫을 듯한 사람들과 경쟁해야 하는데도 말이다.

그녀는 자신의 선천적인 재능을 갈고닦을 수 있는, 자신에게 맞는 링으로 들어가지 않고 누가 봐도 자신이 상대가 되지 못하는 링으로 들어가고자 고집했고, 결국 굴욕적인 패배와 상처를 온몸으로 감수해야 했다.

아이러니하게도 비비아나는 자신이 재능이 무엇인지 알고 있지만, 그 재능을 활용하기를 계속해서 거부하고 있다. 채용됐다가 해고당하고, 또 채용됐다가 해고당하면서 임시적인 행정 업무만을 반복하는 그녀는 결코 멈추지 않을 엉망진창의 악순환에 갇혀 있다.

이처럼 많은 사람들은 어디서 시작해야 하는지조차 알지 못한다.

'해서는 안 되는' 이유들을 찾으려고 오래 기다리면 기다릴수록, 비비아나가 저질렀던 두 가지 유형의 실수를 당신도 똑같이 범하고 말 것이다. 그녀는 들어가서는 안 될 링 안으로 들어갔고, 쉽게 KO 당하지 않으려고 제대로 된 펀치를 날리지 않았던 것이다.

두 가지 실수를 범하면 돈도, 의미도, 추진력도 당신에게 남지 않는다. '이랬으면 어땠을까, 어쩌면 그랬을 텐데, 할 수 있었을 텐데, 해야 했었는데'라는 후회만 남을 뿐이다.

그래서 어떤 링에 들어가야 하는지 알려면 당신의 재능을 잘 알아야 한다.

웬만해선 눈에 보이지 않는 직무기술서의 진실

당신을 완벽하게 가이드해주는 듯한 직무기술서(해당 직무의 특징과 직무에 필요한 요건을 기록한 서식-옮긴이)를 본 적 있는가? 면접을 보고 채용까지 됐지만 꿈에 그리던 그 직업이 직무기술서와 판이하다는 것을 알게 된 적은 없는가? 만약 당신의 자아 인식이 '왜곡의 거울'과 비슷하다면, 그 채용 절차는 땅콩이 가득 담겨 있을 줄 알았는데 열어보니 뱀이 튀어나오는 장난감과 같을 것이다.

직무기술서는 당신을 억류해서 바보가 되도록 설계된 음흉한 존재다. 그것은 가장 피상적인 방식으로 서술된 직무의 역할을 당신에게 미끼로 던지고, 그렇게 함으로써 그 직무의 진실을 은폐한다. 당신은 바라던 경력의 길로 나아가려고 최선의 노력을 기울이겠지만, 그렇다 하더라도 당신의 재능과 당신에게 주어졌다고 생각되는 책임을 결합시키지 못한다.

COO(최고운영책임자)를 위한 직무기술서에는 다음과 같은 내용이 포함되어 있다.

- 디자인, 엔지니어링, 구매, 프로젝트 관리, 조립을 포함한 모든 생산 운영을 감독한다.
- 적극적이고, 지략이 뛰어나며, 결단력 있는 경영진 멤버가 된다.
- 생산 능력 확대를 위한 프로세스를 진두지휘한다.

해당 직위의 현실을 반영하여 다시 작성된 직무기술서─아마도 당신에게 좀 더 현실적으로 유용할 직무기술서─는 다음과 같을 것이다.

- CEO가 나쁜 결정을 많이 내리든 상관없이 반드시 자사 제품을 효율적으로 생산하도록 만든다.

그리고 기계 엔지니어의 직무기술서는 이렇게 생겼을 것 같다.

- 최신 오토캐드AutoCAD 소프트웨어를 능숙하게 다룬다.
- 의뢰인과 원활하게 의사소통한다.

이 직무의 현실을 정확하게 반영하면 이렇지 않을까?

- 필요 이상의 능력을 갖췄지만 쥐꼬리 급여를 받는, 번아웃된 팀원들을 돌본다.
- 해외에서 생산된 우리 제품이 폭발하지 않게 확실히 하라고 엔지니어들을 꼬드기고 매수하고 위협한다.

장황하게 논할 필요가 없을 것이다. 그렇지 않은가?

직무기술서는 명확하고 이해하기 쉽지만 궁극적으로 그 직무에 진정으로 수반되는 것을 감추고 있다. 직무기술서는 빙산과 유사하다. 대부분은 수면 아래에 웅크리고 있다. 다시 쓴 직무기술서야말로 감춰졌지만 진짜로 중요한 것을 당신에게 말해준다.

'허슬러Hustler(허슬을 실천하는 사람-옮긴이)'가 되면 당신은 눈에 보이지 않는 것들을 보려 하고 밑바닥의 흐름을 느끼려 하는 습관을 지니게 될 것이다. 그렇기 때문에 당신은 직무기술서를 항상 해독해야 하고 그 행간의 의미를 넘어서야 한다. 진실은 저 아래에 숨어 있기 때문에 당신은 '왜' 그리고 '어떻게' 실체를 드러내는지 배워야 하고 '증거의 산'을 구축해야 한다(이에 대해서는 뒤에서 자세히 논할 것이다).

대부분의 사람들은 이런 사실을 절대 알지 못한다. 베이비붐 세대 끝자락에 태어난 패트릭은 이 사실을 고통스러운 과정을 통해 이해했다. 그것도 좀 늦게.

누가 리스크를 먹고 있지?

2007년쯤 패트릭의 친구는 패트릭이 스타트업을 차리기 위해 연봉 좋은 직장을 때려치웠다는 소식을 전해 듣고 경악을 금치 못했다. 보장된 수입과 직업적 안정성을 버리다니! 그 친구는 아무리 의미 있고 흥미롭다 해도 리스크가 더 큰 것을 위해 확실한 것을 버리는 사람을 상상조차 할 수 없었던 모양이었다.

언짢긴 했지만 패트릭은 친구의 생각이 논리적으로 틀리지 않다는 걸 잘 알고 있었다. 하지만 패트릭은 그가 겪었던 여러 직업들에서 무엇을 성공했고 무엇을 실패했는지 일일이 따져보기 시작했다.

패트릭이 '왜곡의 거울'로 자신을 비춰보기를 멈추자마자 뚜렷한 패턴 하나가 떠오르기 시작했다. 패트릭의 기술적 능력은 동료들보다 더 낫지는 않았지만 그래도 괜찮은 축에 속했다. 그럼에도 그는 동료들과 같은 속도로는 승진하지 못했다. 패트릭의 장점은 서로 관련 없어 보이는 아이디어들을 결합시키고 조직화해서 유용한 것을 만들 수 있는 기술로 전환시키는 데 있었다. 의사결정의 재량권이 주어지자―그리고 실수할 수 있는 권한이 주어지자―패트릭은 훌륭하게 성과를 창출해냈다. 하지만 패트릭과 그의 윗사람들 사이에는 말로 표현할 수 없는 갈등이 항상 존재했다. 윗사람들은 고집스러운 노새 같다고 패트릭을 비난했다. 패트릭은 자신이 원하는 방향과 윗사람들이 일러주는 방향과 일치할 때는 일을 잘해냈다. 하지만 패트릭의 아이디어는 윗사람들의 지시에 반하는 경우가 많았다. 다른 동료들과 달리, 패트릭은 실패를 피하지 않는 것으로는 충분하지 않았다. 그는 스스로가 성공을 향해 매진한다고 느끼고 싶었다.

패트릭 마음속에서 격렬하게 벌어졌던 논리와 감정 간의 싸움은 감당하기가 쉽지 않았다. 그래서 회사를 떠나기로 어려운 결정을 내렸을 때 그는 큰 안도감을 느낄 정도였다.

패트릭이 회사를 그만두고 얼마 지나지 않아, 그가 다녔던 회사는 갑작스레 인력 감축에 들어갔고 패트릭의 친구를 비롯해 남아 있던 직원들은 연봉 30퍼센트 삭감이라는 어마무시한 '살모넬라균'을 견뎌야 했다. 같은 시기에 패트릭은 예전 회사에서 했더라면 소요됐을 시간의 10퍼센트만을 투자하여 실제적 사업 경험의 수준을 높였다. 또한 패트릭은 자신의 첫 번째 책을 자가 출판함으로써 차기작 출간의 길을 닦았고 마침내 베스트셀러 목록에 한 자리를 차지했다.

뿐만 아니라 패트릭은 완전히 새로운 여러 가지 감정들을 경험했다. 그것은 승인을 구할 필요 없이 기회를 활용할 때의 감정, 삶에 의미 있다고 생각하는 것을 향해 자신의 추진력을 집중할 때의 감정이었다.

어떤 사람은 허슬이 끈기의 문제에 불과하다고 말할지도 모른다. 위험하거나 끔찍한 경험을 거치는 동안 이를 악물 만큼 인내하지 않은 사람이 누가 있겠는가? 하지만 허슬이 끈기와 같다는 말은 옳지 않다. 허슬은 무슨 수를 써서라도 어려움을 견디고 참는 것이 아니다. 허슬은 긴 게임을 벌이는 동안 최선의 선택을 하는 것이다. 잊지 마라. 패트릭의 예전 동료들은 어려움을 참고 견뎠지만 바로 연봉

삭감을 당했다는 것을.

'그릿'이라는 작은 거짓말

인내하든지 아니면 도망쳐라.

상황이 힘들어지면 강인한 사람은 더 강인해진다.

계속 싸워라. 절대 포기하지 마라. 결코 멈추지 마라.

승산과 상관없이 당신의 꿈을 성취하라.

의지가 있는 곳에 길이 있다.

충분히 열심히 노력하면 길을 찾을 것이다.

노력하고, 노력하고, 또 노력하라.

거의 모든 사람들이 이런 문장들을 들은 적이 있을 것이고 여러 가지로 변형된 다른 말들을 적어도 한 번쯤은 스스로 말한 적이 있을 것이다.

이 책을 앞으로 더 읽어나가는 데 방해가 되지 않도록 근본적인 오해에 대해 언급하고 넘어가야겠다. 요즘 유행하는 '그릿Grit(열정적 끈기)'이란 개념은 원래부터 있었던 '끈기toughness'라는 말과 다를 바 없다. 모든 심리학 연구들과 일화적 증거anecdata('일화'를 뜻하는 anecdote란 말을 변형하여 저자들이 만든 단어-옮긴이)들은 난관에도 불구하고 그릿이 강한 사람일수록 더 많은 목표를 성취하는 경향이 있음을 보여준다.

우리(저자들)는 이를 반박하고 싶지는 않다. 의심할 나위 없이, 집요한 사람들이 끝내 이기는 법이니까.

집요한 사람들은 거듭하여 시도할 만큼 회복력이 더 높은 이들이다. 당신은 이기고 싶은가?

그러려면 당신은—"그래요, 당신, 얼간이 같은 당신 말이에요."—더욱 '그릿'해야 한다. 그리고 좀 더 용감해지고, 좀 더 다채롭고, 좀 더 보기 좋은 사람이 되어야 한다.

'어떻게 해야 좀 더 끈기가 있는 사람이 될까?' 당신은 스스로에게 묻는다. 음, 이봐요, 당신에게 할 말이 있는데, 이에 대해서 '그릿 연구자'들은 아무것도 말해주지 않는다고요.

끈기를 갖기가 얼마나 힘든지 알고 있는가? 끈기를 갖는다는 것은 엉망진창이 돼버린 중요한 프로젝트에 참여하고 있더라도 인내심을 유지해야 한다는 뜻이다. 하지만 그게 어디 쉬운 일인가? 상사가 당신의 능력에 대해 공개적으로 의심하고 동료들은 당신을 비난하고 배반하는데? 이런 상황에서 당신은 사무실 파티션 안에 웅크리고 앉아 있으면서 스스로에게 '치명적 일격'을 가한다. 자신에게 쏟아지는 악평을 스스로도 믿기 시작하는 것이다.

이럴 때 끈기는 신뢰에 관한 오래된 속담과 같다.

"정작 그것이 가장 필요할 때는 아무것도 얻을 수 없다."

물론 이곳저곳에서 울려 퍼지는 '끈기를 가져라'라는 합창 소리는 선의를 가지고 있다. 하지만 물에 빠져 허우적대는 것 같은 상태일 때, 간신히 견디며 살아간다는 기분일 때, 현실의 제약들을 아무 것도 아닌 것처럼 느끼게 만들 그런 '영웅'을 깨워내는 스위치는 어디에도 없다.

영웅은 쉽게 오지 않는다. 끈기를 가지려 애쓰는 것은 물 위에서 흔들거리는 물놀이 장난감과 함께 노는 것과 유사하다. 강하게 달려들수록 손에서 더 빨리 달아나버리니까.

불안해하는 사람에게 당신은 '진정해!'라고 말한 적이 있는가? 그렇다면 그 말이 효과가 있었는지 생각해보라.

그릿과 성공은 '닭이 먼저냐 달걀이 먼저냐'와 같은 역설적 관계를 갖는다. 둘 중 무엇이 먼저일까? 그릿은 항상 성공을 이끌까? 그릿을 하지 못하면 우리는 실패할 운명일까? 아마도 성공이 그릿을 낳는 것은 아닐까?

알아차렸을지 모르지만, 은행 계좌에 여섯 자리 이상의 잔액이 있거나 당신의 인맥에 유명 정치 권력자들이 있다면 '그릿해지는 것 gritty' 혹은 '끈기를 갖는 것'은 상당히 쉬운 일이다.

경쟁사가 지난 3개월 동안 당신을 주목해왔다는 것을 알게 된다면 더 높은 연봉을 협상하기가 쉬울 것이다. 현금 흐름이 건전하고 이익이 두둑한 상태라면 손이 많이 가고 짜증스러운 고객을 잘라버리기가 쉬운 법이다. 또 회사와 집에서 함께하는 사람들이 모두 좋은 이들이라면 운동 후에 녹즙 한 잔 마시기 위해 아침에 일찍 일어나기도 훨씬 수월하다.

성공은 그릿을 낳고, 그릿은 성공을 낳는다.

허슬에 동참하도록 당신에게 영감을 주는 것이 우리(저자들)의 목적이지만, 이 책과 우리의 조언은 철저하게 현실을 기반으로 한다. 그래서 당신은 이 책에서 집요함과 정신적 끈기에 관한 진부한 이야기들을 발견하지 못할 것이다. 그 이야기들이 옳지 않아서가 아니다. 당신은 당신이 알아야 할 모든 것을 이미 알기 때문이다.

성공 훔치기

아직 눈치채지 못한 것 같은데, 절박한 시기에 당신이 갈구해야 할 성공은 '실패한 영역'과 직접적으로 관련이 있을 필요는 없다.

9개월 동안 공을 들인 특별한 마케팅 캠페인이 무산되는 바람에 직장에서 자신감이 떨어졌다면, 이를 잊어버리고 긍정적이고 잘나갈 만한 다른 곳에서 힘을 '훔쳐'오려는 동기를 가지는 게 좋지 않을까?

당신은 그렇게 할 수 있다. 사실을 말하자면, 당신은 그 성공을 훔쳐야만 한다.

개인적 삶과 직업적 삶 속의 다양화는 '어떻게 리스크를 알맞게 수용하느냐'뿐만 아니라, 삶의 일부분으로부터 자신감, 끈기, 비전과 같은 성공의 놀라운 부수 효과들을 '어떻게 훔쳐오느냐'에 달렸다. 나머지 삶의 부분에 자신감을 공급할 수 있도록 말이다. 누구에게나 이렇게 할 수 있는 삶의 일부분이 있기 마련이다.

한 가지 수종으로 숲 전체를 이루고 관리하는 것은 이제는 구닥

다리가 된 산림관리 방식이다. 그렇게 하면 결국 숲은 화재와 질병에 더 민감해질 뿐이다. 마찬가지로 한 가지에만 지나치게 초점을 맞추는 것도 허슬의 관점에서 보면 위험한 일이다. 그렇게 초점을 맞춰 놓은 것이 당신의 유일한 정체성이 된다면, 그 위험성은 더 심각해진다. 무엇보다 당신은 하루에 열여섯 시간씩 명상하는 수도승이 아니지 않은가! 당신은 그렇게 도피해 있을 수 없다. 밖으로 나가 무언가를 행하고, 쓰러지고, 실패해야 한다. 대대적인 변화, 이것이야말로 당신 자신을 발견하는 방법이다.

하나의 정체성만 가지고 충분히 튼튼한 버팀목을 만들 수는 없다. 당신의 정체성은 전나무와 단풍나무, 세쿼이어와 삼나무로 다양하게 구성됨으로써 불리한 환경 조건에서도 더 건강하고 더 회복탄력성이 높은 숲이 될 필요가 있다. 여러 개의 건강한 정체성은 성공이라는 탱크를 필요에 따라 가득 채울 수 있기 때문에 회복탄력성을 높여준다.

이렇게 당신이 경험했지만 아직 손대지 않은 성공의 저장창고를 우리(저자들)는 '증거proof'라고 부른다. 증거는 당신의 가족, 인맥, 취미, 매력 혹은 '사이드 허슬' 프로젝트일 수 있다(이에 대한 상세한 내용은 뒤에서 살펴본다). 증거는 당신이 '자기 의심'이라는 쿨에이드(과일향 음료수)로 물고문을 받는 상황에서라면 매우 필요한 동력을 제공한다.

하지만 당신은 '어딘가'에서는 필히 출발해야 한다. 그럼 어디에서 이런 성공의 싹을 찾을 수 있을까?

경험의 거울

'왜곡의 거울' 대신에 '경험의 거울'로 당신 자신을 바라보면 무엇이 뚜렷하고 무엇이 흐릿한지 눈에 보인다. 당신에게는 '뚜렷한 재능 (쉽게 보이고 쉽게 알아차리지만 보통 중간 수준의 가치를 지닌 재능)'과 '흐릿한 재능(보기 힘들고 표현하기 어렵지만 믿을 수 없을 만큼 가치 있는 재능)'이 있다. 그리고 흐릿한 재능을 잘 이해하고 끌어올리기 위한 유일한 방법은 역동적인 환경과 다양한 상호작용을 자주 갖는 것이다.

그러므로 당신을 움직이게 하는 무언가를 행하라. 당신을 흥분시키고 에너지를 북돋는 무언가를 행하라.

또한 그것에 대해 말하지 말고, 꿈꾸지 말고, 계획하지 마라. 무엇보다 계획하기 위한 계획을 세우지 마라.

나중에 다시 살펴보겠지만, 지금은 완벽을 추구하는 것 자체가 위험할 수 있고 '마스터해버리겠어!'라는 열정이 광기로 치달을 수 있다는 점만 기억하기 바란다.

우선은 직장에서 당신 자신을 참신하고 도전적인 프로젝트와 여러 가지 환경에 노출시키는 것부터 행동으로 옮겨보자.

당신은 바퀴벌레가 아니다: 전문화는 곤충이나 하는 일이다

> 인간은 기저귀를 갈고, 침략을 계획하고, 돼지를 도축하고, 배를 만들고,
> 건물을 설계하고, 소네트sonnet를 쓰고, 장부를 대조하고, 벽을 세우고,
> 뼈를 맞추고, 죽어가는 사람을 위안하고, 주문을 받고, 주문을 하고, 협력하고,
> 혼자 행동하고, 방정식을 풀고, 새로운 문제를 분석하고, 거름을 뿌리고,
> 컴퓨터를 프로그래밍하고, 맛있는 음식을 요리하고, 효율적으로 싸우고,
> 씩씩하게 죽을 줄 알아야 한다. 전문화는 곤충이나 하는 일이다.
>
> — 로버트 하인라인

미국의 유명 SF 작가 로버트 하인라인Robert Heinlein은 사람이라면 누구나 엄청나게 많은 일을 해야 하지 너무 일찍 전문화하면 안 된다는 점을 지적한다. 너무 일찍 전문화를 해버리면 당신은 재능 탐색이라는 유망한 통로를 스스로 막아버리고, 개인적 재능뿐만 아니라 돈, 의미, 추진력을 이끌어내는 당신만의 동인들, 그리고 은연중에 내비치는 재능들을 결코 알아차리지 못하는 엄청난 리스크를 감당해야 한다.

재능 자가진단하기

당신이 무엇을 하기 위해 태어났는지 정확하게 인식하는 유일한 방법은 경영이론가 피터 드러커에 의해 널리 알려진, 엄청나게 간단하고 고전적인 방식을 따르는 것이다. 새로운 프로젝트나 벤처 기업을

시작하기 전에 그 프로젝트가 당신에게 요구하는 것, 즉 당신이 기여해야 할 것과 해내야 할 것이 무엇인지, 예상되는 바를 써보라. 그리고 그 프로젝트가 종료된 후에 결과를 기록하고 비교하라. 성공인가 아니면 실패인가? 무엇을 잘해냈는가? 잘하지 못한 것은 무엇인가? 적성을 발견해낸 것은 무엇이고 능력이 안 된다고 느낀 것은 무엇인가? 재치 있게 대응한 것은 무엇이고 성공적인 결과를 이끌어내는 데 도움이 된 것은 무엇인가?

이렇게 자신의 경험을 기록하고 재차 살펴봄으로써 경험의 거울을 통해 스스로를 진실하게 들여다볼 수 있고, '워비곤 호수 효과'와 '재능의 인민재판관'이라는 왜곡된 잣대들을 피할 수 있다.

이러한 질문들을 지속적으로 던진다면―맞다. 시간을 좀 들여야 한다―뚜렷하고 독특한 패턴이 수면 위로 떠오를 것이다. 이러한 패턴은 당신의 강점과 약점, 무의식적 행동 그리고 진정한 재능(남들에게나 당신 자신에게나 똑같이 은연중에 보이는 재능)이 무엇인지 드러낼 것이다.

강점이 무엇인지 그 놀라운 윤곽을 보게 된다면, 그 순간을 즐겨라. 대부분의 사람들은 가까이 다가가 자신의 강점을 알아보려 하지 않기 때문이다. 그런 다음, 강점을 개선하고 더 끌어올리기 위해 할 수 있는 모든 것을 해야 한다.

행동하도록 사람들을 설득하는 데 능숙한가? 그렇다면 발표, 세일즈, 즉흥 연설과 관련된 강좌를 수강하라. 아이디어, 제품, 서비스 판매에 특출난 사람은 어느 조직에서나 매우 귀중하니까 말이다.

까다로운 기술 문제에 해결책을 제시하는 능력이 있는가? 그렇다면 고도의 정신노동이 요구되고 복잡한 기술 업무를 수행하는 팀에 합류하라.

다른 사람의 감정 상태를 파악하는 데 젬병인가? 그렇다면 다른 사람의 감정 상태와 요구사항을 관리해야 하는, 매우 조직적이고 협력적인 업무는 피하는 게 좋다.

재능을 찾아내고 강점을 단련하는 것은 누구나 취할 수 있는 가장 간단하고 유일한 최고의 방법이다. 하지만 대부분의 사람들은 절대 그렇게 하지 않는다.

왜 그럴까? 실패를 피하는 데에만 너무 집착하기 때문이다. 게다가 경험의 거울로 재능을 들여다보는 것은 '네 글자로 된 단어'가 수반되는 무언가를 행동하도록 요구하기 때문이다.

인생에서 꼭 알아야 할 '네 글자'

1장에서 당신의 꿈을 소유하지 않고 운명을 향해 직접 달려가지 않는다면 누군가의 꿈을 빌리게 된다고 언급한 바 있다. 아마도 당신의 영혼은 당신이 잘못된 길을 가고 있다는 것을 알고 있을지 모른다. 비록 당신 자신은 그런 직감의 근원을 표현할 단어를 찾을 수 없다 해도 말이다.

다행히 이런 문제는 다룰 수 있다. 그렇다면 어디부터 시작할까?

사람들은 그것을 열망하고 그것에 집착하기도 한다. 당신이 생각할 수 있는 가장 추잡한 네 글자 단어는 바로 'R-I-S-K(리스크)'다.

대부분의 사람들은 리스크를 위험과 동일하다고 생각한다. 모두 피해야 하는 것으로 여긴다. 하지만 리스크는 산소에 비유할 수 있다. 산소는 좋은 것도 나쁜 것도 아니다. 그것은 필수적이면서 불가피한 것이다. 너무 많아도, 너무 적어도 사람들에게 해를 끼친다. 하지만 아무려면 어떤가? 인간으로서 당신은 살기 위해 이미 산소를 들이마시면서 매일 리스크를 수용하지 않는가? 그것은 피할 수 없다. 음식과 마찬가지로 당신은 어떤 리스크를 소비할지 스스로 더 나은 선택을 할 수 있다.

어떻게 더 큰 리스크가 더 작은 리스크를 뜻하는가?

당신의 개인적 삶과 경력 속의 리스크를 월스트리트 증권가에서 다루는 리스크처럼 생각하면 도움이 될 것이다. 개략적으로 말해, 주식시장에는 두 가지 유형의 리스크가 있다. 첫 번째는 '특이 리스크 idiosyncratic risk'로 좋을 수도 있고 나쁠 수도 있는 무언가가 어떤 기업에서 발생할 가능성이 있다는 의미다.

'좋은 소식! 그 회사는 당신이 가진 모든 음악을 주머니 속에 가지고 다닐 수 있는 방법을 발견했다. 당신은 애플의 주식을 소유할 만큼 아주 똑똑하다! 아뿔싸, CEO가 회계장부를 조작했고 회사는 파산 상태가 됐다. 엔론Enron 주식을 사지 말았어야 했는데!' 이것이 바로 특이 리스크다.

두 번째 유형의 리스크는 '시장 리스크market risk'로 모든 기업들이 공통적으로 직면하는 보다 넓은 범위의 리스크를 말한다. 경제가 활황이어서 사람들이 좀 더 많은 재화를 구매하고 싶어 한다. '좋았어!' 주가가 올라간다. 거대 도시를 완전히 파괴할 만한 테러리스트의 공격이 발생했다. '맙소사!' 주가는 곤두박질친다.

주식 포트폴리오에 충분한 리스크를 보유하고 있으면 특이 리스크를 실제로 부담하지 않는다. 하나의 주식에 나쁜 일이 발생하면 나머지 주식들은 이익을 낼 가능성이 있다. 예를 들어, 유가가 급등하면 포트폴리오 내 운송업체들은 어려움을 겪을 수 있지만, 에너지 기업들은 분명 이익을 거둘 것이다. 이러한 리스크의 다양화는 일류 투자기업들이 채택하는 방식과 정확히 일치한다. 그들은 불리한 리스크를 덜 감당하기 위해 총 리스크를 더 크게 늘린다. 이 말은 이론적으로 시장에서 리스크를 더 많이 감수하면 전체적으로 투자는 덜 위험해진다는 뜻이다.

당신 삶에 존재하는 리스크를 살펴보자. 살면서 선택의 순간이 찾아올 때 건전한 유형의 리스크에 대한 욕구가 별로 없으면 결국은 스스로를 '건강하지 못한 상태'로 이끌고 만다. 선택지를 만들어가려면 건전한 유형의 리스크를 감수해야만 한다. 날다람쥐 같은 옷을 입으면 노르웨이 피오르드 절벽을 뛰어내려 능선을 따라 마하 3의 속도로 활강할 수 있다는 말 따위를 하려는 게 아니다. 대신, 건전한 유형의 리스크를 수용해야 하고 긍정적인 선택지들과 함께 무작위의 우연한 사건들을 포착하며 그것들로부터 이익을 취하는 능력을 개발해야 한다는 말이다.

거대 조직에서 일하는 사람들은 이런 질문을 던져야 한다. '도전적인 프로젝트를 맡지 않을 때 내가 잃는 것은 무엇일까? 승진하지 않음으로써 혹은 무언가를 위해 싸우지 않음으로써 발생하는 기회비용은 무엇인가? 앞으로 좀 더 나아가고, 좀 더 늦게 남아 있고, 좀 더 강하게 프로젝트를 압박하면 어떤 이득을 얻게 될까? 매우 흥미롭지만 아직 검증되지 않은 제품을 주장하다가 조직문화의 흐름에 역행한다면 어떻게 될까? 무리에 합류하기보다 자신의 행적만 빛나게 할 뿐이라는 동료들의 소리 없는 비난 때문에 숨이 막힐 것 같은 순간이라면 어떨까?'

건전한 리스크를 많이 수용할수록 경험의 거울에 비춰보며 스스로에게 던지는 이러한 질문들에 답할 수 있다. 그리고 그렇게 되면 불리한 리스크를 더 많이 줄일 수 있다.

완벽 추구는 허슬을 방해한다

앞에서 암시했듯이, 당신에게 말하고 싶은 또 하나의 비밀이 있다. 허슬은 천하무적의 완벽한 슈퍼 히어로처럼 온갖 고통을 견뎌내는 드라마 속 인물이 되는 것과는 전혀 관련이 없다.

히어로적 관점은 비현실적이고 도달 불가능하다. 그리고 허슬을 시작해야 할 이유를 왜곡시킨다. 허슬은 완벽해지기 위해 하는 것이 아니다. 당신의 별난 점과 결점이야말로 허슬을 더욱 강력하고 독특하게 만들어준다. 허슬은 사랑하는 것을 배우고, 배운 것을 사랑하는 그 지점에서 생겨난다.

완벽함의 위험은 유사流沙(늪에 빠진 것처럼 헤어나오지 못하게 되는 모래-옮긴이)와 같다. 무릎 깊이로 빠르게 잠기고 있는데, 당신은 움직이지 않은 채 최고로 완벽한 탈출 계획을 세운다고 해보자. 탈출 계획이 실패하는 것을 피하려는 의도 때문이다. 하지만 그런 완벽함을 추구하다가 더 깊이 잠겨버린다. 그러는 동안 시간이 금세 흘렀다는 것을 깨닫는다.

당신이 정말로 해야 할 것은 어제의 늪에 빠지지 않기 위해 한 걸음 앞으로 — 결함이 있거나 엉망이거나 단순하다 해도 — 나아가는 것이었다.

완벽함은 사람들을 좀 더 '리스크를 회피하는 쪽'으로 선택하게 만든다(그래서 '가진 자들landlords'*은 우리가 완벽주의자가 되길 바라는 걸까?). 하지만 적절한 크기의 적절한 리스크는 건전하다. 적절한 리스크는 성공을 발견하도록 우리를 북돋우고 그렇게 함으로써 지루함의 일상화를 날려버린다. 이 말을 기억하라.

"지금 곧바로 실행된 좋은 계획이 다음 주에 실행될 완벽한 계획보다 낫다."

---

* 우리가 우회하려 할 때 자신들이 소유한 경로로 우리를 밀어넣어서 세금을 부과하고 허슬을 방해하는 사람이나 기관을 말한다. 그들은 우리가 자신들로부터 꿈을 빌려가길 원하고, 자기만의 꿈을 소유하겠다는 생각을 잊어버리길 바란다.

허슬은 우주적인 변화가 아니라 매일의 작은 성취들이 모여 이루어진다. 결점은 고쳐 쓰고 개선해갈 수 있는, 일종의 선물인 셈이다. 그리고 그것이 추진력을 유지하고 앞으로 나아가는 방법이다. 허슬은 선순환이다. 더 많이 허슬할수록 더 좋은 행운과 만날 것이기 때문이다. 그리고 좋은 행운은 추진력을 배가시켜서 더 많은 기회를 창출하게 될 것이기 때문이다.

　　그렇다. 당신에게는 행운이 더욱 가득할 것이다. 하지만 경마에 베팅해서 짭짤한 복권 당첨금을 따내려면 때로는 얼마간의 작은 고통을 감내해야 한다. 그래도 두려워할 필요는 없다. 이런 고통이 이익으로 돌아올 것이고 당신의 인생을 변화시킬 테니 말이다.

PART 2
머리

"세상을 변화시키려면 먼저 머리를 모아야 한다."

- 지미 헨드릭스Jimi Hendrix

4. 약간의 고통이 허슬을 끄집어낸다

"최고의 사람들은 모두 어느 정도 흉터를 지니고 있다."

- 키에라 카스Kiera Cass *

또라이에게서 공주님을 구하는 방법

오래된 영화 〈프린세스 브라이드The Princess Bride〉에서 우리(저자들)가 가장 좋아하는 장면은 잘생긴 금발의 주인공 웨슬리Westley가 교활한 악당 비지니Vizzini—웨슬리가 보살피던 아름다운 공주 버터컵Buttercup을 인질로 붙잡아 칼끝을 겨누고 있다—에게 '죽을 때까지' 재치 겨루기를 하자고 도전하는 부분이다(혹시 이 영화를 모른다면 〈프린세스 브라이드〉가 동화같이 웃긴 풍자극이자 어드벤처 이야기라고 생각하면 된다).

재치 겨루기를 시작하기 위해 비지니는 웨슬리 반대편에 앉아 와인 두 잔을 따른다. 웨슬리는 가루가 든 유리병을 비지니에게 보여

---

* 소설 『셀렉션Selection』 시리즈의 저자

주고 냄새를 맡게 한다. 그러고는 무미건조하게 설명한다.

"이건 '이오케인iocaine'이야. 냄새도 없고, 맛도 없고, 물에 금방 녹아버리지. 그리고 무엇보다도 인간에게 아주 고약한 독약이라고 알려져 있어."

비지니가 어리벙벙하게 바라보는 동안 웨슬리는 와인잔 두 개를 들더니 등을 돌렸다. 비지니가 알아채지 못하도록 말이다. 웨슬리는 은밀하게 비지니를 슬쩍 뒤돌아보고 와인잔을 내밀면서 과장된 말투로 물었다.

"그럼, 이 중 어디에 독이 들었을까? 재치 겨루기는 이제부터 시작이야."

이후의 장면은 비지니가 어떤 잔에 독이 들었는지 알아내려고 웨슬리를 이렇게 저렇게 떠보면서 빠르게 대사를 쳐나가는 재미난 상황으로 이어진다.

누가 봐도 당황한 표정의 비지니는 "저기 저건 뭐야?"라고 말하며 웨슬리의 주의를 다른 쪽으로 돌린 다음 와인잔을 슬쩍 바꿔치기한다. 그러고는 마실 준비가 됐다고 웨슬리에게 장담한다. 웨슬리와 비지니 모두 와인을 벌컥벌컥 마신다. 그리고 웨슬리는 진지한 표정으로 비지니에게 말한다.

"네가 틀렸어."

"우하하하핫!"

고소한 듯 꽥꽥 웃어대면서 비지니는 시선을 딴 데로 돌렸을 때 와인잔을 바꿔치기했다고 웨슬리에게 설명한다. 잠시 후, 비지니는 옆으로 쓰러졌고 그대로 죽어버렸다. 재치 겨루기를 하는 동안 안대로 눈이 가려진 채 비지니 옆에 앉아 있던 버터컵 공주는 이렇게 말한다.

"독이 든 잔은 원래 당신 것이었군요?"

웨슬리는 의기양양한 표정으로 대답한다.

"사실 두 잔 모두 독이 들었다오. 지난 몇 년 동안 이오케인에 면역이 생기도록 단련했을 뿐이지.

약간의 고통 즐기기

당신이 학교 선생님으로부터 '전략적 사고' 혹은 '게임 이론'이란 것을 조금이라도 배웠을 만큼 충분히 운이 좋은 사람이라면, '목숨을 건 재치 겨루기'에서 이길 수 있는 도구를 이미 가지고 있는 셈이다. 이 겨루기를 하려면 상대방의 의사결정 과정을 역으로 따라가는 '후향 추론backward reasoning(문제 해결을 위한 목표에서 출발하여 전제前提에 도달하려는 추론 방식-옮긴이)'을 통해 최고의 대응 전략을 구사해야 한다.

전략을 잘 구사하면 당신은 지구상에서 가장 똑똑한 사람인 비지니처럼 될 수 있다. 뭐, 비지니라고? 하지만 그는 죽어버리지 않았는가? 전략이 아무리 훌륭하면 뭐해? 최고의 허슬러인 웨슬리는 몇 년 동안 이러한 마지막 결전의 장면을 예상하고 있었다. 결전의 순간이 왔을 때 그는 이미 준비된 상태였다. '호르메시스Hormesis(다량이면 독

성을 나타내는 물질이지만 소량인 경우는 생체를 자극하여 도리어 생리학
적으로 유익한 효과를 내게 한다는 뜻-옮긴이)'라고 알려진 과학적 과정
을 통해 이오케인의 강력한 독성에 대한 저항력을 키웠기 때문이다.
그는 시작할 때부터 작은 리스크를 받아들였고 면역력이 강해질수
록 좀 더 큰 리스크를 수용했다. 그리고 마침내 기회가 왔을 때, 그
는 준비된 상태 그 이상이었다.

호르메시스와 허슬이 함께할 경우 일은 순풍에 돛을 단 듯 순조
로워진다. 호르메시스는 인간이 약간의 스트레스 유발 인자와 작은
리스크에 반복적으로 노출되면, 약해지기는커녕 놀랍게도 생물학적
시스템을 강하게 만든다는 것을 보여준다.

몸이 괴로울 때 얻어지는 것들

운동은 약간의 고통을 스스로에게 투여하는 좋은 사례다. 당신이 격
렬하게 운동하거나 무거운 역기를 들어올리거나 강한 저항력 훈련
을 받는다면, 약간의 리스크를 감수하게 되고 근육은 어느 정도 손
상을 입게 된다. 인간의 신체는 근육에 생긴 이 미세외상microtrauma
을 이겨내기 위해 근육 조직을 재건하고 강화시킨다. 근육을 성장시
키려면 때론 극심하기도 하겠지만 일시적으로 약간의 고통을 경험
해야 한다. 장기적으로 그렇게 해야 힘과 지구력이 강해지고 에너지
와 활력이 넘칠 뿐만 아니라 좀 더 나은 외모, 자존감, 자신감을 얻

게 된다. 운동은 할 때는 결코 즐겁지 않지만, 우리에게 커다란 이득을 선사한다. 알다시피 건강한 몸을 갖겠다는 이유만으로 많은 사람들이 체육관을 찾아 매월 회비를 내고 있지만, 적극적으로 운동하는 사람은 적다. 운동을 적게 하면 근육이 성장하지 못한다. 그뿐만 아니라, 운동량이 부족하면 지루함을 반복적으로 경험한다. 아주 가끔 운동하든 아니면 자주 운동하든 간에 신체를 몰아붙이지 않는다면 그것은 게임의 레벨 1단계만 반복하는 것과 같다. 그래서 헬스 트레이너가 여러 가지 다른 운동을 하도록 지도하는 것이다. 물론 과도한 운동은 신체에 장기적인 손상을 입힐 수 있겠지만 말이다.

핵심은 약간의 고통을 부과하기 위해 자신이 수용 가능한 운동 강도를 찾는 것이다. 몸은 가벼운 스트레스를 받으면 점점 강해진다. 그리고 신체가 강해질수록 벤치프레스 중량을 늘려서 들어올리거나, 좀 더 오래 전력질주할 수 있게 된다. 다시 말해, 근본적인 몸의 능력을 끌어올릴 수 있다는 소리다.

이것이 바로 노인들에게 골다공증을 이겨내려면 역기를 들어올리고 적극적인 라이프스타일을 유지하라고 조언하는 이유다. 또한 부상당한 운동선수들에게 상처 입은 근육과 관절을 움직일 수 있게 되면 곧바로 일어나서 재활 운동을 하라고 독려하는 이유이기도 하다.

약간의 고통은 성장에 도움이 될 뿐만 아니라, 신체 위축증atrophy을 예방하는 데에도 중요하다. 위축증의 일반적인 징후는 어릴 때 깁스를 한 적 있는 다리에서 발견할 수 있다. 다쳤던 다리의 근육은 다른 쪽에 비해 현저하게 작고 약해진다. 덜 사용했기 때문에 근육이 위축되는 것이다. 이런 현상을 없애는 처방이 바로 운동이다. '관리된' 스트레스 유발 인자에 몸이 얼마나 잘 대응하는지 누구나 보면 쉽게 알 수 있다. 사실, 몸은 스트레스 유발 인자가 있어야 건강하다.

이런 논리는 경력에도 동일하게 적용된다. 사람들 앞에서 말하는 것을 두려워한다면 그 치료법은 무엇일까? 신경안정제를 먹으면 될까? 하지만 이런 방법은 지금의 위치보다 나은 곳으로 성장하지 못하게 만들 것이 뻔하다. 그보다는 약간의 고통을 투여할 방법을 찾는 것이 훨씬 낫다. 저녁 식사나 회식 자리에서 15초 동안 간단한 건배사를 말하는 것부터 시작하는 것이다. 생각만 해도 당장 심장이 마구 뛴다면 그건 '긍정적인' 신호다. 지루해질 때까지 매일 저녁식사마다 그렇게 해보라. 아하놀드Ahnold(영화배우 아놀드 슈왈제네거Arnold Schwarzenegger의 애칭-옮긴이)가 말했듯이 "고통이 없으면 얻는 것도 없다No Pain, No Gain."

당신의 재능을 드러내려면 때로는 필연적으로 불편함을 경험할 수밖에 없다. 약간의 상처를 받지 않는다면 앞으로 나아가지 못할 것이다.

뇌가 괴로울 때 얻어지는 것들

약간의 고통이 주는, 조금은 기이한 놀라움 중 하나는 우리의 두뇌 속에서 매일 일어나는 현상에도 영향을 미친다는 점이다. 850억 개 이상의 뉴런과 그보다 많은 '교질세포glia'라 불리는 주변 세포와 함께 우리의 뇌는 거대한 가능성으로 채워져 있다.

보건 수업 때 마약에 대해 '노no'라고 말하라고 배웠던 기억을 떠올려보자. 우리는 유한한 수의 뇌세포를 지니고 태어났고 뇌세포가 한번 죽으면—록 콘서트장에서 머리를 세게 부딪쳤다든지 아니면 밀워키 베스트Milwaukee's Best(맥주 브랜드-옮긴이)를 진탕 마셔댔다든지—돌이킬 방법은 없다고 배우지 않았는가?

글쎄, 미안한 말이지만 선생님은 거짓말을 했다. 충격적이지 않은가?

뇌세포는 일생 동안 계속 성장한다. 물론 뇌세포는 노력 없이는 성장하지 않는다. 뇌세포의 성장 능력은 '신경가소성neuroplasticity'이라고 불린다. 뇌세포는 새로운 언어를 배우거나 새로운 기술적·창조적 스킬을 습득하거나 참신한 경험을 하거나 낯선 땅에서 새로운 경험을 하거나 복잡한 문제를 해결하는 '인지적 활동'을 행할 때 성장한다(새로운 제품을 시장에 출시할 때처럼 정신이 없는 상황을 떠올려보라). 당신이 마음속으로 느끼는 고통은 해롭지 않고 오히려 도움이 된다.

언어가 대표적인 사례다. 외국어에 통달하는 것은 단기적으로 우리에게 커다란 이득을 선사한다. 우리는 스페인어로 '사랑해!¡Te Amo!'라고 하거나 헝가리어로 '죄송하지만, 당신네 개가 우리집 잔디에 오줌을 쌌거든요?'라고 말하기 위해 새로운 문구를 배운다.

하지만 새로운 언어를 배우는 것이 때로는 엄청나게 좌절감을 주기도 한다. 외국어를 정확하게 발음하기 위해 혀와 입을 어떻게 놀려야 하는지, 시간에 관한 외국어의 개념을 어떻게 기억해야 하는지, 모국어에는 없는 이상한 문법 구조를 어떻게 기억해야 하는지 힘이 들기 때문이다. 이 모든 것이 난처한 상황을 이겨내기 위한 노력이다. 그러나 이러한 작고 반복적인 좌절이 장기적인 이득으로 변환된다. 때로는 고통스럽겠지만 마음을 다잡으며 모국어와 외국어 간의 '코드 전환'을 배워감에 따라 두뇌는 더 강력해진다. 새로운 방식의 표현을 더 많이 훈련할수록 두뇌의 건강을 더욱 강화할 수 있고 알츠하이머와 같은 외상적 두뇌 질병의 발병을 좀 더 늦추거나 치유할 수 있다. 최근의 연구에 따르면 이중 언어 사용자들이 한 가지 언어만 할 줄 아는 사람에 비해 두 배나 더 뇌졸중에서 회복될 가능성이 높다고 한다.

다발성경화증이라는 진단을 받고(앞서 '들어가며' 참조) 며칠 지나지 않아 조나스는 자신만의 '호르메시스' 치료의 일환으로 스페인어로 된 책을 읽고, 평소 잘 쓰지 않던 왼손으로 이를 닦고, 까다로운 수학 문제와 가로세로 낱말 퍼즐을 풀고, 'a-i-k-a-v-o-l-s-o-h-c-e-z-c체코슬로바키아'와 같이 어려운 단어의 철자를 거꾸로 말하는 등 여러 가지 특이한 행동을 보였다. 조나스는 몇 개월 동안 매일 몇 분씩 이런 행동을 했다. 물론 대부분은 남들 몰래 그렇게 했다. 그는 다른 사람들—특히 회사 동료들—이 다발성경화증에 따른 인지적 문제가 그를 망가뜨렸다고 생각할까봐 두려웠다. 이러한 훈련은 조나스가 지적 능력에 관해 자신감을 회복하는 데 도움이 됐고, 그는 자신이 빠르게 회복한 것도 그 덕분이라고 믿고 있다.

물론 호르메시스는 신규 사업, 고객 관련 문제, 기술적 이슈, 창의력 발휘가 필요한 기회, 현금흐름 관리, 마케팅 캠페인, 계획과 일정 수립 등 언제나 엄청나게 쌓여 있는 업무들을 모두 훤히 꿰뚫어봐야 하는 직장생활에도 적용할 수 있다. 그렇기 때문에 당신은 전문성이 부족하고 불편함을 느낄 것 같은 '마음의 영역' 속으로 스스로를 허슬해 들어가야 한다.

확장, 즉 새로운 과업이나 주제를 배우고 익숙해지는 과정 속에서 불편함을 경험하겠지만, 두뇌에서 새로운 시냅스가 발생하고 시냅스 간의 연결이 활성화되는 이득을 얻을 수 있을 것이다.

두뇌에 약간의 고통을 가하는 것은 엄청난 이득으로 되돌아온다. 심각한 부상 후에도 근육을 재활할 수 있는 것처럼, 새로운 지식과 낯선 경험을 추구하는 과정 속에서 두뇌 조직 역시 새로운 방향으로 확장되기 때문이다.

신체적으로 괴로운 자극이든 뇌를 괴롭히는 고난도 자극이든 간에 인생은 성장을 향한 점진적인 과정이다. 그리고 당신은 팀을 이끄는 것이든, 새로운 언어를 배우는 것이든, 제품을 출시하는 것이든, 뭐든 간에 이러한 호르메시스의 과정을 수많은 삶과 일의 측면에 적용할 수 있다.

기존에 가지고 있던 스킬들이 위축되는 걸 막고, 미래의 스킬과 지식을 계발하고, 복잡한 문제를 예상하고 해결하려면 약간의 고통 투여가 정말로 필요하다는 점을 명심하라.

그리고 무엇보다, 어느 영역에서 허슬을 감행하든 전체적으로 부정적인 리스크를 제거하고 긍정적인 잠재력을 창출하려면, 작고 관리 가능한 리스크를 수용해야 한다는 점도 기억하라. 더 많은 리스크를 수용할 때 더 좋은 일이 생기는 법이다.

고통이 너무 크면 얻는 게 없다

하지만 당신의 허슬 과정이 온통 고통일 뿐이라면, 당신은 그저 사디스트일 뿐이고, 뭔가 잘못하고 있는 것이다.

이 책을 읽는 마초 같은 모든 남자와 여자들은 우리(저자들)가 약간의 고통 투여라는 의미로 호르메시스를 언급했다는 점을 명심하기 바란다. 능력이 안 되거나 정체성에 걸맞지 않는데도 지나치게 스스로를 밀어붙인다면, 그런 고통으로부터는 아무런 소득을 얻지 못한다. 그 고통은 너무나 커서 다루기가 어려울 테니까.

호르메시스를 통해 우리(저자들)가 말하고픈 메시지는 '나를 죽이지 않는 것은 나를 강하게 만들 뿐이다'가 아니라, '적절한 양의 고통을 투여하는 게 중요하다'는 것이다. 뭐든 지나치면 좋을 게 없다.

여기 처방전이요: 매일 투여할 고통의 양

당신은 반드시 점점 더 성장해야 한다. 그래야 도전할 수 있고 바닥으로 내동댕이쳐지지 않는다. 이를 위해 매일 투여해야 할 적정한 고통의 양을 제시해본다.

거울을 들여다보며 조용히 생각해보라. 장기적인 이득을 거두기 위해 내가 오늘 할 수 있는 가장 사소한 일은 무엇인가? 매일 투여할 고통들은 모두 (1) 사소하고 (2) 덜 성가시거나 괴상하지 않고 (3) 어떤 식으로든 이득이 되거나 밝은 미래를 약속해야 한다. 오늘 바로 일상에서 실천할 수 있는 열 가지 예를 추천하자면 다음과 같다.

1. 몸매가 엉망이라면, 이번 주에 매일 팔굽혀펴기 10회를 하거나 5분 동안 요가를 하라.

2. 당신의 자리를 떠나지 않은 채 남편이나 아이에 대해 지루한 이야기를 크게 떠들어대며 당신의 일을 계속 방해하는, 도무지 참을 수 없는 '왕짜증 동료'가 있는가? 그 동료에게서 진정으로 고결한 면이 있는지 찾아보라. 그리고 진심으로 동료를 칭찬하라.

3. 자주 가는 카페에서 항상 같은 샌드위치를 주문하는가? 웨이터에게 '오늘의 메뉴'를 달라고 해보라. 웨이터가 당신에게 알리지 않은 채 음식을 내오더라도 그것을 다 먹겠다고 결심하라. 그리고 어떤 음식을 먹든지 그 안에 들어간 재료의 맛을 음미하겠다고 다짐하라[이렇게 해서 패트릭은 브뤼셀 스프라우트(방울다다기양배추)를 좋아하게 됐다].

4. 일주일간 하루도 빠지지 않고 회사에서 집으로 가는 경로를 다르게 하라.

5. 친구들과 대화를 하는 동안 '나'라는 단어를 절대 말하지 말라.

6. 금요일 밤에 '혼자서' 영화를 보러 가라.

7. 본인이 아이디어가 얼마나 좋은지 당신을 설득하는 친구의 말에 귀가 솔깃해질 때면 팔짱을 끼고 '노!'라고 말하라(생각보다 어렵다).

8. 매일 새로운 단어 하나를 외워라. 그리고 그날 적어도 열 번 이상 그 단어를 사용하라.

9. 일어나자마자 직장으로 가지 말고, 한 시간 일찍 일어나 산책하라.

10. 동네를 산책하면서 전에는 알아차리지 못했던 새로운 것들을 세 가지씩 찾아보라.

이런 자극들은 모두 약간의 고통이 수반되지만 아무것도 하지 않는 것보다는 낫다. 핵심은 당신 자신을 벌주거나 제재하라는 것이 아니라, 매일 아주 조금씩 성장하도록 스스로를 부드럽게 재촉함으로써 언젠가는 '공주를 구할' 준비를 마치라는 것이다.

약간의 고통을 투여한다는 것은 이러한 가시적인 이득뿐만 아니라 눈에 보이지 않는 또 다른 이득을 준다.

말해보라. 당신은 운이 좋다고 생각하는가, 친구?

5. 행운은 발견하는 것이 아니라 발굴하는 것이다

"우리는 이 진실들이 자명해지리라 믿는다.
모든 사람들이 평등하게 태어났고 양도할 수 없는 권리를 타고났다는 것을.
그 진실들에는 생명, 자유, 행운 그리고 행복에 대한 추구가 있다."
- 미국 건국의 아버지들(독립선언문의 초안에 나오는 문구)

개울에서 만난 행운

패트릭은 아들 셰인과 함께 텍사스 주 오스틴에 있는, 집에서 멀리 떨어지지 않은 야생 보호구역 내를 걸으며 뜨겁고 눅눅한 봄날의 오후를 느긋하게 보내고 있었다. 석회석 뚝방 틈에서 자라난 신록의 키 작은 떡갈나무들로 둘러싸인, 목가적인 환경 속에서 흐르는 시냇물이 이 지역의 대표적인 풍광이다. 이곳은 헤엄치기 바쁜 올챙이부터 은밀하게 움직이는 코요테와 뱀에 이르기까지 온갖 동물의 보고 寶庫다.

이끼가 두껍게 덮인 석회석 바위 꼭대기에 서서 셰인은 무거운 노끈 뭉치와 냄새 나는 베이컨 덩어리가 든 약 20리터들이 플라스틱 물통 손잡이를 움켜쥐고 있었다. 금갈색 머리칼을 가진 셰인은 소리를 죽이고 조심스럽게 개울을 들여다보며 가재가 있는지 살폈다.

패트릭은 셰인의 어깨에 손을 얹으며 무릎을 꿇고 돌과 이파리가 깔린 개울 바닥을 가만히 들여다보았다. 잠시 후에 패트릭은 일어서서 전형적인 아빠 말투로 이렇게 말했다.

"셰인, 오늘은 가재가 한 마리도 보이지 않는구나. 우리에게 운이 따르지 않는 것 같아."

셰인은 물통을 내려놓더니 이끼가 낀 바위에서 얕은 물로 뛰어들어 물속 썩은 떡갈나무 잎들을 발로 헤집었다. 그러자 그때까지는 보이지 않았던 수십 마리의 가재들이 샌들 밑에서 튀어나왔다. 셰인은 기쁜 나머지 키득거리며 웃기 시작했다. 그러고는 개울 너비만큼 커다란 미소를 머금고 개울둑에 서서 놀란 표정을 짓는 패트릭을 바라보며 신이 나서 외쳤다.

"안으로 뛰어들어서 이리저리 움직여야 가재를 발견할 수 있다고요, 아빠."

셰인의 눈을 보고 패트릭은 활짝 웃으며 네 살밖에 안 된 아들에게도 배울 점이 있음을 깨달았다. 패트릭은 사랑하는 아들이 아주 자랑스러웠다. 허슬과 '행운 만들기'에 대한 중요한 교훈을 아들이 가르쳐줬기 때문이다.

행운을 만드는 방법

허슬을 해나가는 과정 속에서 행운이란 당신의 손이 미치지 않는 신비롭고 변덕스러운 게 아니라는 생각을 항상 염두에 둘 필요가 있다. 셰인은 패트릭이 보지 못한 가재를 어떻게 발견했나? 웨슬리는 커다란 기회를 잡기 위해 어떻게 스스로를 준비시켰나? 자신에게 물어보라. 생존, 성공, 행운 사이에 연관이 있다는 것은 지나친 비약일까? 우리(저자들)는 그것들이 가장 원초적이고 밀접하게 관련돼 있으며 현실적인 방식으로 연결돼 있다고 말하고 싶다. 행운에는 점진적인 특징이 있다. 행운은 한 가지 목적에 무한히 연료를 쏟아부을 수 있는 거대한 저장소 역할을 한다. 즉, 당신을 앞으로 나아가도록 만든다. 우리(저자들)는 행운이 DNA 속 깊은 곳에서 끓어오르기 때문에 인간들이 역사에 커다란 족적을 남겼다고 생각한다.

허슬과 행운이 교차하는 지점을 살펴보면 보편적인 진실 하나가 나타난다. '자신의 꿈을 소유하겠다고 다짐하는 것이 불운을 없애버리는 방법'이라는 것이다. 결심이 바로 행운을 가져다준다. 솔직히 말해, 사람들은 빌려온 꿈보다 자신이 소유한 꿈을 더 신경 쓰기 마련이지 않은가? 그리고 옳은 것과 자신의 것을 위해 싸울 가능성이 더 높은 법이다. 그렇게 해야 장기적으로 당신이 원하는 대로 설계한 '일과 삶'을 위해 더 많은 추진력을 공급하는 행운을 더 많이 찾아낼 수 있는 위치에 이를 것이다.

'탈출 버튼'을 누를까 말까

어느 유명한 영화 비평가이자 감독은 이렇게 말했다. "영화를 만드는 것은 실수를 만드는 것과 같다."

이 말은 전설적인 영화감독 프랜시스 포드 코폴라에게 딱 들어맞는다. 실베스터 스탤론이 영화 〈록키〉를 촬영하느라 바쁘던 시기에 코폴라는 지구 반대편인 동남아시아의 밀림 속에서 자극적인 이야기를 구상하고 있었다.

〈대부Godfather〉 1, 2편을 출품했던 코폴라는 이 작품이 또 하나의 걸작으로 이름을 남기길 바랐다. 하지만 〈지옥의 묵시록Apocalypse Now〉은 지독히도 자기파괴적인 영화였다. 갑작스러운 태풍이 필리핀에 제작한 세트장을 완전히 부숴버리는 바람에 개봉 일정을 연기할 수밖에 없었고 예산은 수백만 달러나 초과됐다. 배우들은 너무나 자기도취적이거나 눈이 높아서 자기 대사를 외우려 하지 않았고 젊은 감독을 상대로 공공연하게 반기를 들었다. 수백만 달러에 이르는, 코폴라가 개인적으로 투자한 돈뿐만 아니라 감독으로서 그의 평판과 경력 역시 위태로웠다.

영화를 찍는 동안 코폴라는 자신에게 편지를 썼다.

"내 머리는 만신창이가 됐다. 심장은 고장 나버렸고, 내 상상력은 죽었다. 충격에서 회복할 힘이 없다. 어린아이처럼 누군가가 날 구조해주면 좋겠다."

결국 코폴라는 운명을 건 결정을 내렸다. 그는 합리화를 하면서 재앙에 가까운 영화 제작을 포기할 수도 있었다. 그 역시 그러기를 절실하게 원했지만, 끝내 '탈출 버튼'을 누르지 않았다. 포기하고 싶지 않아서가 아니었다. 그는 포기하고 싶었다. 자신을 믿기 때문이 아니었다. 오히려 그는 자신을 믿지 않았다. 용기를 내거나 자신의 본능을 신뢰했기 때문도 아니었다. 그는 용기가 없었고 자기의 본능을 신뢰하지도 않았다. 다만 그는 영화만 보고 앞으로 나아갔다. 허슬을 계속 유지하는 것 외에 다른 대안이 없었기 때문이었다. 그렇게 자신의 불운이 다 '소진'될 때까지 그는 허슬했다.

아마도 당신은 '광란의 창작 여정'을 거치는 동안 들어맞는 퍼즐 조각이 아무것도 없다는 걸 깨닫게 될지 모른다. 예를 들어, 막 설립한 스타트업이라면 바로 출시할 수 있는 무결점의 제품을 확보하지 못한다거나, 수백만 달러를 쏟아부은 광고 캠페인인데 시장에서 끔찍한 반응만 나온다거나, 언변이 좋은 세일즈맨이 제품을 팔려고 애쓰지만 아무도 실제 고객으로 만들지 못하는 경우 말이다. 자금이 동이 나고, 피와 땀과 눈물이 말라버리고, 시간마저 날아가버린다. 그야말로 게임 끝!

이런 상황에 처할 때 당신은 누군가가 찾아와 당신을 구해주길 기대한다. 탈출 버튼이 있다면 바로 누르고 싶을 것이다. 그런데도 왜 어떤 사람들은 모든 것들이 무너져내릴 때, 자신마저 좌절에 빠질 때, 착수한 일을 완료하려고 극도의 역경을 인내하는가?

닐은 스물한 살 무렵에 100만 달러를 날려버림으로써 한창 젊은 나이에 깊은 수렁에 빠졌다. 조나스는 20대에 스타트업에서 부담이 큰 일을 담당하다가 심각한 신체적 이상증세를 경험했다. 패트릭은 아이가 있는 입장인데도 어떠한 계획도 없이 직장을 그만뒀다.

〈지옥의 묵시록〉에 관한 나머지 이야기는 역사로 남아 있다. 배우들은 결국 뛰어난 연기를 선보였고, 여러 번 고쳐 쓴 대본은 성공적이었으며, 아카데미상을 여러 개 거머쥐었다. 이 모든 것이 코폴라가 결승점을 통과하겠노라 죽기 살기로 작정했기 때문이었고, 그런 추진력이 행운을 만들어낼 것임을 알았기 때문이었다. 모든 창의적인 도전, 까다로운 프로젝트, 사업 기회, 스타트업 론칭, 영화, 책, 음악 등의 역사를 들춰보면 십중팔구 주체할 수 없는 재앙과 실패, 영혼을 무너뜨릴 만한 절망으로 점철돼 있다.

프랜시스 포드 코폴라는 자신이 잘 알고 있던 것, 즉 추진력을 통해 행운을 만드는 것에 전념했다. 그리고 마침내 불운이 떨어져나가도록 허슬하지 않았더라면 오늘날 절대로 존재하지 않았을 걸작을 창조해냈다.

영화 〈탑건Top Gun〉에서 구스 대위(주인공 메버릭의 동료 파일럿-옮긴이)를 죽인 것은 이젝션시트ejection seat(비상시에 승무원이나 승객이 좌석에 앉은 채로 비행기 밖으로 튀어나오면서 낙하산이 저절로 펴지는 장치)였다는 점을 잊지 말자.

행운의 과학

행운과 기회는 전적으로 무작위적인 사건이라든가 아니면 어떤 신비한 힘의 현현顯現이라고 여기는 믿음이 널리 퍼져 있다. 이런 관점에 따르면 언제나 다른 사람들보다 운이 좋은 사람들이 있기 마련이다. '때와 장소가 제대로 들어맞았지' '선한 것보다 운이 좋은 게 낫지' '너의 운이 얼마 남지 않았어'라는 속담들 속에서 그러한 세계관을 엿볼 수 있다.

신경과학자 제임스 오스틴James Austin 박사는 행운에도 네 가지 유형이 있다고 말한다. 단순하게 허슬하고, 움직이고, 실천함으로써 더 많은 행운을 '수확'할 수 있고 더 정기적으로 '세렌디피티serendipity'를 포착할 수 있다. 오스틴 박사의 행운 분류를 허슬러의 언어로 변환해서 소개하면 다음과 같다.

유형 1. 얻어걸린 행운Random Luck: 이것은 많은 사람들이 '횡재dumb luck'라고 부르는 것으로, 아무런 노력 없이 생기고 당신에게 별다른 영향을 미치지 못하는 행운을 말한다. 뜻밖의 선물이라고 생각하면 된다. 45분 정도 지각을 한 상태로 자동차로 넘쳐나는 유명한 음악 페스티벌 주차장에 차를 대려고 낑낑대는 상황을 떠올려보라. '플로렌스 앤드 더 머신Florence and the Machine'이 무대를 흔들어대는 동안, 당신과 같은 처지의 수많은 사람들은 작고 더러운 주차장을 천천히 돌며 빈자리가 나타나길 간절히 원한다. 절망스러운 마음으로

코너를 도는데 콘서트장 입구 바로 옆에 빈자리가 있는 게 눈에 들어오는 게 아닌가? 당신은 크리스마스 선물을 안은 세 살짜리 꼬마처럼 비명을 지르며 그런 행운을 믿을 수 없어 할 것이다.

유형 2. 허슬 행운 Hustle Luck: 추진력과 행동으로 만들어지는 행운이다. 네 살짜리 셰인처럼, 가만히 서 있지 않고 '바닥을 흔들어대면' 이런저런 아이디어들이 수면 위로 떠올라 서로 뒤엉키면서 새롭고 흥미로운 방식으로 재조합될 수 있다. 이런 행운들은 일상의 다양한 문제를 해결하거나 목표를 달성할 수 있게 해줄 것이다. 카페에서의 대화가 면접을 볼 수 있는 기회로 이어질 수도 있다. 당신이 자비 출판한 책을 보고 출판사에서 새 책을 내자고 제안하거나, 의뢰인이 당신과의 전화 통화에서 당신의 지식에 감명받아 사적인 컨설팅 업무를 의뢰할 수도 있다.

닐의 경우, 라스베이거스 만다린 오리엔탈(그는 콘도 하나를 갖고 있다)의 엘리베이터 안에서 아무에게나 말을 거는 습관이 수십만 달러 가치의 '운 좋은' 사업 계약을 여러 개 따내도록 만들었다. 닐은 대부분의 사람들처럼 엘리베이터 안에서 최대한 눈을 맞추지 않고 뚱하니 침묵하거나 일행하고만 이야기를 나눌 수도 있었다. 하지만 닐은 자기 주위의 사람들과 소통하려고 노력했고, 그런 습관이 충분히 몸에 배어 있기 때문에 자연스레 일에 대한 열정이 넘쳐흘렀다. 이것이 바로 허슬 행운이다.

무언가가 확실해야만 행동하겠다는 생각을 버려라. 무엇이든 행하라. 제일 중요한 것은 행동이다. 심사숙고하지 마라. 허슬 행운을 위해서는 닥치는 대로 움직이는 것이 가만히 서 있는 것보다 낫다. 그리고 이 문장을 깊이 새기자.

"그것을 얻기 위해서는 그 안으로 들어가야 한다You've gotta be in it to win it."

유형 3. 숨겨진 행운 Hidden Luck: 당신의 일상생활 속에서 당신 모르게 살금살금 돌아다니는, 정체를 보이지 않는 기회를 일컫는다. 이러한 유형의 행운은 '기회는 준비된 자에게만 간다'라는 말로 요약될 수 있다. 그것(숨겨진 행운)은 과거 경험의 창조적인 통합을 통해 생성되는 행운이며, 당신이 공공연한 비밀을 아는 유일한 사람임을 깨닫도록 한다. 이러한 종류의 행운 상당수는 당신이 연구, 무역, 학문 등의 분야에서 얼마나 잘 준비됐는가에 달려 있을 뿐만 아니라, 세계의 변화에 얼마나 민감하고 얼마나 개방적인가에 달려 있다. 기회를 향해 항상 당신의 눈이 열려 있도록 스스로를 훈련시키는 것은 알고 보면 놀라울 정도로 쉽다.

숨겨진 행운을 활용한 허슬러의 가장 대표적인 인물은 유튜브 스타이자 뛰어난 스토리텔러인 케이시 네이스탯Casey Neistat이다. 케이시는 고등학교를 중퇴했지만 나이키, 메르세데스-벤츠, 구글과 같은 대기업의 브랜드 동영상을 제작하고 동시에 유튜브를 통해 수백만 명의 열혈 구독자를 확보하는 등 사람들의 눈에 축복받은 것처럼 보이는 작업을 즐기고 있다. 그의 독창적이고 재미있는 동영상 스토리텔링은 영화 제작에 대한 뻔뻔하다 싶을 정도의 사랑을 솔직하게 드러낸다. 그는 이렇게 말한다.

"나는 유튜브에 60개 남짓의 동영상을 업로드해서 각각 3천만 회 이상의 조회수를 기록했습니다. 그중 서너 개만이 브랜드 동영상이죠. 내가 좋아하는 방식으로 이야기를 하기 때문에 그만큼의 구독자를 확보할 수 있었습니다."

입소문 덕에 유튜브 동영상이 성공을 거두기 전에, 그리고 그가 업로드한 몇몇 동영상들의 조회수가 1,700만 회 이상을 뽐내기 전에, 케이시는 뉴욕에서 결혼식, 졸업식, 아이들 생일파티 등 비디오 카메라가 필요한 곳이라면 어디든 찾아가 변변찮은 보수를 받고 일하는 비디오 촬영기사에 불과했다. 2006년에 케이시와 그의 동생 밴은 톰 스콧이라는 사람을 위해 몇 편의 동영상을 촬영했다. 톰은 그들의 결과물에 깊은 감명을 받았고 네이스탯 형제가 자신들의 생활에 대해 25분짜리 에피소드 8개를 제작하는 프로젝트에 자금을 투자했다. 케이시가 그 에피소드들을 HBO에 200만 달러에 매각하면서 그는 경력의 중요한 변곡점을 통과했다. 케이시 자신은 톰을 만나 에피소드를 제작한 것이 그저 행운이었다고 강조하면서 "기회가 준비된 자를 만나는 지점에서 행운이 생겨납니다."라고 언급했다.

이 말에 우리(저자들)는 동의한다. 하지만 그 이상이다. 케이시는 변곡점을 통과하지 않았다. 그의 허슬이 창조해냈다. 그것은 행운의 네 번째 유형인 '별난 행운'이다.

유형 4. 별난 행운 Quirky Luck: 당신의 선천적인 기이함으로 인해 당신을 찾아오는 행운을 말한다. 유명하든 그렇지 않든 상당수의 전기 작가들은 주인공의 별난 행동이나 이상한 개인적 라이프스타일에 대해 언급하곤 한다. 예를 들어, 앨버트 아인슈타인은 끊임없이 울어대는 새를 관찰하면서 바이올린을 연주했던 것으로 유명했다. 찰스 디킨스는 하루에도 수백 번이나 머리를 빗어댔다. 벤저민 프랭클린은 매일 홀딱 벗고 풍욕風浴을 즐겼다. 케이시 네이스탯은 주걱턱에 권투선수 같은 코, 거칠고 특이한 머리칼을 가진, 솔직히 호감형은 아닌 외모의 남자다. 그는 1980년대의 말썽꾸러기 영화 〈엑설런트 어드벤처Bill & Ted's Excellent Adventure〉의 주인공 빌과 신기하리만큼 닮았다. 케이시 역시 새벽 2시에 독일의 어느 워터파크를 몰래 들어간다든지, 여자친구(현재는 아내가 된) 캔디스를 놀라게 하려고 뉴욕에서 남아프리카공화국 케이프타운까지 지구를 가로질러 27시동안 비행한다든지 하는 말썽꾸러기 같은 일을 골라가며 하고 있다. 그러면서 아무 통지도 없이 동영상으로 전 과정을 촬영해 유튜브에 올리곤 한다.

이 재미나고 기상천외한 영상을 보며 우리(저자들)는 머리를 긁적이며 웃음을 터뜨리곤 한다. 그러한 이상한 버릇이 차별적인 특성이지 잘못된 것은 아님을 이해하면서 말이다. 그러한 이상한 습관에도 '불구하고' 그들이 성공하는 것은 아니다. 이상한 습관 '때문에' 별나게 보이는 성공을 만끽하는 것이다. 허슬 행운과 숨겨진 행운은 '낚아 올리는 것'이라고 말한다면, 기이한 행운은 '탄생하는 것'이다. '이상해 보이는' 것을 행동으로 옮길 때 참신하고 생소한 행운을 감지하고 수용할 수 있다.

별난 것에 관심이 있거나 순응주의자들이 이해 못할 이상한 습관을 가지고 있다면, 마음껏 저질러라. 절대 억제하지 마라. 자신이 어떤 사람인지, 무엇을 하는지, 자신이 남들과 얼마나 다른지를 받아들일 때 비로소 강력하고 조직적인 추진력을 발휘하기 위해 당신의 에너지와 허슬을 끌어올릴 수 있다.

그러니 앞으로 나아가 당신의 기이함을 온 사방에 알려라. 좀 더 운이 좋아질 거라고 우리(저자들)는 약속한다.

행운은 그 범위가 크든 작든 인생 속에서 거듭된다는 것을 당신이 받아들인다면, 어느 정도 위안을 얻고 안심할 것이다. 스킬과 끈기를 활용하고 꿈에 몰입할 때, 매일이 행운을 발생시키는 기회가 된다.

케이시 네이스탯은 또한 이렇게 말했다.

"내 인생의 첫 20년 동안 나는 내가 잘못됐다, 적합하지 않다는 소리를 듣고 살았습니다. 하지만 지금은 어딘가로 차를 몰 때 녹색 신호를 계속 받으며 쭉쭉 나가는 느낌이에요. 나는 서른세 살이고 속도를 늦출 생각은 전혀 없어요."

만약 앨버트 아인슈타인, 프랜시스 포드 코폴라, 셰인, 케이시 네이스탯이 야구팀의 1번 타자부터 4번 타자라면, 그들은 메이저 리그 역사상 최고 혹은 최악의 조합일 것이다. 하지만 여기에 행운에 관한 놀라운 진실 하나가 있다. 현실에선 최상이든 최악이든 상관없다는 것이다. 그들이 계속 활기차고 멋지게 행동한다면, 좋은 일들이 일어나기가 쉬울 테니까.

이봐, 타자! 스윙하라고!

신생 기업이든, 새로운 프로젝트든, 새로운 예술적 비전이든 무언가를 허슬할 때마다 우리(저자들)는 타석에 들어가 스윙하는 데 최선을 다한다. 스트라이크 아웃은 일종의 실패다. 진루는 언제나 좋은 것이다. 1루타는 그런대로 좋고, 2루타면 아주 좋다. 3루타면 환상적이고 말이다. 장외 홈런은 아름다움 그 자체. 그리고 만루 홈런은 모든 것을 초월한다. 모든 분야와 산업들은 이런 비유를 적용할 수 있는 나름의 성공 척도를 가지고 있다.

연기와 영화 제작 분야에서 아카데미상을 받는다는 건 일종의 홈런이다. 언론 분야의 홈런은 퓰리처상이고, 출판 분야에서는 뉴욕타임스 베스트셀러에 오르는 것이 홈런이다. 어떤 비즈니스이든 이런 사례를 들 수 있다. 신규 고객과 계약을 성사시키는 것은 계약액의 규모에 따라 1루타, 2루타 혹은 그 이상일 수 있다. 누구나 탐내는 직위로 승진하여 번쩍거리는 책상이 놓인 고급 사무실을 가지게 되는 것은 3루타와 비슷하다. 잘나가는 스타트업의 부사장 자리를 제의받는 것은 홈런이라 말할 수 있다.

당신이 얼마나 좋은 사람인지(혹은 얼마나 나쁜 사람인지) 상관없이 경력을 거치는 동안 상대 투수가 던지는 여러 구질의 공에는 불가피한 행운의 요소 하나가 있다. 당신이 '행잉 커브hanging curve(커브를 던지려 했지만 휘어지지 않아서 타자가 치기 좋은 공-옮긴이)'를 무시하고 넘어간다면, 예를 들어 머리에 불이 붙은 고객이 10만 달러 이상을 줄 테니 불 끄는 것을 도와달라는 상황을 무시한다면, 많은 홈런을 때려내기 무척 어려울 것이다. 무엇이 당신을 딜레마에 빠지게 하는가? 홈 플레이트를 밟는 것인가, 아니면 '배팅 케이지batting cage(타격 연습을 할 때 파울볼이 멀리 날아가지 못하도록 차단한 철제 앵글의 상자-옮긴이)'로 돌아가는 것인가? 몇 번의 스윙을 한 후에, 혹은 몇 번의 안타를 치고 몇 번의 스트라이크 아웃을 당한 후에, 당신은 딜레마에 빠졌음을 깨닫는다. 삶이 유한하다는 것을 받아들인다면, 어떻게 해야 성공의 확률을 최대한 끌어올릴 수 있을까? 투수가 공을 던질 때 당신은 펜스를 향해 스윙함으로써 홈런을 목표로 해야 하는가, 아니면 타율을 더 높이기 위해 경기 외의 시간―말하자면 1만 시간―을 투자해서 타격의 기술을 연마해야 하는가?

스윙 이론

심리학자 딘 키스 사이먼튼Dean Keith Simonton의 연구는 개인의 '타격' 문제와 허슬의 지속에 대해 생각할 때 놀라울 정도로 도움이 된다. 그가 제시한 '일정한 성공 확률constant-probability-of-success' 모델은 자기

분야에서 어느 정도 역량에 도달하면 '전문적 타율'이 확고하게 고정된다는 것을 보여준다. 독특한 방식으로 생산성 있게 일하도록 만들어주는 모든 것들―본성, 양육 과정, 현재의 환경―이 더 이상 늘어나지도 개선되지도 않는다는 것이다. 이 말은 전문적 역량을 성취하게 되면 최고의 타율을 가진 자라고 해서 최고의 선수는 아니라는 뜻이다. 최고의 타자는 그저 더 많이 타석에 나서는 선수가 차지한다.

만약 당신이 유별나게 특별하다면―마치 루크 스카이워커와 같은 제다이라면―사이먼튼의 모델이 실망스러울 것 같다. 만약 당신이 평범하고 서툰 선수라면―마치 록키 발보아 같다면―이건 당신에게 좋은 뉴스일 것이다. 왜 그런지 살펴보자.

프로야구에서 일정하게 3할 타율을 유지하면, 즉 평균적으로 열 번 타석에 들어서서 세 번 진루타를 친다면, 훌륭한 야구선수라 할 만하다. 2할 타율이라면―열 번 타석에 서서 두 번 안타를 친다면―평균보다 기량이 낮은 선수일 것이다. 예를 들면 아래의 표와 같다.

선수	타율	타석	안타	선수평가	허슬의 질
루크 스카이워커	3할	1,000	300	훌륭함	보통
록키 발보아	2할	1,000	200	평균 이하	보통

사이먼튼의 연구는 한 선수가 특정 수준에 도달하면 타율을 높이기가 매우 어렵다는 사실을 보여준다. 만약 록키와 루크가 모두 치기에 완벽한 공만을 기다렸다가 스윙을 한다면, 록키는 항상 상대적

으로 안타를 적게 칠 것이다.

하지만 통계치를 접어두고 잠시 생각해보자. 누가 경기를 이기느냐의 문제라면 무엇이 가장 중요할까? 누가 최고의 타율을 기록하느냐가 아니라, 누가 가장 많은 안타를 치느냐이지 않을까?

록키가 더 나은 선수가 되려면 치기에 완벽한 공을 기다리지 말고, 자신의 타율을 끌어올리느라 걱정해서도 안 된다. 그보다는 더 자주 타석에 나가도록 애써야 한다. 만약 록키가 더 자주 타석에 선다면, 경기에 미치는 그의 실질적 영향력이 갑자기 다르게 보이기 시작한다.

선수	타율	타석	안타	선수평가	허슬의 질
루크 스카이워커	3할	1,000	300	우수 상관?	보통
록키 발보아	2할	2,000	400	우수 상관?	훌륭함

사이먼튼의 연구는 허슬러들에게 아주 흥미진진하게 다가온다. 다음 타석에서 1루타를 칠지 스트라이크 아웃을 당할지를 고민하지 말라고 하기 때문이다. 당신은 그저 타석에 서는 데만 신경 써야 한다. 스윙을 많이 할수록 아웃을 많이 당한다고? 상관없다. 잘못된 일을 하는 것(예를 들어 이상한 사람과 사랑에 빠지는 것, 잘못된 이유를 가지고 직장을 구하는 것, 될 가능성이 없는 누군가가 되기 위해 노력하는 것)은 사실 당신에게 큰 도움이 된다. 무엇이 올바른 일인지 깨닫는 데에 잘못된 일을 하는 것만큼 확실한 방법이 있을까?

그리고 다행히도 인생은 야구가 아니다. 당신은 타순을 기다릴 필요가 없다. 치고 싶은 만큼 언제든 당신 인생의 타석에 들어설 수 있으니까.

　물론 당신은 스트라이크 아웃을 당할 것이다. 우리(저자들)도 그럴 것이다. 하지만 기억하라. 실패를 피하는 것이 목표가 아니다. 야구와 달리, 당신은 경기를 계속할 수 있고 매번 타석에 들어설 수 있다. 만약 당신이 루크라면 어깨 너머로 누군가가 오는 걸 알아차릴지 모르겠다. 록키가 당신에게 다가온다는 것을.

　하지만 의문은 여전히 남는다. 어떻게 해서 록키는 다음 타석에 설 기회를 얻었을까? 당신이 보지 못한 것을 보았기 때문일까?

6. 눈에 보이지 않는 허슬의 세 가지 법칙

"비전이란 다른 사람들에게 보이지 않는 것을 보는 기술이다."

- 조나단 스위프트 Jonathan Swift

여우가 알려준 비밀

〈어린왕자〉에서 앙투안 드 생텍쥐페리는 사하라 사막에 사고로 불시착한 어느 비행기 조종사의 이야기를 들려준다. 사고가 나고 얼마 지나지 않아 그는 어떤 존재 덕분에 깨어난다. 그는 소행성 B-612에서 온, 황금색 머리칼을 가진 왕자였다. 어린왕자와 이름 없는 조종사는 동고동락하는 8일 동안 서로에 대해 알아가면서 친구가 된다.

어린왕자는 조종사에게 자신의 소행성과 근처에 있는 여러 소행성에 거주하는 사람들, 지구에 도착해 알게 된 것들—뱀, 여우, 장미정원과 관련된—에 대해 이야기한다. 그리고 잊어버릴세라, 조종사에게 소행성 B-612에 남겨두고 온 유리 커버로 둘러싼 특별한 장미에 대해 말한다. 어린왕자는 사랑하며 가꾸려고 노력하는데도 그 아름답고 허영심 많은 장미가 자신을 성가시게 했다고도 이야기한다. 또한 5,000송이의 아름다운 장미가 가득한 지구의 정원을 우연히 발견했을 때는 장미와 자신과의 관계가 불확실하다는 생각이 머릿속을 가득 채운다.

어린왕자는 지구의 친구들 중 하나인 귀여운 여우를 만나자마자 한탄한다. 장미가 그에게 '나는 특별해요'라고 말했지만, 그는 방금 장미정원에서 똑같이 아름다운 5,000송이의 장미를 봤다고 말이다. 그러자 동정심 많은 여우는 어린왕자에게 자신을 길들여달라고 요청한다. 그래야 친구가 될 수 있다면서.

"너에게 나는 수십만 마리의 다른 여우들과 다를 바 없는 한 마리 여우야. 하지만 네가 나를 길들이면, 우리는 서로가 필요해질 거야. 너는 이 세상에서 나에게 유일한 아이가 될 거야. 나는 이 세상에서 너에게 유일한 여우가 될 거고."

여우를 길들이고 나서 어린왕자는 그의 장미가 5,000송이의 다른 장미와 같지 않은 이유를 깨닫는다. 그의 장미는 그가 길들였기 때문에 정말로 특별하다. 장미는 그의 것이고 그는 장미의 것이다. 이윽고 어린왕자가 여우를 떠나려 할 때, 여우는 마지막 비밀을 전한다.

"오직 마음으로 봐야 분명히 볼 수 있어. 중요한 건 눈에는 보이지 않아."

허슬의 첫 번째 법칙: 당신을 움직이게 하는 것을 행하라

엉망진창의 악순환을 늦추고 거꾸로 돌리려면, 그리고 지루함의 일상화를 깨뜨리려면, 머릿속에 있는 것을 잠깐 잊어버려야 한다. 당신을 움직이는 무언가를 하려면 의심과 회의를 멈추고 마음을 들여다보라. 분명 장고의 늪에 빠지기 쉽다. 마음속에서 길을 찾는 것 외에는 선택의 여지가 없기 때문이다.

그럼 어떻게 찾아야 할까? 답은 명확하다. 감정적으로 당신을 감동시키고 당신이 행동하도록 만드는 일을 하라.

당신이 자극받은 감정─허슬하도록 힘을 제공하는─은 참신하거나 순수한 긍정적 느낌에서 비롯될 필요는 없다. 그런 것들은 당신 내면에서 부정적인 감정의 형태로 쉽사리 나타날 테니까.

아마도 그것은 어릴 적의 배고픔, 집 없는 서러움, 우울증 같은 만성적인 정신건강 문제 등에 대한 사회적 불평등 같은 것일지 모른다. 그런 감정이 비영리조직을 설립해 타인을 도우라고 당신을 움직일 수 있지 않을까?

아마도 그것은 아이폰의 이어폰 줄을 더 잘 감는 방법처럼 시장에서 거들떠보지도 않는 문제에 대한 작은 '분노'일지 모른다. 상사나 고객과의 중요한 콘퍼런스 콜을 하기 30초 전에 엉킨 줄을 풀 수 있도록 하겠다는 생각으로 새로운 제품이나 서비스를 출시할 수 있지 않을까?

아마도 그것은 형편없는 자녀 양육 행태가 만연해 있다는 슬픔이나 좌절일지도 모른다. 부모가 알아야 할 지혜와 성공 팁을 하나의 툴킷toolkit으로 만들어 보급하겠다는, 그래서 세상에서 가장 힘든 직업—아이 키우기—을 새로 부모가 된 사람들이 쉽게 받아들이도록 하겠다는 열망을 실현할 수 있지 않을까?

또 아마도 그 모든 것을 다 하겠다는 생각이 자만심이고 당신의 재능을 뛰어넘는 것이라면 당신이 관리할 수 있는 문화 관련 온라인 갤러리나 블로그에 역량을 집중할 수 있지 않을까?

하지만 이건 어디까지나 명분일지 모른다. 당신은 우울해지거나 반대로 흥분에 휩싸이겠지만, 마음 깊은 곳에서는 부富를 축적해서 꿈에 그리던 바닷가 집을 사고 엄마를 위해서도 한 채 사주고픈 욕망이 있지 않을까?

어쩌면 그건 구직 요청을 거절당하거나 실연을 당해서 얻은 상처에 대한 앙갚음 혹은 어릴 적에 자신을 괴롭히던 녀석에게 복수하고 싶다는 욕구일 수도 있다. 그렇지 않은가?

실은 그게 무엇인지 뚜렷하게 표현할 수 없을지 모른다. 그리고 사람들 대부분은 그게 무엇인지, 즉 무엇이 자신을 움직이고 자극하는지 정확하게 표현할 수 있는 능력이 거의 없다. 사람의 마음은 자기 자신으로부터의 진정한 자극을 숨기느라 상당한 노력을 기울이도록 설계되어 있다(심리 치료와 정신질환 약품 구입에 매년 수십억 달러의 돈이 지출된다는 것을 보면 알 수 있다).

당신의 동기가 명백하게 '타인을 다치게 만드는 것'에 뿌리를 두지 않는다면, 무엇이 당신으로 하여금 첫걸음을 떼도록 만드는 것인지는 그다지 중요하지 않다. 그 동기는 당신 내면 깊은 곳에 뿌리를 두기만 하면 된다.

그리고 그 감정이 무엇이든 간에 당신은 당신이 내딛는 첫 걸음과 그 감정을 하나로 묶어야 한다. 여우가 어린왕자에게 "오직 마음으로 봐야 분명히 볼 수 있어. 중요한 건 눈에는 보이지 않아."라고 말했다는 것을 기억하라.

사람들은 지루함의 일상화에 사로잡힌 듯한 느낌을 자주 얻는다. 자신에게 중요한 것을 찾기 위해 자신의 마음에 귀 기울이기보다는 온전히 논리적이고 안전한 내기에 근거하여 결정을 내리기 때문이다.

그런 사람들은 하지 말았어야 할 거래를 맺는다. 받아들여야 할 적정량보다 적게 받아들이고, 진정으로 추구하고 싶은 관계를 회피한다. 또 그들은 자신의 감정과 교류하지만—즉, 감정을 느끼긴 하지만—그 감정이 자신에게 말하고자 하는 것을 기꺼이 들으려고 하지 않는다. 모래 속에 머리를 처박는 타조처럼 그들은 '원하지도 않는 일 따위는 하지 말라'고 외치는 본능의 소리를 외면한다. 그리고 그 일을 6개월 동안 하고 나서는 전보다 더 지루함을 느끼면서 패배감에 휩싸이고 만다.

'무엇'으로 시작해서 '왜'로 끝내라

베스트셀러 책이든, TED 연설이든, 고등학교 체육관 연설이든 셀

수 없이 많은 디지털 콘텐츠들이 '삶의 목적을 찾아요find our why'라는 말을 화면에 그려내며 사람들을 독려하고, 이러한 동기 유발자들은 삶의 목적을 찾는 것이 첫 번째 단계이자 의미 있고 부유한 인생의 궤도를 그리기 위한 주춧돌이라고 말한다.

솔직히 이보다 더 큰 거짓말은 생각해내기가 어렵다. 대부분의 사람들, 정확히 말해 사람들 중 99.99997242421164824퍼센트는 사실 자신이 하는 일을 왜 하는지 알지 못한다. 아마 앞으로도 알지 못할 것이다. 그토록 많은 영적 호흡 훈련이나 내적 독백, 히피 워크숍이나 다지선다형 테스트에 탐닉한다 해도 말이다.

삶의 목적은 움직이는 표적처럼 끊임없이 진화한다. 삶의 목적을 찾는 일은 첫걸음을 떼는 것과는 관련이 없다. 첫걸음을 떼는 것의 핵심은 정말로, 그냥, 첫걸음을 떼는 것이다.

삶의 목적은 자신의 마음 밖으로 불쑥 튀어나오지 않을 것이다. 그것은 시간이 지나면서 모습을 드러내기 마련인데, 자신의 재능이 무엇이고 어떻게 허슬하느냐에 따라 달라진다.

직관에 반하는 것 같아서 머리를 한 대 얻어맞은 듯한 느낌이 들지도 모르겠다. 하지만 크리스털처럼 투명하고 뚜렷한 삶의 목적이 있어야 한다는 생각은 불필요하다. 우리(저자들)의 말을 믿어라. 추진력에서 의미에 이르는 과정을 거치면서 당신은 좀 더 심오한 삶의 목적을 알게 될 것이다. 허슬을 한다면, 그리고 행동이라는 덕목을 실천한다면 나중에 가서 목적은 명확해질 것이다. 바로 지금, 당신은 무언가를 시작하고, 청구서를 지불할 만큼 돈을 벌고, 신체적 건강을 유지할 필요가 있다. 이 과정 속에서, 앞으로 나아가고 싶어 하는 다른 사람들의 탐색을 도와줄 수 있는 작은 행동들을 계속 실천하라. 비록 그것이 단순한 감사나 사교적 대화라 할지라도, 당신의 도움은 세상을 변화시키는 효과를 일으킬 수 있다.

당신의 열정을 따르지 마라

자, 당신이 어렸을 때 처음으로 광대를 그린 이후에 줄곧 로망으로 품고 있던 세라믹 물감 사업을 시작한다고 해보자. 그를 위해 다른 모든 것에서 손을 떼기 전에, 우리(저자들)의 조언을 '당신의 열정을 따르라'라는 말에 버금가는 지나치게 단순하고 선동적인 의미로 잘못 해석하지 말기 바란다. 자신의 열정을 따르라는 말은 산타클로스가 실제로 존재하지 않는다는 사실을 알게 되는 것보다 사람들을 더 냉소적이고 더 고통스럽고 더 분노하게 만들어왔다(산타는 없다. 하지만 부활절 토끼는 분명히 있다!).

서핑 보드로 파도 타는 것을 아주 좋아하는가? 한번 맞혀볼까? 그렇다면 당신은 서핑 용품점을 열고 싶지 않은가?

버터크림을 엄청 넣어 만든 컵케이크가 사람들의 입맛을 사로잡는다면, 당신은 동네에 집처럼 편안한 베이커리를 열고 싶을 것 같다. 그렇지 않은가?

못할 것 없어 보이지만, 서핑 용품점이나 베이커리 같은 소매점을 운영하는 것은 라구나 비치Laguna beach에서 커다란 파도를 타며 노는 것 그리고 아주 맛있는 크럼펫crumpet(이스트를 넣은 영국식 팬케이크-옮긴이) 레시피를 개발하는 것과는 전혀 다른 재능－예를 들자면 회계, 재고관리, 마케팅, 고객 서비스 등－을 필요로 한다. 사업체를 운영하는 것이 그렇게 간단하다면, 우리는 그토록 많은 상점들과 식당들이 열정을 따라 행동한 소유주들을 가둬놓는, 사실상의 '감옥'이라는 것을 몰랐을 것이다.

아마도 당신은 온갖 것에 관심을 가지고 있을 것이다. 당신은 미식축구를 좋아하고, 철학서적 읽기를 좋아하고, 수학에 진짜로 열성적일 것이다. 그래서 열정은 투자은행의 애널리스트라는 경력을 목표로 하도록 당신을 몰아간다. 따지고 보면 기업가치를 산출하는 것은 수학 문제니까 말이다. 게다가 당신은 열한 살 때부터 엄마의 컴퓨터로 주식 가격을 계속 살펴왔기 때문에 스프레드시트를 다루는 스킬은 신의 경지에 이르렀다.

하지만 그토록 원했던 직업을 구했다는 희열도 잠시뿐, 설명할 수 없는 불안감이 스멀스멀 기어나오기 시작한다.

'뭔가 아주 잘못된 것 같은데.'

그렇다. 당신은 밤낮으로 스프레드시트를 뚫어져라 바라보며 구축해놓은 정교한 모델이 올바른 셀을 참조하는지 확인하고 재무 상태가 원하는 대로 흘러가는지 점검한다. 하지만 당신 자신에게 솔직하다면, 사실 그 생활이 지루해 죽겠다고 고백할 것이다. 왜 그럴까? 그 멋진 열정이 무엇을 초래했기에?

'경험의 거울' 속에서 일어나는 일

'당신의 열정을 따르라'는 전략은 아주 큰 결점을 가지고 있다.

바로 지금 이 책을 읽고 있는 당신에게 '오늘의 열정'은 가까운 미래에도, 약간은 먼 미래에도 그리고 인생 전체에 걸쳐서도 상당히 다른 형태로 변할 것이다.

사람들은 멈칫 이런 사실을 깨닫고 받아들이지만, 애석하게도 그런 깨달음에 따라 행동하지 않는다. 그리고 이는 성공적인 허슬로 가는 길에 꽤 곤란한 장애물들을 끌어들인다.

하버드 대학교의 심리학자 댄 길버트Dan Gilbert는 이를 '역사 착각의 끝End of history illusion'이라고 부른다. 모든 연령대의 개인은 앞으로도 성장하고 변화할 수 있음에도 불구하고 현재 나이에 상관없이 자신들이 성장을 마쳤고 변화를 끝냈다고 착각한다는 것이다. 그래서 미래에 자신들의 선호, 사랑, 열정이 상당히 변화할 것이라고 느끼지 못한다고 한다. 지금 이 순간뿐만 아니라 앞으로도 영원히 "난 나야I am what I am."라는 말을 인용하면서 말이다. 이 말은 이미 자신들이 '자기 역사의 끝'에 도달해 있다고 간주한다는 뜻이다.

하지만 사람의 습관과 정체성은 결국 변하기 마련이다. 당신이 원하든 그렇지 않든 말이다. 결혼한 적이 있거나 자식이 있는 사람이라면 누구나 살면서 거울에 자신을 비춰보면서도 거울 속에서 자신을 되쏘아보는 사람이 있다는 것을 인식하지 못한다. 습관이 바뀌면 열정 또한 바뀐다. 사실, 열정은 놀라울 만큼 수명이 짧다. 당신이 1987년에 얼마나 릭 애스틀리Rick Astley(영국 출신의 가수-옮긴이)를 사랑했는지 떠올려보라. 1997년에 첨바왐바Chumbawamba(영국의 록 밴드이자 사회운동가 그룹-옮긴이)에 대해서는 어떠했나?

그렇기 때문에 잠깐 동안의 열정이 경력만큼이나 중요한 것을 알려준다고 간주하는 것은 정말 말이 되지 않는다. 수학에 대한 열정이 높은 연봉을 주는 투자은행 직장을 가져다줄지 모르지만, 당신이 '진화'함에 따라 열정은 그만큼 당신을 내던져버릴 가능성이 있다.

열정과 달리 변화하지 않는 것은 당신 내면의 재능이다. 문제는 그런 재능들을 진정으로 발견하고자 한다면 당신이 무언가를 '해야' 한다는 것이다. 당신을 움직이게 만드는 무언가를.

당신의 재능이 무엇을 만들어내는지 목격한다면 단점을 개선하느라 시간을 낭비하기보다는 장점을 배가시키는 데 투자하는 것이 반드시 필요하다.

만약 당신이 어느 조직에서 꼼짝없이 정체되어 있다면 장점이 당신 스스로나 동료들에 의해 인정받지 못할 가능성이 있다. 직장을 가진 사람들은 배우자, 자녀들, 모기지 주택 대출, 자동차 할부금, 사립유치원 등록금 등 어린 친구들에게는 없는 여러 가지 책임들을 어깨 위에 짊어지고 있다.

이 말은 당신의 허슬이 어느 정도 신중하게 착수되어야 한다는 뜻이다. 기억하라. 미묘하지만 엄청난 전환이 엉망진창의 악순환을 뒤집어버리는 핵심이라는 것을. 당신은 내리막 계단을 전력으로 달려나가기보다 걸음마하는 아이처럼 차근차근 움직일 필요가 있다. 인류의 역사는 '요리계의 대모'라고 불리던 줄리아 차일드Julia Child

처럼 늦게 성공한 사람들로 가득하다. 그녀는 서른여섯 살에 요리를 처음 배웠고 50대에 TV쇼 요리사의 아이콘이 되었다. 레드 불Red Bull의 창립자 디트리히 마테쉬츠Dietrich Mateschitz는 마흔셋에 회사를 설립하여 쉰아홉 때 억만장자가 되었다. 두 사람 모두 늦은 나이에 자신의 재능을 발견하고 개발해서 서사시를 써도 좋을 만큼의 업적을 성취한 사람들이다.

누군가는 이렇게 말할 것이다. "너무 늦었어. 넌 너의 소명을 놓쳤다고."

그들의 말은 무시하라. 무슨 상관인가? 당신은 이제 막 꽃을 피웠고, 그렇게 말하는 그들은 그렇지 못했다. 패트릭이 고등학교 때 스페인어 선생님은 그가 5분 지각을 밥 먹듯 할 때마다 그에게 이렇게 말했다.

"마스 발레 타르데 케 눈카Más vale tarde que nunca(하지 않는 것보다 늦는 게 낫다)."

사실 당신이 경력의 마지막 단계에 와 있다면, 중요한 일을 수행하고 인정받으면서 의미를 찾는 것이 아주 중요하다. 여러 기업의 리더들이 채용에 연령 제한을 두지 않고 고령이라 해서 해고를 하지 않는다고 하지만, 우리가 일상적으로 접하는 사례들은 그렇지 않다. 당신의 업무가 아웃소싱으로 대체되어 정년퇴직 4년 전에 해고된다면, 당신과 당신의 재능을 필요로 하는 곳은 어딜까? 무엇이 당신을 움직이게 만들까?

'타이타닉형 실수': 바다의 지리를 몰랐어요

허슬에 착수하고 기회를 개척해갈 때는 바다를 항해하는 선박의 선장이 항로를 생각하는 것과 같은 방식으로 전략과 전술을 항상 생각하는 것이 중요하다.

그러려면 수면 위에 보이는 모든 장애물들과 눈으로 관찰되는 모든 현상들에 대해 익숙해질 필요가 있다. 선장으로서 당신은 항해지도와 여러 도구를 지니고 있어야 한다. 바다의 지리적 상황을 계속 파악해야 하기 때문이다. 바람은 어디에서 부는가? 얼마나 빨리 부는가? 공기의 온도는 얼마인가? 물의 온도는? 큰 파도나 갑작스런 파도가 일렁이지는 않을까? 해는 언제 떠서 언제 지나?

근처에 해적이 나타나진 않을까? 빙산은?(안녕하세요, 타이타닉!)

직업에서도 유사한 장애물들과 현상들이 존재한다. 예를 들어, 당신이 연봉도 인상받고 승진도 하기를 원한다면, 회사의 재무상태가 어떻게 돌아가는지 이해할 필요가 있다. 지난 분기의 매출은 어떠한가? 어느 부분에서 회사가 잘하지 못하고 있나? 무엇이 회사의 성장을 견인할까?

바로 이 지점에서 대부분의 사람들은 멈춰 서서 자신의 지도를 체크하고 또 체크하는데, 쉽게 얻을 수 있는 정보와 아주 잘 보이는 정보를 관찰하고 기록하면서 그것에 근거하여 행동하곤 한다. 배가 곧장 빙산을 향해 달려가는데도 말이다.

반면, 아주 약삭빠른 선장과 경험 많은 허슬러들은 수면 아래에 무엇이 감춰져 있는지(암초, 난파선, 숨겨진 보물 등)를 반드시 파악한다.

눈에 보이는 '보이지 않는 것들'

보이지 않는 장애물과 암류暗流(겉으로는 나타나지 않는 물의 흐름-옮긴이)는 수면 위에서 발생하는 현상들 대부분의 원인이 되곤 한다. 서퍼가 올라타는 파도는 움직이는 해류가 수심 6미터 속 평평한 바위를 때리면서 만들어진다. 허리케인이 다가올 때 그 평평한 바위가 어디 있는지 안다면 당신만이 파도 타는 법을 알 것이다.

암류는 어딘가에 존재한다. 해변에서 잠깐 해수욕을 즐길 때 보이지 않는 힘이 당신을 잡아끌어 당긴다 해도 공포에 휩싸여 해변으로 곧장 헤엄치려고 애쓰지 마라. 곧바로 지치고 말 테니까. 물이 당신을 끌어당기도록 놔둔 상태로 해변과 평행을 이루면서 헤엄을 쳐라. 분명, 그 순간이 아주 길게 느껴지겠지만 흐름을 거스르지 말고 몸을 맡겨라. 예를 들어, 계약 협상을 할 때 상대방이 당신을 한 방향으로 강하게 몰고 가려고 하는 등 비이성적인 방식으로 행동한다면, 그가 그런 행동을 하게 된 '말하지 않은' 동기가 무엇인지 파악하고 그것을 활용하라. 또한 억지 논리를 펴면서 방향을 잘못 잡은 그들을 설득하려고 애쓰지 마라.

암류는 지도를 다시 그린다

암류는 끊임없이 모래를 이동시키고 암초를 침식시키면서도 다시 생성된다. 그래서 풍랑이 거센 바다에서는 항해 지도가 별로 도움이 되지 않는다. 어제 잘 맞아들었던 것이 내일은 무용지물이 될 수 있다. 그리고 모든 사람들이 잊어버린, 바다 밑바닥에 묻힌 보물은 작년에 발생한 폭풍우 때 모습을 드러냈을지 모른다. 무엇을 어떻게 해야 하는지에 관하여 당신이 전수받은 지혜는 잠시 동안은 정확할지 모르지만, 지식에는 유효기간이 있다. 이것이 바로 허슬의 '눈에 보이지 않는' 두 번째 법칙이다.

허슬의 두 번째 법칙: 고개를 들고 눈을 크게 떠라

고개를 들고 눈을 크게 뜬다면 대부분의 사람들이 보지 못하는 기회를 발견하고 움켜쥘 수 있을 것이다. 보이지 않는 것을 보고 미개척의 기회를 규명함으로써 당신은 더 많은 추진력을 받고 돈, 의미, 추진력을 지탱하는 결과물들을 필연적으로 얻게 될 것이다.

조류는 바람보다 빠르다

1785년 전설적인 박식가 벤저민 프랭클린은 해상 무역과 항해 선박에 관한 편지에서 이렇게 언급했다.

"선박이 자주 지연 도착하고 또 어떨 때는 예정보다 빨리 도착하는데, 바닷물의 흐름 때문에 미리 알기가 쉽지 않다."

미국 건국의 아버지이자 외교관이며 발명가로도 유명한 프랭클린은 '보이지 않는 것'에 대한 탐험가이기도 했다. 미 대륙과 영국 사이를 여러 번 항해하던 그는 흥미로운 현상을 감지했다. 향해 도중에 어떤 지점에서 대서양의 물 색깔이 달라졌는데, 배는 그가 명명한 '뜨겁고 축축한 바람'의 영향을 받았고, 해초가 수면 위에서 뚜렷하게 보였다. 프랭클린은 배가 해안에 가깝게 있다고 추측했지만, 육지로부터 멀리 떨어져 있다는 선장의 생각이 워낙 확고했기 때문에 그의 판단은 무시되었다.

그로부터 200여 년 전에 이미 동일한 현상을 겪었던 폰세 데 레온Ponce de León과 그의 선원들은 '바닷속의 강'이 존재한다는 것과 가장 빠를 때는 아마존 강의 유속보다 300배나 빠른 시속 9.6킬로미터라는 점을 우연히 발견했다. 그리고 이 덕분에 미 대륙에서 영국으로 항해할 때는 반대쪽으로 갈 때보다 2주나 더 빨리 갈 수 있었다.

프랭클린은 또한 오늘날 '멕시코 만류Gulf Stream'라고 부르는 조류를 재발견하고 기록했다. 멕시코 만류는 북미 대서양 해안에서 시작해 시계 반대 방향으로(북대서양을 가로질러 서유럽 해안의 남쪽에서 북쪽으로) 도는 난류다. 서쪽에서 동쪽으로 항해할 때(미국에서 유럽으로 항해할 때-옮긴이) 이 조류를 이용하면 유리하다. 반대로 동쪽에서 서쪽으로 항해할 때는 최대한 이 조류를 피해야 한다.

멕시코 만류는 선박들이 대서양을 곧장 가로지르는 항로를 이용하지 못하게 만들지만(에둘러 가도록 만들지만-옮긴이) 그 항로는 속력의 관점에서 최적화된 것이다. 멕시코 만류를 따라 미 대륙에서 영국으로 항해하는 선원들은 지리학적으로는 더 긴 항로였지만, A에서 B까지 직선으로 항해할 때보다 더 빨리 도착할 수 있었다.

허슬의 보이지 않는 두 번째 법칙은 허슬러들이 암류를 발견함으로써 더 빨리 자신의 과업을 끝내도록 한다.

허슬의 이면에 그림 그리기

얼마 전에, 조나스는 성공한 일러스트레이터이자 예술가인 친구 조시에게 스케치와 데생 스킬을 향상시킬 수 있는 가장 좋은 방법이 무엇이냐고 물었다.

"아, 좋은 질문이야." 조시는 이렇게 대답했다.

"아마 너는 근육운동 기능motor skill을 단련시켜서 완벽한 원과 완벽한 직선을 그리려고 꾸준히 연습하면 된다고 생각할 거야. 그렇게 생각하는 것도 무리는 아니지. 대부분의 초보 예술가들은 손을 물리적으로 움직여서 기교를 부리려는 실수를 하거든. 그런 근육운동 기능도 중요하긴 하지만, 초보자들이 놓치는 건 그림을 그리기 전에 예술가의 눈으로 세상을 바라보는 법을 배워야 한다는 거야. '보는 것'과 '보지 않는 것'을 배우면 세상은 있는 그대로를 너에게 노출시키지. 종이를 가로지르는 손의 움직임은 아웃풋output이지 인풋input이 아니거든."

조시는 누군가의 얼굴을 바라볼 때 사람들은 즉각적으로 그 얼굴에 의미와 맥락을 할당한다며 설명을 계속했다. 다시 말해, 얼굴을 바라보면 앞에 있는 그 사람이 행복한지 슬픈지 화가 난지를 알게 되고, 그 느낌이 그림으로 이어진다. 즉, 웃는 사람의 얼굴에 주름살을 어떻게 그려 넣을지가 정해진다는 것이다. 감정을 통해 그 웃음을 느끼고 바라본다. 빛과 어둠의 형태를 알아차리지 못하고, 어떻게 그 사람이 입과 눈 근육을 써서 웃음을 만들어내는지 알지 못하는데도 말이다. 이것이 초급반 학생들에게 거꾸로 뒤집힌 얼굴을 보여주는 이유이다. 위아래가 뒤집힌 얼굴을 보면 좀 더 객관적으로 바라보게 된다. 당신의 마음이 그 그림의 맥락을 해석하는 데 어떤 오류를 범하는지 자연스레 깨닫게 되기 때문이다.

허슬의 경우에도 마찬가지다. 허슬을 하기 전에 반드시 다르게 바라보는 법을 배워야 한다.

다른 사람들 대부분이 자신들의 경로에 놓인 장애물들을 위험한 것으로 바라보더라도, 허슬러들은 파쿠르parkour(도심의 구조물을 오르고 뛰어다니는 스포츠-옮긴이) 훈련생들의 마인드를 지녀야 한다. 벽을 스프링보드로 보고, 장애물들을 놀이터로 봐야 하는 것이다. 대부분의 사람들이 공포와 고통을 느끼는 곳에서 허슬러들은 기회를 바라본다. 기회의 바다를.

기회의 바다

좋아, 이제 당신은 바다로 들어왔다. 기회가 어떻게 생겼고, 그것이 머무는 곳은 어디이며, 그것이 바닷물 밖으로 뛰쳐나와 당신의 발밑에 떨어져 갑판 위에서 미친 듯 펄떡거리는 것을 어떻게 알아차릴 것인가? 기회는 당신 스스로를 찾기 위한 대화나 상호작용 속에 아주 많이 숨어 있다. 수면 위로 올라와도 분명하게 알 수 없을지 모르지만, 당신이 상상하는 것보다 많은 곳에 기회가 숨어 있다는 말을 믿어라.

아이러니하게도 당신은 행동에 옮기고, 고개를 계속 든 채로 유지하고, 성공을 향한 자신의 방법을 허슬하려면 무엇을 어떻게 해야 하는지 이미 잘 알고 있다. 당신은 B(결과물)를 A(시작 시점)에 어떻게 연결해야 하는지 정확히 알고 있다. 하지만 무언가가 당신을 행동하지 못하도록 멈춰 세운다.

허슬을 시작할 때 머릿속에서 이런 작은 목소리가 들려올 것이다. "그리 쉽지 않을지 몰라. 만약 그 정도로 쉽다면 다른 사람들도 당연히 하려고 할 테니까."

당신이 번듯한 회사에 다닌다고 해보자. 멕시코 만류의 존재에 대한 벤저민 프랭클린의 조언에 귀 기울이지 않은 영국 우정국British Post Office 못지않게 권위 있는 회사 말이다. 18세기 말엽에 영국 우정국은 대서양을 가로질러 동쪽으로 향하는 선박의 항해 시간을 2주나 줄여 인명 피해를 감소시키고 돈을 절약할 수 있는 기회를 거부했다.

그런 좋은 회사를 떠난다고 생각해 보라. 당신이 애쓰면서 하는 일이 쉬운지 혹은 단순한지, 스스로에게 질문하라. 여기서 힌트! '쉽다는 것과 단순한 것은 같지 않다.'

사람들은 단순한 상황을 설명하기 위해 쉬운 단어를 사용한다. 어떤 것이 단순하다면 그 상황은 상대적으로 가변적인 요소가 거의 없고 새로 온 사람들에게도 쉽게 이해될 수 있다. 하지만 단순한 것일수록 어려운 것일지 모른다.

기회 인식하기: 허슬의 스위트 스폿*

허슬의 스위트 스폿을 규명하기 위해 우리(저자들)는 그 과정을 네 가지 카테고리로 구분했다.

1. 이해하기 쉽고, 실천하기 쉽다: 블로그를 개설하고, 채용 광고에 응하라. 헌데 문제가 있다. 모든 사람들이 이렇게 한다는 것이다. 리스크가 거의 없지만 그에 따른 보상도 제한적이다.

2. 이해하기 복잡하지만, 실천하기 쉽다: 전문가처럼 카드게임을 하고, 게임 앱을 개발하고, 비행기를 조종하는 방법을 배워라. 변수가 많고 복잡한 일이라 대부분의 사람들이 초기 학습의 어려움을 견디지 못하고 탈락한다.

3. 이해하기 복잡하고, 실천하기 어렵다: 심장 수술법을 배우고, 빛처럼 빠른 전기 자동차를 개발하라. 실수를 거의 용인하지 않기 때문에 대부분의 사람들은 이런 분야의 일을 피한다. 너무 복잡하고 변수가 너무 많기 때문이다.

4. 이해하기 쉽지만, 실천하기 어렵다: 책을 쓰고, 성공적인 스타트업을 론칭하고, 신규 사업을 정리하고, 한 단계 승진하라. 이것이

---

* 골프채, 라켓, 배트 등으로 공을 칠 때, 많은 힘을 들이지 않고 원하는 방향으로 멀리 빠르게 날아가게 하는 최적 지점

허슬의 스위트 스폿이다. 비관론자를 차단하고 약간의 고통을 수용하면서도 착실히 앞으로 밀고 나간다면 승리를 거머쥘 수 있다.

데드라인은 생명선이다

미국 라디오의 유명인이자 인기 라디오 쇼 '디스 아메리칸 라이프 This American Life'의 진행자인 이라 글래스Ira Glass는 크리에이티브 분야에서 경력을 쌓고자 하는 사람들에게 이렇게 조언했다.

"흥미롭고 창의적인 일을 하는, 내가 아는 거의 모든 사람들은 자신들이 만들어낸 것들이 원하던 수준이 아니었다고 말하는 단계를 몇 년 동안 거쳤더라고요. 우리는 우리의 일이 별로 특별할 것이 없다고 생각하죠. 모두들 그런 단계를 거쳐 간답니다. 그리고 당신이 이제 막 시작했거나 여전히 그 단계에 머물러 있다면, 이걸 알아야 해요. 그게 정상이고, 당신이 할 수 있는 가장 중요한 일은 '많은 일'을 하는 것이란 사실을요. 데드라인으로 자신을 밀어넣으면 매주 하나씩 일을 끝낼 수 있어요. 갭을 줄이고 열망했던 수준으로 끌어올리려면 많은 일을 하면서 그 단계를 뚫고 지나는 수밖에는 없어요."

'데드라인으로 자신을 밀어넣는다'는 것은 일의 양과 완료 여부에 초점을 맞춘다는 뜻이다. 추진력을 유지하려면 일의 종결이 필요하다. 많은 사람들이 지금까지 말한 허슬의 보이지 않는 법칙 두 가지를 따르며 추진력을 쌓아가는데, 이제부터 설명할 세 번째 법칙을 따른다면 일은 점점 줄기 시작할 것이다.

세 번째이자 아마도 가장 무서운 법칙: 계약을 맺고 그것을 실현하라

이 법칙을 실천하려면 일종의 계약이 필요하다. 당신의 허슬에 대한 증거가 필요한 것이다. 말은 이제 그만! 직접 행동으로 보여라.

'할 것이라고 말했던 것'과 '해낸 것'의 갭을 줄여야 할 때 이 법칙이 필요하다. 이 단계를 거치지 않으면 당신은 허슬은커녕 기약 없는 다람쥐 쳇바퀴만 돌리게 된다. 목적 없이 에너지만 낭비하면서 말이다. 당신은 살면서 어느 시점에 한 번은 그런 고생을 해본 적이 있을 것이다. 결과는 누구에게나 똑같다. 극도의 피로와 의미의 혼돈이라는.

허슬의 보이지 않는 세 번째 법칙은 '일시적인 종결'이다. 그것은 벨을 울려 승리에 마침표를 찍고, 깊은 숨을 쉬고, 지금껏 배운 것들을 다시 정리하고, 새롭게 시작할 수 있는 여유를 준다. 계약을 맺으라고 해서 수백만 달러짜리 수표가 왔다 갔다 하는 규모일 필요는 없다. 그렇지만 구체적인 몰입의 대상과 헌신은 반드시 필요하다.

책을 쓰고 싶다고?

알람을 오전 4시 30분에 맞춰 놓고 일어나 오전 8시까지 글을 써라. 이렇게 일주일을 해보라. 1만 단어 분량의 초고를 친구에게 보여줄 수 있을 것이다. 이게 바로 계약을 맺는 것이고 그 계약을 실현하는 것이다.

자신만의 회사를 설립하고 싶다고?

법인 설립 관련 문서는 생각하지 마라. 화려하고 예쁜 로고는 나

중 일이다. 신규고객에게 무언가를 팔고 그들이 서명란에 서명하도록 만들어라. 이것이 계약을 맺는 것이다.

계약을 실현하면 자신의 능력이 커졌다는 자신감을 당연히 갖게 된다. 계약 맺기와 계약 실현은 친구, 가족, 동료에게도 중요하다. 그들로 하여금 다가올 변화에 준비하도록 만들기 때문이다. 누구든 당신의 허슬이 진행되는 과정을 지켜본 사람이라면, 당신의 습관과 정체성 전환을 위해 기꺼이 당신을 도와줄 것이다.

자신에게 진실하도록 자신을 배신하라

우슬라 번스Ursula Burns는 제록스Xerox의 회장이자 CEO를 맡고 있다. 그녀는 「포춘」 선정 500대 기업의 CEO가 된, 역사상 최초의 흑인 여성이다. 맨해튼 로어이스트사이드 재개발 구역의 편모 가정에서 자란 그녀는 자신을 아웃시킬 만한 여러 개의 스트라이크와 직면해야 했다.

스트라이크 원: 그녀는 흑인이다.

스트라이크 투: 그녀는 여성이다.

스트라이크 쓰리: 그녀는 가난하다.

사회는 말한다. "경기하느라 수고했어요, 우슬라. 당신은 아웃이에요."

우슬라는 흑인 여성도 다른 사람들과 똑같이 능력이 있음을 증명했다. 하지만 사회의 불공정한 인식은 허슬을 크게 가로막을 수 있다. 우슬라의 어머니는 그녀의 딸이 엄격한 가톨릭 학교에서 질 좋은 교육을 받을 수 있도록 하기 위해 헤아릴 수 없을 만큼 열심히 일했다. 하지만 우리(저자들)가 보기에 그보다 더 중요한 것은 우슬라의 어머니가 그녀에게 심어주었던 믿음이었다. "어머니는 끊임없이 나를 상기시켰어요. '내가 있는 곳'이 '내가 누구인지'를 규정하지 않는다고 말이죠."라고 우슬라는 회상했다.

변화에 대한 당신 자신의 불편한 기억 때문에("난 성공한 적이 없기 때문에 성공할 수 없어.") 아니면 선의를 가진 친구들 때문에("그녀는 CEO 경험이 없기 때문에 CEO가 될 수 없어. 나는 그녀가 실패하지 않도록 도우려고 할 뿐이야.") 촉발됐든지 간에, 당신 내면에서 찾을 수 있는 가장 큰 덫 중 하나는 랠프 월도 에머슨Ralph Waldo Emerson의 말마따나 과거의 자아와 현재의 자아 사이에서 '바보 같은 일관성 foolish consistency'을 유지하는 것이다.

계약을 맺고 계약을 실현함에 따라 당신의 습관은 필연적으로 변화를 요구받는다. 그리고 습관이 변화하면, 새로운 정체성이 형성된다. 절대 잊지 마라. 습관은 정체성을 창조한다. 정체성이 습관을 창조는 것이 아니라.

나는 나 자신을 부정하는가?

확실히 나는 나 자신을 부정하지,

(나는 아주 커서 많은 것들을 품고 있지.)

― 월트 휘트먼Walt Whitman, 〈나 자신의 노래Song of Myself〉

댄 길버트의 연구가 일깨워주듯이, 당신의 정체성―나는 누구였고 앞으로 나는 누구일 것인가?―은 고정적이지 않고 일관성을 가지고 있지도 않다(그래서도 안 된다!). 어제의 나는 오늘의 나와 같지 않다. 내일의 나는 더 인상적으로 보일 것이다.

예전에 "당신이 원하는 직업의 옷을 입어라. 현재 직업의 옷을 입지 말고Dress for the job you want, not the job you have."란 말이 회자된 적이 있었다. 하지만 지금은 유수 기업의 CEO들이 티셔츠와 청바지를 입고 일하기 때문에 새로운 말이 필요하다.

"당신이 원하는 삶을 생각하라. 당신의 현재 삶을 생각하기보다는Think for the life you want, not the life you have."

허슬에 충실하려면 기꺼이 당신의 오래된 자아를 배신해야 한다. 그래야 새로운 자아가 추진력을 얻는다.

예술은 인생을 모방한다

때는 1975년이었다. 20대 후반의 불우하고 배고팠던 어느 배우는 청구서 대금을 납부하기 위해 아내의 보석과 함께 자신의 개를 내다 팔아야 했다. 그는 인생의 바닥을 찍었고 어떠한 역할도 따내지 못했다. 어느 날 밤, 그는 무하마드 알리와 척 웨프너Chuck Wepner라는 무명의 애송이 선수의 권투 경기를 우연히 TV로 보게 됐다.

경기 중에 웨프너는 세계 최고의 선수인 알리를 다운시켰고 엄청난 타격을 가했다. 물론 알리가 논란이 일었던 마지막 라운드에서 승리하며 챔피언 자리를 지켰지만, 웨프너의 용기와 승리를 향한 강한 의지, 아무 미련도 없는 듯한 순수한 노력은 젊은 배우의 가슴에 지워지지 않을 각인을 남겼고 무명 배우에서 전설적 배우로 변신하도록 불꽃같은 인상을 심어주었다. 한껏 고무된 배우는 커피를 연신 마시며 밤을 새워 자신의 낡은 타자기를 두들겨댔다. 그리고 마침내 '록키 발보아'를 탄생시켰다. 그 배우, 실베스터 스탤론은 할리우드에 자기가 쓴 대본을 보냈고, 제안 금액은 5만 달러에서 10만 달러로 올라가더니 마침내 30만 달러─요즘 물가로 치면 100만 달러가 넘는 금액─까지 치솟았다. 파산 상태로 만신창이가 된 신세였지만, 그는 거액의 제안을 물리쳤다.

스탤론은 자기가 대본을 쓰고 영화에서 직접 연기를 해야 한다고 주장했다. 자기가 주인공 역할을 해야 하고 그렇지 않으면 계약은 없다고 고집을 부렸다. 그 후에 어땠는지 짐작이 가는가? 마침내 그는 이겼고, 대본 저작료를 챙겼으며, 록키 역할을 본인이 맡게 되었다. 영화는 저예산으로 만들어졌는데, 그로부터 1년 후에 대박을 터뜨렸다. 스탤론과 제작사는 엄청난 수익을 거뒀고, 아카데미상의 여러 부문에 후보(각본상과 남우주연상 등)로 올랐다. 그리고 결국 아카데미 작품상을 수상했다.

우리(저자들)는 스탤론이 〈록키〉 대본을 씀으로써 자신의 정체성을 말 그대로 '다시 썼다'는 점을 강조하고 싶다. 그가 창조한 인물인 록키 발보아도 빛을 받아내는 해결사에서 헤비급 도전자로 변모하면서 자신의 정체성을 다시 썼다.

이 이야기에서 어떤 교훈을 추출할 수 있을까?

절대 포기하지 말라고?

너 자신을 믿으라고?

용기를 가지라고?

너의 본능을 신뢰하라고?

아니.

아니라니까.

아니지.

아냐!

이렇게 오랫동안 없어지지 않는, 흔한 오해들은 당신의 꿈을 소유하는 데 아무런 도움이 되지 못한다.

스탤론의 이야기는 1만 시간 동안 갈고닦으라는 것과 아무런 상관이 없다. 이 이야기 속에 숨은 진실은 '항상 바퀴가 돌아가는 상태로 유지시키는 것'에 있다. 왜냐하면 추진력―실천하려는 계획적인 행동―이야말로 비밀 무기이기 때문이다. 언제나 그랬고, 앞으로도 언제나 그럴 것이다.

이 장을 읽었으니, 당신의 두뇌는 이미 스스로를 다시 쓰기 시작했을 것이다. 당신은 이미 '허슬의 보이지 않는 세 가지 법칙'*을 거의 다 내재화했다. 우리(저자들)는 그 법칙들이 당신의 사고방식－행동방식－을 변화시킬 거라고 약속한다.

당신은 이제 가슴을 통해 사물을 바라보고 있고, 당신의 눈은 수면 아래에서 벌어지는 활동에 집중하고 있으며, 당신을 계속 움직이게 만드는 행동 지향의 습관을 거의 다 갖추었다. 이러한 변화의 자연스러운 결과로 당신은 성공을 향한 차별적이고 '간접적인' 경로를 따르게 될 것이다.

---

* 1. 당신을 (물리적으로) 행동하게 만드는 것을 하라. 이것이 허슬 행운을 끌어올리고 다음의 행동 경로를 결정하는 데 전력을 기울일 수 있는 방법이다.
2. 고개를 들고 눈을 크게 떠라. 세상을 새로운 방식으로 보면 숨어 있던 기회가 당신에게 모습을 드러낼 것이다.
3. 계약을 맺고 그것을 실현시켜라.

7. 가장 빠른 길은 직선이 아닐 수도 있다

"직선은 사악하다."

- 프리덴슈라이히 훈데르트바서Friedensreich Hundertwasser

우회성: B에서 A로 가는 경로

사람들은 두 점 사이의 가장 짧은 거리는 직선이라고 맹목적으로 가정한다. A라는 경험에서 B라는 경험이 직선으로 연결되는 게 가장 짧다고 말이다. 이처럼 사람들은 사회의 전통적인 사고방식에 의해 잘못된 길로 인도되어왔고, 그것이 가장 옳은 진실이라고 받아들여왔다.

하지만 그건 거짓말이다.

2004년 8월, NASA에서 수성의 궤도를 돌며 탐사 임무를 수행할 무인 우주선 '메신저MESSENGER 호'를 발사했을 때, 그들은 지구에서 수성까지 약 7,725만 킬로미터의 거리를 직선으로 날아가도록 우주선을 쏘아올리지 않았다.

수성까지 메신저 호를 직선으로 날려보내는 것은 너무나 위험하다. 그렇게 하면 태양의 중력장이 우주선의 속도를 너무나 빨리 가속시키는 바람에 수성 주위의 안정 궤도에 진입하기가 불가능해져서 수정의 중력장과 지형을 조사할 수가 없게 된다. 메신저 호의 속도를 줄이려면 우주선에 상당량의 연료를 실어야 하는데 그렇게 하면 지구에서 발사하기가 현실적으로 어려웠다.

이 문제를 해결하려고 고민하던 NASA는 성공적인 해결책이 될 만한 색다른 접근방식을 찾기 위해 오랫동안 방치돼 있던 1985년의 연구를 꺼내들었다. 그 연구에 따르면 행성의 중력을 이용하는 '근접 통과flyby' 방식이 우주선에 최소한의 연료를 탑재하고서도 속도를 올리고 늦출 수 있었다.

다시 계산된 궤도로 메신저 호는 발사되었고, 지구와 금성, 수성을 근접 통과 방식으로 약 7,725만 킬로미터를 날아간 우주선은 6년 7개월 16일 만에 수성 궤도에 성공적으로 진입했다.

이 방식을 쓰면 직선으로 날아갈 때보다 100배나 더 멀리 날아가야 한다. 하지만 성공 확률이 큰 방법이다. 신사숙녀 여러분, 이것이 바로 '우회성obliquity'이다. 가장 빠르고, 가장 분명하고, 가장 또렷한 경로라고 해서 항상 가고자 하는 곳에 당신을 데려다주는 경로는 아니라는 뜻이다. 특히 뭔가 새롭거나 이상하거나 상태가 좋지 않은 것을 해야 할 때 이 우회성이 빛을 발한다.

꿈으로 가는 우회도로

우회성과 당신의 꿈을 어떻게 연결시킬 수 있을까? 너무나 많은 사람들이 꿈에 대한 자신의 관점을 설정하고 자원과 스킬, 인맥과 기회를 차례로 끌어모아 그 꿈을 이뤄내려고 한다. 그래야 꿈을 이룰 수 있다고 전통적인 지혜가 처방을 내리기 때문이다.

이 전통적인 지혜를 우리(저자들)는 'A에서 B로 가는 경로'라고 부르는데, 이러한 방식에 대해서 아무도 부인하지 못하는 문제가 있다. 그것은 그 경로를 '아무도 모른다는 것'이다(이 말은 윌리엄 골드먼William Goldman의 책 『영화 트레이드의 모험Adventures in the Screen Trade』에서 따왔다. 전체 문장은 이렇다. "아무도 모른다. 영화가 어떻게 돌아가는지 영화 산업 전체에서 그 누구도 확실히 알지 못한다." (이 말은 영화 외의 모든 산업에도 적용된다.) 집단의 전통적인 지혜라고 해서 모두 믿을 만하지는 않다. 당신에 대해 알지 못하고, 당신이 누구인지 알지 못하며, 당신이 무엇에 능숙하고 무엇에 미숙한지 알지 못하고, 당신이 왜 그 일을 하는지 알지 못한 채 그냥 뭉뚱그리니 말이다.

만약 닐이 대학생 시절에 전통적인 지혜에 귀를 기울였다면, 그는 아마도 의사가 되어 학자금 대출을 갚느라 허덕였을 것이고 엉망진창의 악순환에 갇혔을 것이다. 닐은 번듯한 의사―하지만 비참한―가 됐을 테지만 디지털 마케팅이라는 숨겨진 재능은 묻히고 말았을 것이다. 그 숨어 있던 재능이 그가 직업적으로나 개인적으로나 잘나가도록 만들어 주는데 말이다.

그의 말에 따르면 조나스는 '착한 유대인 아이'로 성장해서 의사나 변호사 또는 교수가 될 것이라는 기대를 한 몸에 받았다. 가족은 그에게 엄청난 압력을 가했다. 그를 사랑하지 않아서가 아니라 그를 사랑하고 그를 위해 최고가 되길 원했기 때문이었다. 다행히도 조나스는 자신의 본능에 귀 기울였고, 전통적인 사고방식의 한계를 무시했으며, 컨설팅과 저술 그리고 자신이 진정으로 즐길 수 있는 프로젝트를 수행하는 등 흥미롭고 창조적인 경력을 만들어나갔다.

패트릭은 전통적인 지혜에 귀 기울이려고 최선을 다했고, 경력을 구축하는 데에도 사회적 지위가 비슷한 사람들의 기준과 기대에 맞추고자 했다. 그래서 그는 컨설팅 회사, 투자은행 등에서 몇 년을 일했는데, 자신의 독특한 강점이 하찮게 느껴지게 하고 자신의 약점을 들추어내는, 도저히 참을 수 없는 환경을 견디느라 많은 상처를 받았다. 그는 경력 선택과 경력 경로에 대해 조언을 얻으려고 20대의 거의 모든 시간을 '왜곡의 거울'을 들여다보면서 낭비했다고 생각한다. 그는 그때의 시간을 이렇게 부르는 습관이 있다. 'FML(F**k My Life).'

그러니 전통적인 지혜에 귀를 기울이기보다 '경험의 거울'로 당신 자신을 들여다보라. 이렇게 솔직하게 스스로를 바라보면 당신 내면의 재능을 평가할 수 있을 것이고 그 재능이 당신의 여정을 안내할 것이다.

'너 자신이 되어라.'

이것을 우리(저자들)는 'B에서 A로 가는 경로'라고 부른다. 당신에게 가용한 자원들—뭐니 뭐니 해도 당신의 독특한 재능—을 살피고, 그것을 이용해서 기대하지 않았고 예상하지 못했던 놀라운 방향으로 당신 자신을 데려가라. 가끔은 더 먼 경로로 가게 되고 분명히 직선 경로는 아니겠지만, B에서 A로 가는 경로는 당신의 모든 자원과 에너지를 진정으로 자신만의 꿈을 소유하는 쪽으로 기여할 수 있게 한다.

허슬과 우회성

매혹적인 책『우회성Obliquity』에서 저자 존 케이John Kay는 복잡한 목표를 달성하는 최고의 방법은 '우회로'를 따르는 것, 다시 말해 '간접적인 방법'을 따르는 것이라고 말한다.

이 책의 머리말에서 우리(저자들)는 허슬을 '목표를 향한 간접적이지만 결단력 있는 행동'이라고 정의한 바 있다. 행동 그 자체가 행운을 만들고, 숨겨진 기회를 표면 위로 떠올리게 하고, 인생에 더 많은 돈, 의미, 추진력을 만들어준다고 말이다.

에둘러 가는 길에 들어서면 그 길 자체가 당신이 예전에 보지 못했던 방식으로 열린다. 그리고 다른 길을 낳고 또 낳는다. 당신은 아마 각각의 발걸음을 어디에서 밟는지 그 순간에는 알아차리지 못할지 모르지만, 발걸음을 밟아나가는 행동은 그렇게 하지 않았더라면 존재하지 않았을 기회와 행운을 가져다준다.

시인 뮤리엘 스트로드Muriel Strode는 언젠가 이렇게 썼다.

"길이 이끄는 대로 따르지 마라. 길이 없는 곳으로 가라. 그리고 자취를 남겨라."

허슬과 우회성이 아주 잘 맞는 이유는 허슬이 당신의 재능을 발견하도록 만들고 우회성은 그 재능을 독특한 방법으로 이용하도록 하기 때문이다.

급경사 오르막길과 예상치 못한 목적지

몇 년 전에 조나스는 몇 명의 친구들과 함께 기차로 유럽을 여행했다. 그들은 그림같이 아름다운 스위스의 인터라켄Interlaken에 며칠 동안 머물면서 조용하고 예의 바른 주민들이 거주하는 이 작은 도시의 풍경을 만끽했고, 최고의 지역 맥주 찾기와 가장 험한 하이킹이라는 새로운 도전을 감행했다.

언뜻 보기에 시간이 멈춘 것 같은 곳인 인터라켄은 흠잡을 데 없이 아름다운 풍경을 자랑한다. 만년설이 쌓인 스위스 알프스가 든든한 경비병들처럼 하늘 위로 솟구쳐 있고, 짙은 녹색의 언덕들이 줄지어 아래로 뻗어내려 간다. 장엄하고 아름다운 산들이 경외심을 불러일으키고 그 장관이 사람들을 즐겁게 한다. 인터라켄은 자연 경관에 대해 호기심을 느끼지 않는 것이 불가능한 곳이고, 대부분의 사람들이 스위스의 국민 레저인 하이킹이나 산책을 즐기는 곳이다.

인터라켄에서 긴 기차 여행을 잠시 멈추고 하루가 지났을 때, 조나스와 친구들은 좀이 쑤셔서 가만히 있을 수가 없었다. 그들은 이곳저곳을 걸어다니며 어떤 선택지들이 있는지 알아보았고, 결국 그들은 아이거 트레일Eiger Trail을 따라 그 지역에서 가장 높은 봉우리 중 하나인 묀히Mönch로 하이킹을 즐기기로 결정했다. 삐쭉삐쭉한 절벽들과 위험한 산길, 자연 그대로의 초원과 갈색 스위스 소들이 노니는, 해발 3,960미터 이상 우뚝 솟은 그곳은 영화〈사운드 오브 뮤직Sound of Music〉의 실제 배경이라 할 만했다.

맥주를 몇 잔 걸치고 조나스와 친구들은 자신만만하게 경사면을 빠르게 올라갈 계획을 짰다. 다음 날 아침, 그들은 동네 뒷산에서 출발했고, 몇몇 호주 하이커들을 만나 잡담을 나누다가 감당할 수 있을 것처럼 보이는 하이킹에 본격적으로 나섰다. 하지만 그 길은 결코 감당할 수 있는 수준이 아니었다.

오솔길들은 죄다 오르막인데다가 구불구불했다. 전진한다고 느낄수록 오르막길의 기만적인 특징이 더욱 실감됐다. 그들은 대단히 힘들어했고 상황은 악화됐다. 그들이 가고자 했던 길이 위험한 낙석들 때문에 폐쇄되었던 것이다.

그들은 선택지들을 저울질해보았다. 그들이 할 수 있었던 것들은 다음과 같았다.

A) 길을 우회해서 뮌히까지 가는 다른 경로를 택한다.

⇨ 위험하고 애당초 성공 가능성이 희박함.

B) 중단하고 인터라켄으로 복귀한다.

⇨ 성취감 없이 빈손으로 돌아가야 하는 섭섭함.

C) 코스를 바꿔 아이거 트레일의 서쪽 끝으로 내려가서 또 다른 봉우리인

쉴트호른Shilthorn으로 향한다.

⇨ 모험적이고, 성취감을 주고, 더 많은 맥주잔을 기울여도 떳떳할 것 같음.

그들은 C를 선택했고, 길을 돌려서 정확히 쉴트호른의 서쪽을 향했다. 이 산은 1969년에 제임스 본드 시리즈 중 〈007과 여왕On Her Majesty's Secret Service〉에서 여러 장면의 배경으로 나왔을 정도로 인상적인 곳으로 유명했기에 그들은 투지로 불타올랐다.

그럼에도 조나스 일행은 이 상당히 위험하고, 기진맥진하게 만들며, 다시는 하고 싶지 않은 일곱 시간의 산행을 하면서 여러 번 멈출 수밖에 없었다. 유별나게 가파른 오르막 구간들이 상당히 많았는데, 그들은 그때마다 예전에 전혀 보지 못했던 에메랄드빛 계곡과 크리스털처럼 반짝이는 푸른 호수로 내려가고 싶은 유혹에 사로잡혔다. 그들은 영화 세트장이라 할 만큼 아름다운 곳을 하이킹했다. 가이드도 없이 오로지 희미한 목적의식만을 가지고서 말이다. 그들이 가야 할 길은 급하게 오르락내리락하는 능선이 아니라 구불구불한 갈지

자 길과 아찔한 나선형 길이었다.

기진맥진했지만 마침내 봉우리에 도착한 조나스와 친구들은 아주 기뻐했다. 하이킹을 시작할 때부터 그들은 위를 올려다보며 생각했다. '우리는 할 수 있어. 별거 아니야.'

하지만 손을 발처럼 써서 짚어가며 산을 기어올랐을 때 그들은 고통의 세계로 이미 발을 들여놓았다. 위로 올라가고 싶지만 내려가는 것이 낫겠다 싶은 생각이 굴뚝같았을 것이다. 조나스의 하이킹은 산 밑에서 정상까지 쏜살같이 오르는 것과는 거리가 멀었다. 오르막길에는 내리막길이나 샛길이 항상 있었다.

사람들은 일과 삶을 통과하며 위로 오르고자 할 때에도 이와 비슷한 길을 만난다. 밑에서 정상까지 곧장 뻗은 길은 좀처럼 발견하기가 힘들다. 그리고 오르고자 했던 정상과 실제로 도착한 곳이 다른 경우도 자주 있다.

만약 경험이 당신에게 무언가를 가르쳐준다면, 그것은 가기로 한 경로가 비록 잘 계획됐다 할지라도 가장 좋은 조건에도 불구하고 환상에 불과할 수 있다는 점이다. 아무것도 없는 곳에 스키 리프트가 있다고 속이는 것처럼 말이다. 그리고 스키 리프트가 있다고 해도 당신이 리프트 티켓을 가지고 있을 리 만무한 상황이다.

우리(저자들)처럼 당신 역시 성공으로 가는 경로에서 지름길이나 가속페달을 찾을 것 같다. 혹은 '황금마차'가 오길 바랄 것 같다. 특히 비즈니스 세계에서는 그런 황금마차가 자신을 태우러 올 것이라고 기대하는 사람들이 많을 것 같다.

그러나 황금마차를 발견하려면 똑바로 난 좁은 비탈길 위에서가 아니라 그 길을 우회해서 찾아야 한다. 인생을 크게 바라보면, 그런 행운은 예상치 못한 모퉁이, 울퉁불퉁한 갈지자 길, 내리막과 오르막이 이어지는 길에서 자주 출현하기 때문이다. 실제의 삶에서 사람들은 절대 직선이 아닌 구불구불한 선을 따라서 목적지인 B에 도착한다.

허슬의 과정에서 당신은 180도로 꺾어지는 길을 발견할 것이다. 한쪽 방향에서 시작하겠지만, 앞으로 나가자마자 반대 방향으로 기울어지는 스스로를 발견하게 될 것이다. 일도 마찬가지다. 신제품을 개발하고, 서비스를 출시하고, 디자인을 판매하고, 상사에게서 칭찬을 받고, 고객과 계약을 맺고, 승진을 하고, 문제 해결의 새로운 방법을 개발하는 등 진보는 때때로 간접적으로, 우회적으로 일어난다. 진보는 당신이 택한 경로의 결과물로 나오는 것이다. 경로 자체가 중요하지는 않다. 결국 계속 올라갈수록 언젠가는 꼭대기에 이르러 황홀한 기분으로 아래를 내려다볼 것이다. 그러다가 갑자기 당신이 변화했다는 것을 깨달을 것이다.

다음에 오를 산을 정하기 전에 이 '나선형 오르막길'의 교훈을 명심하라. 항상 염두에 두는 것이 도움이 될 것이다.

다른 사람의 경로는 잊어라: 당신에겐 옳지 않은 길이니까

180도로 꺾인 길과 우회성이라는 개념은 그저 흥미를 유발할 목적으로 편의상 지리적인 용어를 사용한 것은 아니다. 그 개념들은 성공적인 허슬러에게서도 찾아낼 수 있는 특징이다.

산에 오르길 원한다면, 가장 짧은 길은 산 밑에서 정상까지 이어지는, 기하학적으로 '직선'인 길이다. 하지만 엄마와 아빠가 헬리콥터로 당신을 데려다주는 경우를 제외하고 직선 경로는 현실적으로 존재하지 않는다.

정상에 오르기까지 180도로 크게 꺾인 여러 개의 길을 지나야 한다. 그 길을 가다보면 가끔은 정상에서 뒤로 물러나는 듯하고, 어떨 때는 밑으로 내려가는 듯하지만, 결국 그 길은 정상으로 이어져 있다.

우회성이 그토록 '아름다운' 이유는 당신의 스킬과 요구에 따라 그것을 재단할 수 있기 때문이다. 당신이 어떤 산을 올라갈 때 택하는 길은 목적지는 같을지라도 다른 사람의 경로와는 다를 가능성이 크다. 당신은 허슬러로서 항상 B에서 A로 가기 위한 자신만의 길을 설계하는 것이 중요하다. 당신에게 최적화된 길을 찾으라는 말이다. 모든 사람들은 서로 다른 재능, 스킬, 경험을 가지고 있기 때문에 자기만의 최고의 길이 존재한다. 누군가를 따르려고 애쓴다면 그 사람의 스킬에 얽매이고 만다. 당신은 그저 그들이 당신보다 더 낫고, 더 빠르고, 더 똑똑하다는 것만 느끼게 될 것이다. 당신만이 할 수 있는 훈련과 내면의 능력에 기반한 경로를 구축하지 않으면 그렇게 된다.

당신은 이렇게 말할 것이다. "B에서 A로 어떻게 해야 갈 수 있는지 알아내려면 뒤로 돌아가야겠군. 하지만 B에 도착하는 쉬운 길이 없으면 어떻게 하지?"

이것이 바로 핵심이다. 엄마 아빠가 당신을 태우러 짠! 하고 나타나지 않을 거라면, 그리고 B에 이르는 쉬운 길이 없다고 느낀다면, 그건 그런 길이 존재하지 않기 때문이다. 당신은 그 길을 스스로 내야 한다.

A에서 B로 가고자 하는 사람들이 항상 있기 마련이다. 과거부터 지금까지 그래 왔다. 하지만 그들이 그런 관습을 따른다고 해서 자신만의 길을 헤쳐나가려는 의지를 당신 스스로 꺾어서는 안 된다.

직장생활에도 사회적인 관습이 존재해서 A에서 B로 가는 익숙한 길을 따르라고 당신을 몰아세운다. 이런 관습은 그들이 현상유지를 추구하기 때문에 존재한다. 그리고 관습의 문지기들은 하나같이 당신이 이런 과정을 거치기를 원한다. 자신들의 관심을 먼저 충족시키려 하고 당신의 관심은 뒷전이기 때문이다.

택시 잡기에 대한 리버스 엔지니어링Reverse engineering

"도저히 저 줄에 서 있을 수가 없군."

우리의 친구 벤은 라스베이거스 베네치안 호텔 로비 바깥에 거의 200명 가까이 되는 사람들이 택시를 잡으려고 빽빽하게 서 있는 걸 보고서는 짜증이 난 듯했다. 국제전자제품박람회Consumer Electronics Show, CES가 한창이었고, 베네치안 호텔은 콘퍼런스 배지를 자랑스레 패용하고 비즈니스 캐주얼을 입은 사람들로 넘쳐났다.

벤은 뒤로 돌아 우리를 뚫어져라 쳐다보더니 분명한 오스트리아 악센트로 천천히, 그리고 나지막이 말했다.

"살고 싶으면 나를 따라와."

지난밤에 칵테일을 너무 많이 마셔 머리가 쑤시는지 관자놀이를 문지르던 패트릭은 빙그레 웃었다.

벤은 손님들을 안내하는 호텔 포터와 벨보이들을 무시하고서 빠른 걸음으로 택시 대기줄을 표시하려고 세워둔 작은 기둥 쪽으로 다가갔다. 우리는 호텔에 손님들을 내려놓으려고 택시들로 가득 찬 로터리 중간 지점으로 향했다.

벤은 눈빛이 날카로운 택시 운전사를 손짓으로 멈춰 세웠다. 그 택시는 막 카키색 옷을 입은 네 명의 CES 참가자들을 내려주던 참이었다.

"이봐요. 윈Wynn까지 세 명이 가려고 하는데요."

"빨리 타세요."

우리는 택시에 올라탔고 주차관리원들 중 한 사람은 우리가 지나가는 걸 보고 자신의 가운데 손가락을 흔들어댔다. 우리는 자기만족에 신이 난 초등학생들처럼 웃기 시작했다.

리버스 엔지니어링을 하는 방법

방금 말한 택시 잡기 이야기 속에 당신이 있다고 가정해보자. 라스베이거스 호텔 방에서 막 내려와 택시를 잡으려 하는데, 200명이나 줄을 서 있는 상황이다. 오른쪽을 보니 그 줄에 서야 하나 말아야 하나 고민하는 무리가 서성거리고 있다.

1단계: 문제를 올바르게 정의하고 있는가?

그 무리의 사람들은 대기줄의 길이가 문제라고 생각하지만, 당신은 그렇지 않다는 걸 알고 있다. 진짜 문제는 '택시를 잡아야 한다'는 것이다. 하지만 당신은 택시를 잡으려면 어떻게 해야 하는지 정확히 알지 못한다.

2단계: 비관습적인 해결책이 눈에 보이는가?

본능적으로 그 무리의 사람들은 자신들이 늘 하던 대로 행동할 것이다. 즉, A에서 B로 가는 경로를 택하는 것이다. 가장 저항이 적은 경로이기 때문이다. '줄을 서는 것은 짜증스러운 일이지만, 기다리는 동안 우리를 즐겁게 해줄 스마트폰이 있지 않은가?' 그래, 맞다. 맞아요, 친구. 당신에겐 몇 가지 선택지가 있다.

A) 줄을 서서 기다린다. ⇨ 지루하다.

B) 방으로 다시 올라가서 콜택시를 부른다.

⇨ 그다지 좋은 방법은 아니지만, 적어도 당신의 허슬 습관이 당신을 행동하게 만들고

(작은) 리스크를 기꺼이 수용하도록 만들었다는 데 의미가 있다.

C) 이런 상황에서 당신은 무리의 사람들은 절대 보지 못하는,

그야말로 비관습적인 해결책을 생각해낸다.

⇨ 30미터만 걸어가면 호텔 구내를 떠나는 빈 택시들이 많이 있다.

줄을 서야 한다거나 택시를 잡는 암묵적인 순서에 순응해야 한다는 법은 없다.

30미터 앞으로 몸을 움직여 택시를 잡아타면 안 되는가?

리버스 엔지니어링의 산출물—B에서 시작하여 A에서 끝내는 것은 당신의 삶에 도움이 되는 스킬이고, 무수히 많은 방식으로 작동한다. 실제적으로 우리가 생각해내거나 달성할 수 있는 것들—신제품을 개발하든지, 새로운 프로세스를 설계하든지, 새로운 경험을 쌓든지, 아니면 택시를 잡든지 상관없이—은 모두 우회적인 방식으로 접근할 수 있고 당신에게 특별한 이득을 선사하도록 만들어질 수 있다. 그러려면 기존의 규칙들을 조금 손볼 필요가 있다. A에서 B로 가는 경로상의 순서는 대부분은 사회적 관습이기 때문이다.

허슬링의 과정에서 우리(저자들)는 사회적 관습에 의해 방해받는 '달콤한 성취의 과학'을 적용할 것이다. 순서를 리버스 엔지니어링 한다는 말은 비관습적인 순서로 일을 진행한다는 뜻이다.

뱅크슛이 성공할 확률

2011년에 노스캐롤라이나 주립대학교의 엔지니어링 교수이자 농구 애호가이고 정교한 알고리즘의 개발자인 래리 실버버그Larry Silverberg 박사는 제임스 네이스미스James Naismith(캐나다 출신의 미국의 체육인으로 농구를 창안함-옮긴이) 시절 이래로 미국 전역에 걸쳐 도로 위의 아이들이 가지고 있는 한 가지 궁금증을 주제로 연구를 진행하여 그 결과를 발표했다. 공을 림으로 바로 던져야 할까? 아니면 백보드에 공을 튕겨서 림에 공을 넣어야(이를 뱅크슛bankshot이라고 함-옮긴이) 할까? A(손)에서 B(림)로 직접 들어가게 해야 하는가, 아니면 백보드를 이용해야 하나?

실버버그가 실시한 컴퓨터 시뮬레이션에 따르면, 림에 직접 슛을 쏘는 것보다 뱅크슛이 훨씬 더 효과적이라고 한다. 어떤 경우에는 직접 슛에서 뱅크슛으로 전환하면 득점할 확률이 20퍼센트가 높다.

실버버그는 공이 백보드를 맞고 나오면 물리학적으로 상당량의 에너지를 잃어버리게 되고 그래서 정교한 각도가 아니더라도 좀 더 쉽게 림 안으로 빨려 들어가기 때문이라고 말한다. 반면 림만 보고 슛을 쏠 때는 절대적인 정교함이 요구된다.

농구와 인생에서도 이처럼 우회적인 방법이 성공적이다.

우주 탐사에서 개인적 성취를 위한 노력에 이르기까지 기존의 사고법칙을 비틀어 보고 B에서 A로 비스듬히 감으로써 당신은 자신에게 맞춘 방식으로 좀 더 많은 결과물을 얻는다.

여기에서 이런 질문이 생긴다. 만약 우리가 지구상에서 농구 점수를 더 높이기 위한 능력을 끌어올리는 것은 물론이고 우주의 가장 먼 외곽으로 우회적으로 항해하기 위해 물리법칙을 활용할 수 있다면, 좀 더 많은 돈, 의미, 추진력에 다가가게 하는 대담한 모험을 선택하는 것에도 그와 똑같이 할 수는 없을까?

8. 허슬러는 무턱대고 모험하지 않는다

"자신을 알고 자신을 발견하는 방법은 모험뿐이다."

- 앙드레 지드André Gide

세상에서 가장 현실적인 모험

마음속에 우회성의 의미가 명확해졌을 테니 이제는 큰 그림으로 당신이 앞으로 나아갈 길을 바라볼 시간이다. 허슬의 다음 단계는 '모험'으로, 모험을 통해 당신의 실력이 시험되고 인생의 새로운 방향을 정하게 된다. 인생을 변화시켜야 할 '외통수'적인 상황, 즉 당신의 부모님을 기쁘게 해줄 번듯한 직업을 구해야 할 상황 그리고 각종 청구서를 납부해야 하는 상황 등에 직면할 때 당신은 가장 중요한 것이 행동이라는 점을 이미 알고 있을 것이다.

앞으로 나아가기 위한 길은 네 가지 종류의 허슬, 즉 다음에 다가올 기회를 당신에게 보여주기 위해 당신의 경력이 앞으로 나가도록 의미 있게 밀어붙이기 위한 네 가지 원형으로 압축된다. 이러한 경로들은 모두에게 이미 공개된 지름길이고 성장을 약속하는 길이다. 이 '네 가지의 길The Four fold Path'을 하나로 합치면, 자신이 지닌 선택지가 무엇인지 알게 되고, 잠재력을 개발하고, 행복한 미래로 향한 길을 닦는 우아한 모델이 된다.

여기에서 아주 흥미로운 것은 그런 길들이 일자리를 구하는 지원자로서 여정을 시작해야 하는지, 관리자나 리더 역할을 맡기 위해 노력해야 하는지, 아니면 온라인이든 오프라인이든 당신만의 사업을 시작하거나 성장시켜야 하는지에 모두 적용된다는 점이다. 모든 길들은 커다란 전환점들—새로운 입사 제안, 승진, 프리랜서나 소기업으로의 이동, 자신만의 스타트업 설립, 사업체 매각 등—로 이어진다.

'네 가지의 길' 각각은 높은 수준의 가능성과 반복성을 가지고 제 역할을 다한다. 그리고 앞으로 나아가는 그 길은 단일 방향의 직선이 아니라 우회성을 가지고 있다. 즉, 위로, 아래로, 옆으로 당신을 끌어당기면서 궁극적으로 '현재의 나'에서 '되고 싶은 나'로 당신을 데리고 간다.

네 가지의 길

하나, '밖에서 안으로의 허슬'은 닿고자 하는 영역의 문 안에 발을 들여놓는 것이다.

둘, '안에서 위로의 허슬'은 당신의 가치를 증명하고 승진하는 것이다.

셋, '안에서 밖으로의 허슬'은 기업가의 바다로 뛰어드는 것이다.

넷, '밖에서 위로의 허슬'은 기업가적이고 창의적인 성취를 가속시키는 것이다.

밖에서 안으로의 허슬

최고의 스타트업 혹은 「포춘」 100대 기업에 채용되거나, 학교에서 벗어나 처음으로 의미 있는 직장에 입사하길 원하는가? 이때는 '밖에서 안으로의 허슬'을 해야 한다. 문 안에 단호하게 발을 들여놓는 것이라고 생각하면 된다. '꿈 소유하기Owning a Dream'로 향하는 길로 당신을 데려다줄 일종의 '발사대'라고 말이다. 이런 허슬의 일반적인 형태 중 하나는 비공식적으로 이루어지는 '도제' 시스템이다. 도제란, 고용주가 특정 전문경험이 부족한 자를 받아들이는 리스크를 부담하면서 그가 스킬을 빠르게 습득하도록 돕는 방식을 말한다.

'밖에서 안으로의 허슬'의 핵심은 '모든 사람들이 하지 않는 것을 하는 것'이다. 당신이 무엇을 하고 싶어 하든, 절대로 이력서를 이메일로 보내지 마라. 절대 아무 곳이나 이메일을 보내서 인사팀으로부터 "지원해주셔서 감사합니다."란 자동적인 답신을 받으려고 마냥 기다리지 마라. 허슬하기 위한 더 좋은 방법이 있으니까 말이다.

인사팀에 버티고 앉아 있는 문지기들을 우회해서 가라. 여러 컨벤션 행사들을 적극적으로 둘러보라. 누가 진짜 의사결정자인지 찾아내서 그에게 직접 다가가거나 그가 당신에게 오도록 만들어라. 라이언 그레이브스Ryan Graves(현 우버Uber 창립자이자 CEO 중 한 명-옮긴이)는 실제로 그렇게 했다.

'안에서' 다가오게 만든 라이언 그레이브스

라이언 그레이브스는 스타트업에서 꿈에 그리던 일을 시작하기 위해 자신이 원하는 기회를 스스로 만듦으로써 우글거리는 경쟁 지원자들―더 많은 경험, 더 풍부한 인맥, 더 높은 전문성, 더 훌륭한 가문을 가진 지원자들―을 물리쳤다.

'나인투파이브'라는 지루함의 일상화에 빠져 있다는 것과, 거대 다국적 기업의 데이터베이스 관리자라는 직업이 장래성 없다는 것을 깨달은 그는 과감하게 결정했다. 그리고 커다란 잠재력을 지닌 혁신 스타트업 '포스퀘어Foursquare'를 자신을 위한 성배로 느꼈다. 갇혀 있는 기분이었던 그는 스타트업의 세계로 뛰어들고 싶었다.

라이언은 과거에 포스퀘어에 입사를 지원했지만 거절당한 적이 있었다. 하지만 단념하고 싶지 않았다. 그는 자신이 가야 할 길이 무엇인지 알았고 그 길이 '밖에서 안으로의 허슬'임을 알았다. 포스퀘어는 지리적으로 가까운 개인과 사업체를 서로 연결시키는 앱이다. 라이언은 그 회사를 위해 일할 수 있는 기회를 발견했다. '그 회사에 들어가 일하지 않으면서' 말이다.

라이언의 천재적인 방법은 이런 것이었다. 그는 시카고에 있는 술집들을 돌아다니면서 종업원들에게 포스퀘어의 장점을 알렸고 앱을 사용하는 방법을 가르쳤으며 회원으로 가입하게 했다. 이것은 약간의 고통을 투여하는, 그가 자신 있게 타석에 들어가 스윙할 수 있는 실험적인 '사이드 프로젝트side project'였다. 그는 이미 입사 지원을 거절당했기 때문에 리스크라고 할 만한 것이 별로 없었다. '밖에서 안으로의 허슬'은 그를 더 강하게만 만들었다.

따분한 다국적 기업을 빠져나오고자 하는 마음이 절실했기 때문에 라이언은 근무시간이 끝난 후부터 밤늦게까지 포스퀘어를 위해 일했다. 엄밀히 말해 포스퀘어에서 일자리를 구한 건 아니었지만 말이다. 그는 여러 개의 사업체들을 회원으로 등록시켰고 이 새로운 고객 명단을 포스퀘어와 관련이 있는 사람들과 투자자들에게 이메일로 보냈다. 그리고 어떤 일이 벌어졌을까 추측해보라. 포스퀘어는 그에게 그가 하는 일-사업체 발굴-을 계속하라고 부탁했고 그가 거절하지 못할 입사 조건을 제안했다. 마침내 그는 연봉과 스톡옵션을 받는 직원이 되었다. 어떻게 그럴 수 있었을까? 그는 아무도 예상치 못한 것을 실천했고 다른 지원자들이 무시해버린 길 위에서 자신의 행운을 끌어올리기 위한 방법을 발견했기 때문이다.

아, 그는 지금 잘 알려진 대로 억만장자다. 이 모든 것이 앱에 대한 애정, 기꺼이 실험하고자 하는 적극성, 자신의 꿈을 놓아버리지 않은 고집 덕분이다. 이것이 바로 '밖에서 안으로의 허슬'이다.

조나스 역시 자신만의 '밖에서 안으로의 허슬'로 행운을 발견했다. 그는 자기보다 20년이나 경험 많은 쟁쟁한 지원자들을 물리치고서 꿈에 그리던 직업에 정착하여 억만장자가 되었다.

'밖에서 안으로' 이동한 조나스

당신이 어떤 사람인지 알리기를 원한다면, 채용 결정이나 새로운 사업 계약의 진짜 의사결정자에게 직접 다가서는 것이 절대 두렵지 않을 것이다.

"뉴욕타임스 베스트셀러 팀에 입사하세요. 이사회 회장과 함께 일할 수 있습니다."라는 아리송한 구인 광고를 발견한 조나스는 자신의 이력서를 준비해서 정상적인 지원 프로세스를 밟지 않은 채 그 회사로 직접 전화를 걸었다. 그는 리셉셔니스트나 의사결정 권한이 없는 자들과의 통화에 만족하지 않았다. 조나스는 조직의 상층부에 있는 사람과 소통하길 바랐고 결국 임원 비서와 통화를 하게 됐다. 그는 구인 광고에 대해 구체적으로 질문하면서 이력서를 보내기 전에 임원들과 친목을 형성했다. 그리고 인생의 기회를 잡기 위한 발판을 마련하려고 다른 지원자들과 자신을 차별화했다. 그 기회는 이후 산업의 혁신을 일으켰던 부동산 거물들과 어깨를 나란히 할 수 있도록 해주었다. 그런 차별화는 일종의 호르메시스로 작용했고, 오랫동안 인생을 변화시키도록 북돋웠으며, 예상하지 못한 방식으로 그가 앞으로 나아갈 수 있도록 추진력과 돈과 의미를 선사했다.

이 모든 것들이 한 통의 전화에서 시작됐다. '밖에서 안으로의 허슬'은 믿을 만하고 충분히 '먹힌다'.

안에서 위로의 허슬

당신은 행복감을 느끼는 길을 따라 저절로 움직이고 있지만, 더 큰 추진력을 구축하고 더 많은 돈을 벌고 인생에 더 깊은 의미를 갖도록 해주는 기회를 또한 갈망할지 모른다. 그렇다면 '안에서 위로의 허슬'을 시도할 준비가 된 것이다. 이런 허슬은 성장과 도전을 통해 조직 내에서 오르막길에 오른다는 것으로 표현할 수 있다. 여기에서 핵심은 헌신하기로 선택한 조직의 가치와 비전이 당신의 것과 일관되어야 한다는 것이다. 만약 당신이 몸담은 조직이 당신을 성장시키지 못하거나 성장의 기회를 제공하지 않는다면, 이 길은 최적이 아니다. 반면, 이미 당신을 성장시켜준 회사를 다니고 있고 오랫동안 그 회사와 함께 성장하기를 바란다면, 이런 허슬은 추구할 만한 가치가 충분하다.

이 길과 '안에서 밖으로의 허슬'과의 핵심적인 차이는 당신이 이미 규칙적인 업무 환경을 갖췄다는 것이고 당신이 회사에서 확고한 역할을 지니고 있다는 점이다. 만일 그렇다면 당신은 직위와 명확한 책임과 함께 도전 의지를 자극하는 업무와 의미 있는 공헌을 할 수 있는 능력을 가지고 있을 것이다. 게다가 회사의 미래 방향을 명확하게 이해할 것이다. 회사가 탁월한 궤도 위에 있음을 리더가 투명하게 알려주기 때문이다. 아마도 당신은 상사와 긍정적인 업무 관계를 맺고 동료들에게 존중받을 것이다.

2년 동안 팀에 확고하게 신뢰를 심어준 프로젝트 매니저가 있는

데, 그녀는 더 많은 책임을 가지고 더 많은 것을 관리하고 싶은 욕구를 가지고 있다. 또 투자은행에서 일하는 모 애널리스트는 특정 산업의 기업 목록을 검토하면서 미래에는 그 기업들을 위해 보다 높은 수준의 인수합병 파트너십을 구축하는 일을 수행하기를 바란다. 거대 광고회사에서 일하는 어느 신참 카피라이터는 차세대 돈 드레이퍼Don Draper(미국 드라마 〈매드 맨Mad Men〉에 광고 크리에이티브 디렉터로 나오는 인물-옮긴이)가 되고 싶어 한다. 중학교 교사라면 학교 행정가나 교장이 되기를 바랄 것이고, 야심만만한 연예기획사 우편물 담당자는 차세대 할리우드 거물이라는 꿈을 꿀 것이다.

이처럼 '안에서 위로의 허슬'은 표면적으로는 자신의 직업이 안정적으로 느껴지지만 무언가 더 많은 걸을 수행하고 싶을 때 발생한다. 내성적인 휴 포레스트Hugh Forrest의 경우가 꼭 그랬다. 그를 만나면 그의 얼굴에서 누구나 아주 미묘해 보이지만 커다란 야망을 발견할 것이다. 하지만 좀 더 깊이 파고들어가면 상냥하게 말하는 이 '유별난 행운'의 주인공이 전혀 다르게 보일 것이다.

1987년에 휴는 텍사스 오스틴에서 지역 뉴스와 예술을 다루는 주간지 「오스틴 크로니클Austin Chronicle」의 기고자로 일하다가 그 신문의 창업자로부터 한 가지 제안을 받았다. 자기네가 뿌리내리려는 뮤직 페스티벌 '사우스바이사우스웨스트South by Southwest(세계 최대 창조산업 페스티벌-옮긴이)'의 개최 추진을 도와달라는 것이었다. 맞다. 바로 그 유명한 'SXSW(이하 SXSW로 표기함-편집자주)'다.

휴는 공식적으로 SXSW의 첫 번째 유급 직원이었다. 별다른 기술이 없었지만, 그럼에도 휴는 페스티벌의 기술 및 데스크톱 출판을 담당하는 자리에 고용되었다. 단지 그가 비싼 컴퓨터를 가지고 있는 유일한 사람이라는 이유로 말이다. 휴는 글쓰기, 계획 수립, 콘텐츠 프로그래밍, 마케팅, 디자인, 전화 받기 등 필요한 일이라면 무엇이든 했다.

휴의 마음을 끌어당긴 것은 창업자가 구축한 유연한 조직문화였다. 또한 언젠가 거대한 뮤직 페스티벌로 성장할 수 있다는 비전과 재미있고 혁신적인 일에 기여할 수 있는 기회도 그의 마음을 사로잡았다. 위대한 음악 밴드들의 연주를 들을 수 있을 뿐만 아니라 페스티벌 참가자들의 경험을 디자인할 수 있다는 기회에 강한 호기심을 느낀 휴는 자원봉사자들로 이뤄진 팀과 함께 열심히 일했다. 이 신출내기 페스티벌은 곧바로 음악 팬들을 청중으로 끌어모았고, 초기부터 SXSW는 캐시카우Cash Cow 역할을 톡톡히 했다. 더 많은 사람들—음악산업 관계자들, 주목받을 기회를 찾는 무명 밴드들, 전 세계의 음악 애호가들—은 추운 날씨가 풀리는 3월에 남쪽으로 몰려들기 시작했다.

페스티벌의 규모는 점점 커졌지만 휴는 벽에 부딪혔다. 자신의 경력을 페스티벌에 100퍼센트 헌신하기 전에 그는 일시적으로 '우회'해야겠다고 결심했다. 그는 잠깐 SXSW를 떠나 새로 발행된 음악 잡지 일에 발을 담갔다. 그 일은 페스티벌만큼 흥미진진하지 않고 유망하지도 않았다. 이후 페스티벌에 대한 휴의 믿음, 창업자와의 돈독한 관계, 성공 기회에 대한 독특한 감각 덕분에 그는 SXSW

로 복귀했다. 그만둔 직장에 다시 들어간 경우였지만, 그는 페스티벌 디렉터로 승진하여 일을 재개했다.

허슬의 보이지 않는 두 번째 법칙('고개를 들고 눈을 항상 떠라')을 실천한 휴는 1994년에 많은 음악 밴드들이 '인터넷'이라고 부르는 것에 주목했다. 전자 출판을 경험한 휴는 새로운 기술을 거부감 없이 받아들일 수 있었다. 많은 사람들이 인터넷에 콧방귀를 뀌었지만, 상사인 SXSW의 매니징 디렉터 롤랜드 스웬슨Roland Swenson과 휴는 눈에 보이지 않는 미래를 보았다. 그것은 인터넷, CD-ROM, 스타트업 기업들, 전자상거래, 게임, 가상현실 등 디지털의 미래였다.

혁신팀 사람들은 미래를 발견하고 그것에 매진하는 법인데, 휴와 동료들이 했던 일들이 정확히 그러했다. 1994년에 휴는 SXSW를 위한 별도의 영화 및 멀티미디어 프로그램의 출시를 이끌었다. 음악은 여전히 페스티벌의 주요 볼거리였고, 그는 항상 기술 요소로 음악을 담을 수 있음을 알고 있었다.

"만약 무언가가 더 강해지지 않는다면, 우리는 항상 그것을 죽일 수 있다."가 일종의 주문처럼 작용했다.

천천히 입소문을 타던 'SXSW 멀티미디어SXSW Multimedia(후에 SXSW 인터랙티브SXSW Interactive로 이름을 바꿈)'는 진정한 견인력을 얻기 시작했다. 페스티벌 영화 역시 그러했는데, 영화를 통해 세계적으로 데뷔한 영화 스타들은 인터넷 괴짜들과 구분이 잘 안 되는 록 스타들과 한데 어울렸다. 휴가 20년 넘게 이끌어간 SXSW 인터랙티브는 곧바로 실력 있는 페스티벌 운영기업이 되었고 그렇게 된 데에는 휴의 관리가 큰 역할을 했다. 현재 SXSW 인터랙티브의 페스티벌 부문은 음악이나 영화 부문에 비해 더 많은 참가자들의 인기를 끌고 더 많은 입소문을 일으키고 있다.

휴는 '안에서 위로의 허슬'이 어떻게 긴 고투−대부분의 사람들이 무시하곤 하는 '작은 일'을 잘해내려고 노력하는지에 대한 시험대−끝에 만족을 가져다주는지에 관한 하나의 사례다. 무엇이 휴를 SXSW에서 계속 나아가도록 만들었나? 그는 말한다.

"당신은 페스티벌에 참석한 사람이 그 이벤트에서 일자리를 얻었다든지, 투자자를 만났다든지, 공동창업자를 찾았다든지, 새로운 최고의 친구를 만났다든지, 아니면 배우자를 만났든지 하는 이야기를 알 것이다."

휴는 사람들을 잡아끄는 거대하고 놀라운 이벤트를 만들어냈다. SXSW 없는 휴 포레스트는 휴 포레스트가 아니다. 그리고 휴 포레스트 없는 SXSW는 SXSW가 아니다. 둘의 정체성과 성장은 밀접하게 관련이 있다.

SXSW에서 거의 25년을 보냈지만, 휴는 예전보다 더 의욕이 넘치는 듯하다. 그는 말한다.

"SXSW는 전보다 더 많은 관심을 필요로 합니다. 20년 전에 여름이란 계절은 아주 지루하기 짝이 없었죠. 이제 그 페스티벌은 1년 내내 진행되는 이벤트가 되었습니다. 아마도 다음에 어떤 일이 생길지 보기 위해 앞서 변화하고 움직였기 때문일 겁니다. 제가 늘 관심을 기울이는 것은 오직 참가자들이 즐거워하고 긍정적인 경험을 갖고 가느냐뿐입니다."

휴는 그의 시간 대부분을 사람들이 우연히 만나 새로운 기회를 창출할 수 있는 환경을 계획하고 토론하고 조성해주는 것에 쏟고 있다.

SXSW는 상당히 많은 문을 열었고 계속해서 더 많은 문을 열고 있다. 그리고 휴는 잇따른 성공에 놀라움을 감추지 못한다. SXSW에 칭찬과 존경을 보내는 사람들이야말로 휴와 그의 팀이 커뮤니티 구축에 헌신했다는 증거다. 우정과 인맥은 맺을 만한 가치가 있는 법이다. 다시 말해, 우정과 인맥은 오직 꾸준한 허슬을 기반으로 한 헌신을 통해 이루어진다.

초기에는 야망이 모호했지만, 지금 휴의 야망은 분명하다. 그는 틈새를 발견했고 SXSW 인터랙티브의 프로그래밍 연출 분야에서 자신의 숨겨진 재능을 발견했다. 그는 지난 20여 년 동안 꾸준하고 잘 훈련받은 문화 창조자culture maker이자 협력적인 개발자였다. 그는 오르기를 멈추지 않는다. 여러 사람들이 공유할 수 있는 기회의 장을 창출하고픈 욕망 말고도 미래 그 자체를 축하하며 맞이하고픈 욕구 때문에 휴의 허슬은 계속된다. 그의 '안에서 위로의 허슬'은 그 자신의 미래를 동시에 만들어왔다.

휴의 성공 비결

휴의 성공 비결이 궁금한 당신을 위해 그는 특별히 자신에게 잘 먹힌 두 가지를 추천한다.

1. 그는 하루에도 수백 통씩 들어오는 이메일에 대해 각각 2분 이내에 답신을 보낸다. 그리고 그는 자신의 팀원들이 이런 신속한 답변을 통한 고객 서비스 방식을 채택하도록 했다.
2. 그는 매일 밤 9시에 잠자리에 들어 새벽 4시에 일어나는 습관을 철저하게 지킨다.

휴는 자기가 아침에 더 많은 일을 할 수 있고, 이메일을 바로바로 처리하는 것은 우선순위가 높은 일들을 위해 공간을 정리하는 한 가지 방법이라고 말한다. 이렇게 하면 팀원들이 SXSW를 놀라운 창의력과 아이디어를 교환하는 이벤트로 만들 뿐만 아니라 커뮤니티를 조성하고 성장시키는 '최고의 고객 서비스 이벤트'로 만드는 데 초점을 맞추도록 회의시간을 효과적으로 활용할 수 있다.

SXSW와 같은 페스티벌들은 믿을 수 없을 정도로 도전적이고 독특한 문화 창출의 경험이기 때문에 잘 운영되는 조직을 필요로 한다. 페스티벌은 자연스럽게 행운을 끌어당기는 자석의 역할을 한다. 하지만 조직의 규모가 작건 중간이건 크건 간에 재능 육성과 충성스러운 팀 개발에 관심이 많은 똑똑한 리더를 보유하고 있으면 역시나 그렇다. 이런 조직들은 당신이 '안에서 위로의 허슬'을 생각할 경우에 적합한 곳들이다. 만약 이미 이런 조직에 몸담고 있다면 당신에게 필요한 유일한 것은 상사와 이야기하며 성장 경로를 펼쳐보고 새롭고 좀 더 도전적인 역할로 이동할 수 있는 계획을 수립하는 것이다. 만약 당신이 당신의 성장을 바라는 조직에 근무하고 있지 않다면, 아마도 다른 곳을 찾아 '안에서 밖으로의 허슬'에 매진하는 게 좋을 것이다.

안에서 밖으로의 허슬

2010년에 베스트셀러 저자 수니 브라운Sunni Brown은 깜짝 놀랄 만한 전화를 받았다. 캘리포니아 롱비치에서 열리는 TED 메인 무대에 연사로 나와줄 것을 요청하는 전화였다.

생소한 사람들을 위해 설명하자면, TED라는 말은 기술Technology, 엔터테인먼트Entertainment, 디자인Design의 약자로 세계에서 가장 배타적인 콘퍼런스들 중 하나다. 청중은 오늘날의 앞서가는 사상가, 교육자, 예술가, 과학자들이 전하는 매혹적이고 짧은 이야기에 교화되려고 기꺼이 몇 천 달러의 입장료를 내는 유명 블로거들과 열망을 품은 혁신가들이 대부분이다.

만약 당신이 연사로 참여해달라는 전화를 받을 만큼 운이 좋다면, 당신 삶에 대한 최고의 10분짜리 이야기를 전달하는 게 좋을 것이다. 왜냐하면 연사로서 기업가들 앞에서 발표하는 것과 청중으로서 전직 사장들, 억만장자들, 노벨상 수상자들의 꿈을 듣는 것은 사뭇 다른 경험이기 때문이다.

'무대 공포증은 어떻게 하지? 무대에서 벌어질 수도 있는 테러 공격은 어쩌고? 무대에 서면 공황 상태에 빠지거나 메스꺼움을 느낄 거야!' 초청 전화를 받은 수니에게 이 모든 생각이 엄습해왔다.

수락 여부를 심사숙고하면서 수니는 자신의 허슬이 대부분의 주변 사람들과는 전혀 다른—그리고 색깔이 화려한—혼돈의 시기로 데려다놓았다는 것을 깨달았다.

불우한 어린 시절을 견뎌낸 그녀의 이야기는 이렇다. 수니는 텍사스 동부의 이동주택 주차장에서 우울하고 가난한 어린 시절을 보냈다. 보호기관의 무관심, 학습된 무기력, 정신 질환, 오래된 트라우마는 모두 그녀의 어린 시절을 상징하는 말이었다.

친구들 대부분이 희망 없는 엉망진창의 악순환에 깊이 빠지고 말았지만, 수니는 책과 아이디어를 탈출구로 삼았다. 어렸음에도 그녀는 자기가 읽은 이야기로 마음을 다스렸고, 지역 도서관에서 빌려왔다가 연체된 책들이 쌓이고 쌓여서 끊임없이 연체료를 무느라 돼지 저금통을 깨야 했다.

뒤돌아 생각하면, 그 연체료는 자신을 위한 첫 번째 투자였다. 이 투자를 기반으로 그녀는 빈곤했던 어린 시절에서 벗어나 오스틴에 있는 텍사스 대학교의 대학원으로 진학할 수 있었다. 대학원에서 그녀는 처음으로 자신의 지도교수에게 정책 수립의 복잡성을 단순화하고 설명하는 방법으로서 '비주얼 모델'의 가치를 제시했다.

공공정책 수립의 현실에 환멸을 느낀 수니는 석사 과정을 마치자마자 좀 더 푸른 초원을 찾아 서쪽에 있는 샌프란시스코 베이 지역으로 진출했다. 그녀는 복잡한 문제를 디자인 싱킹과 그래픽 레코딩 graphic recording(활발한 토론을 유도하기 위해 회의실 벽면에 그리는 창의적인 삽화-옮긴이)으로 해결하는 데 특화된 컨설팅 회사에 취직할 수 있었다.

캘리포니아에서 그녀는 대부분의 시간을 교육받는 데 쏟았다. 그 교육이 나중에 그녀에게 기회를 열어주었고 보이지 않는 커다란 보상으로 되돌아왔다. 그곳에서 그녀는 '비주얼 싱킹visual thinking'이라는 언어에 대한 천부적인 재능을 좀 더 개발했고, 자신의 방식을 찾는 데 전념했다.

그래픽 레코딩과 비주얼 싱킹은 산뜻하고 멋진 그림을 그리는 것과는 아주 다르다. 그래픽 레코딩은 함께 일하는 팀원들이 비전을 포착하고 문제를 해결하는 데 도움을 주기 위해 이미지, 단어, 형태를 조합하는 방법이다. 그것은 사람들로 하여금 '의도한 것을 보도록' 해준다. 수니는 경험을 통해 자신의 재능을 좀 더 깊이 발견할 수 있었고, 대기업의 문제 해결을 위한 비주얼 싱킹 분야에 특화하여 자신의 창조적인 재능을 발휘했다.

고객들의 피드백은 매우 좋았고 고객들은 수니를 아주 마음에 들어 했다. 고객들은 그녀가 다니는 회사와 계속적으로 업무관계를 맺고자 했고, 마침내 수니는 전문가 커뮤니티에 본인이 적합하고 자신의 역할이 뛰어나다는 인식을 갖게 됐다. 고객들이 돌파구를 발견하도록 유도하고, 자신의 회사가 좀 더 많은 매출을 창출하도록 기여하는 본인의 역할이 탁월하다는 것을 말이다.

그녀는 이 회사가 자신의 재능을 마음껏 발휘할 수 있는 곳이라고 생각했고 자신이 있어야 할 곳이라고 여겼다. 일에 있어 자신의 즐거움을 발견했던 것이다. 고객들과의 성공적인 업무 성과로 대담해진 그녀는 승진의 가능성, 즉 '안에서 위로의 허슬'을 할 기회를 타진했다.

하지만 상사의 사무실에서 걸어나오며 망연자실한 감정에 휩싸인 수니는 눈물을 흘리지 않으려고 애썼다. 승진을 요구하던 그녀에게 돌아온 것은 냉소뿐이었다.

그녀는 자신의 일을 매우 사랑했지만, 자신의 노력을 존중하지 않는 회사에 더 이상 머물 수 없다는 걸 깨달았다. 그녀는 짐을 싸서 샌프란시스코 베이를 떠나 가족과 친구들의 도움을 받을 수 있는 텍사스로 돌아갔다. 그리고 그곳에서 또 다른 기회를 만났다.

오스틴에 도착하면서부터 수니는 직장보험 관련 업무를 담당하는 국가기관에서 안정되고 높은 연봉을 약속하는 '적은 리스크'의 일자리를 얻었다. 그녀는 그 일자리가 자신의 소명과 맞지 않다는 것을 알았지만 자신의 상처를 위로하고 다음 단계를 모색하기에 괜찮은 곳이라고 생각했다.

월요일에 일을 시작해 그날 오후 2시까지 근무한 수니는 끓는 프라이팬에서 뛰쳐나와 불 속으로 뛰어들었다는 것을 깨달았다. 금요일에 그녀는 사직서를 제출했다. 그 일자리는 그저 임시로 머물 중간지점조차 되지 못했고, 경력상 그녀를 두 걸음 정도 후퇴하게 만들었다.

금전적으로 제약이 많았던 그녀였지만 도저히 그곳에서 계속 근무하면서 자신에게 알맞은 때를 기다릴 자신이 없었다. 그곳이 그녀가 몸담았던 마지막 직장이었다.

　수니의 강한 개성으로 봐서 '안에서 밖으로의 허슬'이 그녀에게 알맞을 법했다. 만약 당신이 성장의 한계나 조직의 관료주의적 문화 때문에 질식할 것 같다고 느끼는, 기업가적 마인드의 창의적 행동가라면, 혹은 비관습적인 호기심이 충만한 사람이라면, '안에서 밖으로의 허슬'이 당신이 찾는 바로 그 길일지 모른다.

　수니는 자신의 경력을 나아가게 할 위대한 미지의 무언가를 향해 행동-조직 바깥으로-할 준비가 됐음을 깨달았다. 가진 돈을 박박 긁어서 850달러를 마련한 그녀는 허슬링을 시작했다. 그녀는 가지고 있던 고객 연락처로 전화하여 그래픽 레코딩으로 일할 기회를 달라고 설득했다. 그녀는 6,000달러짜리 계약을 맺었고, 이 계약을 계기로 자신을 알리는 데 끈질기게 노력했으며, 인상적으로 성장하는 자신의 포트폴리오를 공유했다. 그녀는 첫 해에 고객들과 100번이 넘는 점심식사 미팅을 가졌고, 이런 노력은 재무적인 안정성을 줄 만큼 충분한 사업으로 이어졌다.

　그녀는 단호한 태도로 SXSW 인터랙티브를 대상으로 그래픽 레코딩이라는 아이디어를 제시했고, SXSW 인터랙티브는 광고판과 발표문에 대한 그녀의 그래픽 레코딩 결과물들이 페스티벌에 참가하는 관객들과 기업들의 이목을 끌도록 도왔다.

　하는 일을 전략적으로 노출시킴으로써 그녀는 자신의 사업을 상당히 높은 수준으로 끌어올릴 수 있었다. 매일 더 좋고 더 많은 일이 쇄도하자 그녀는 더 이상 제자리걸음으로 만족하지 않았다. 수니는 컨설팅, 강의, 워크숍 진행 등에 대해서 좀 더 높은 수수료를 요구했다. 그리고 그렇게 하자 빌 클린턴, 토니 블레어와 함께 사우디아라비아의 사우디 왕족으로부터 '인포두들infodoodle(정보를 뜻하는 information과 낙서를 뜻하는 doodle의 합성어, 그래픽으로 정보를 표현한다는 뜻-옮긴이)'을 의뢰받았고, 젊고 수줍은 마크 저커버그의 그래픽 레코딩을 요청받았다.

경력 궤도가 가파르게 상승하자 수니는 개인 상대의 그래픽 레코딩에서 벗어나 자신의 전문성을 공유할 방법을 찾았고, 그 결과물로 그녀는 첫 번째 책 『게임 스토밍Gamestorming』을 출간했다.

어렵게 성취한 성공으로 수니는 진정한 자기 자신을 드러내 보였다. 그녀는 출신 환경 때문에 자기가 어떤 회사에서 일해야 하는지, 자신의 일로 어떤 영향을 끼쳐야 하는지 제약받지 않았다.

롱비치에서 TED 강연을 시작하기 몇 시간 전부터 무대 공포증으로 떨긴 했지만, 그녀는 자신의 강점을 떠올리며 자신감을 끌어모았고 자기가 더 이상 도서관에 틀어박힌 안경 낀 열세 살짜리 소녀가 아니라는 사실을 깨닫고 만족해했다. 열세 살 수니가 지금의 수니를 본다면 자기가 극복한 것들을 자랑스러워하겠지? 인생의 최대 기회 앞에서 겁먹을 필요는 없잖아!

그날 수니는 빌 게이츠 앞에서 놀라울 정도로 멋진 강연을 했고 전 세계의 시청자들은 그녀의 강연을 100만 회 이상 조회했다. 이 놀랍도록 멋진 강연을 한 놀랍도록 멋진 여성은 '별난 행운'을 불러일으켰다. 성공적인 TED 강연을 본 뉴욕의 주요 출판사들은 그녀에게 러브콜을 보냈다. 그녀는 TED 강연을 기초로 두 번째 책 『두들 레벌루션The Doodle Revolution』을 출간했다. 공포를 극복하고 TED 강연을 한다는 건 그녀의 '10년 목표들' 중 하나였다.

수니는 이를 겨우 2년 만에 성취했다. 현재 그녀는 자신의 컨설팅 업체를 운영하고 책을 쓰며 일과 삶의 규칙들을 바꿔 나가고 있다.

수니는 허슬링이 돈, 의미, 추진력을 가져다준다는 명제의 살아 있는 증거다. 그녀는 불행한 직원도 아니고 배고픈 예술가도 아니다. 그녀는 자신의 능력, 창의력, 호기심을 끊임없이 추구하는 자발적인 기업가일 뿐 아니라, 자신만의 독창적인 방식으로 세계를 탐험하고 교육시키고 진보시킬 새로운 지평선을 찾는 기업가이다.

'안에서 밖으로의 허슬'은 다른 사람 소유의 회사에서 느끼는 안락함을 버리라고 요구하고, 기업가적인 무장을 하고 뛰어들라고 말하며, 리스크를 수용하면서 두려움을 견디라고 요구한다. '안에서 밖으로의 허슬'은 자신만의 일을 의미 있는 방법으로 시작하는 것으로, 작은 컨설팅 일이나 부업(사이드 프로젝트), 혹은 스타트업처럼 본격적으로 기업가적 벤처를 착수하는 것을 뜻한다.

이런 허슬의 불리한 점은 아무런 보장이 없다는 것이고, 사업체를 개발하고 유지하도록 당신에게 더 큰 책임감을 부여한다는 것이다. 반면, 이런 허슬의 긍정적인 점은 자신의 운명에 대해 좀 더 통제력을 발휘할 수 있다는 것이다. 일정 수립부터 가격 결정에 이르기까지 스스로 결정할 수 있다. 급여도 없고 상사도 없다. 그리고 일반적으로 규칙도 별로 없다. 자율성이야말로 굉장한 특전이다. 하지만 새로운 기업의 소유주가 된 이상 매일 허슬과 행동, 마무리를 해야 할 것이다. 당신은 배의 선장이고 운명의 확고한 주인이다.

작은 사업이든, 스타트업이든, 컨설팅이든, 1인기업이든, 아니면 스튜디오를 가진 예술가든 당신은 경쟁의 바다에서 빨리 자신의 자리를 발견해야 한다. 이 말은 새로이 습득한 스킬을 통해 게임의 수준을 높이라는 뜻이고 '개인적 기회 포트폴리오(POP, 9장에서 다룰 예정이다)'를 풍성하게 하라는 의미이다. 또한, 깨끗하게 착지하지 않고서도 도약하는 법을 배우라는 뜻이다.

'안에서 밖으로의 허슬'을 성공적으로 진행하려면, 할 수 있고 성공할 것이라는 용기와 확고한 믿음을 가져야 하고 당신이 올바른 길에 서 있다는 자신감을 지녀야 한다. 그것이 결과적으로 실패라고 할지라도 말이다. 이러한 '공격적인' 조치를 취하는 진짜 이유는 자신이 성장의 한계에 봉착했고─언제 봉착할지 알게 될 것이다─어디서든 당신의 재능을 발휘할 준비가 돼 있다고 자기 자신에게 솔직하기 위해서다. 아니면 현재 상황에서는 개발될 가능성이 없는 잠재적 재능이 수면 위로 떠오르길 원하기 때문이다.

성장의 한계에 부딪혔을 때 당신은 벽에 적힌, 눈에 보이지 않는 글을 보게 될 것이다.

"회사에서 당신의 발전을 위한 자리는 없으며 (비록 승진 없이 이동하고자 한다 해도) 새로운 역할을 맡게 될 여지는 없습니다."

아마도 경쟁이 너무 치열하거나, 당신의 실력이나 다음 레벨로 나아갈 내적 자신감이 부족하기 때문인가? 산업의 변화가 당신에게 이득이 될 것 같기 때문인가? 당신이 '예스맨'이 아니거나 성격 차이로 인한 문제를 가지고 있다면, 만약 당신이 당신을 지지하는 관리자를 만날 수 없거나, 그저 회사의 성장 전략에 부적합한 사람이라면 이때야말로 떠날 시간이다. 떠나는 당신이 해야 할 말이나 해야 할 것은 없다. 달성할 것도 없다. 만약 있다 하더라도 그냥 머물기로 해서 부담해야 할 리스크는 떠남으로써 얻는 이득을 훨씬 넘어설 것이다.

그렇다면, 무엇을 해야 할까? A라는 회사에서(안에서) B라는 회사로(밖으로) 이동하거나, 자신만의 회사를 설립하라(완전히 밖에서 벌이는 게임). 이것이 자신의 기존 역할에서 기꺼이 빠져 나와 기업가가 된다든지 소기업의 소유주가 된다든지 하는 더 큰 책임을 지닌 새로운 역할을 맡고자 하는 자의 길이다. 어떤 경우든지 간에, 이것은 오래되고 알려진 상황에서(안에서) 새롭고 미지의 상황으로(밖으로) 움직인다는 뜻이다. 처음에는 두려움을 느낄지 모른다. 보나마나 약간의 고통(혹은 아주 많은 고통)이 뒤따를 것이다. 하지만 결국에 '해방감'을 경험할 것이다.

만약 '안에서 밖으로의 허슬'이 당신이 나아가기 위한 길일 것 같다는 생각이 든다면, 당신이 아는 사람이나 친구들을 떠올려보라. 자신만의 용어로 스스로를 재정의하기 위해 안정적인 직장을 때려치우고 '밖으로의 허슬'을 감행한 사람들을 말이다. 그들과 이야기를 나누라. 그들이 푸드 트럭을 시작했건, 엣시Etsy(개인 대 개인peer-to-peer으로 이루어지는 전자상거래 사이트-옮긴이)에서 부업용 쇼핑몰을 운영하건 상관없다. 그들이 무엇을 후회하는지 살펴라. 그들이 그 과정을 거치면서 자신들에 대해 무엇을 배웠을까? 그들이 금전적으로, 감정적으로, 에너지적인 측면에서 더 나아졌는가, 아니면 더 나빠졌는가? 대답을 들으면 당신은 아마 놀랄 것이다.

밖에서 위로의 허슬

마지막으로, 가장 대담하고 가장 헌신적이며 가장 운이 좋은 허슬러들을 위한 허슬의 길이 남아 있다. 그들이 따라야 하는 경로는 앞에서 말한 세 가지 허슬의 길 모두를 합한 것보다 더 큰 에너지를 쏟아야 하는, 그리고 좀 더 큰 리스크를 부담해야 하는 구불구불한 오르막길들로 어지러울 정도다.

여기에서 성공하려면, 네 가지 길에서 모두 행운을 만들어내겠다는 확실한 헌신이 필요하다. 그리고 이 길('밖에서 위로의 허슬')로 나아간다는 것은 때때로 규칙의 주변부에서 줄타기를 한다거나, 새로운 규칙을 구축하거나, 아니면 길 위에 도사린 규칙을 깨기도 하면서 불리함을 극복하고 세상을 긍정적인 방향으로 변화시킬 수 있다는 뜻이다.

자유롭게 활동하는, 기업가적인 예술가들이 이 경로 위에 상당히 많이 존재한다. 관찰자로서 우리(저자들)가 네 가지 허슬 경로 중에서 가장 좋아하고 가장 모험적이며 가장 흥미진진하고 가장 우연적인 발견이 많다고 생각하는 것이 '밖에서 위로의 허슬'이다. 빌 게이츠, 오프라 윈프리와 같은 유명 기업가들은 보이지 않는 기회를 발견했고 대부분의 사람들이 꿈꾸는 것보다 더 많은 추진력, 돈, 의미를 찾기 위해 자신의 길을 개척했다. 이런 종류의 허슬은 용감무쌍한 영웅이 등장하는 서사시와 같다. 성공적으로 그 길을 밟을 수 있다면, 도중에 여러 가지 발견과 재발명 그리고 거대한 돌파구를 만날 수 있다.

'밖에서 위로의 허슬'이라는 엄격함에 딱 어울리는 사람들이 있다. 음악의 구조를 바꾸고 엄청난 부를 쌓은 유명 밴드를 떠올려보라. 예를 들어 롤링스톤스Rolling Stones 같은 밴드 말이다. 아니면 '샤크 탱크Shark Tank' 쇼(기업가가 출연해 투자자 패널에게 자신의 사업을 설명하고 투자를 유치하는 프로그램-옮긴이)의 출연자들 중 한 사람을 떠올려보라. 그들은 거의 아무것도 없는 상태에서 시작해 괄목할 만한 무언가를 이루어냈다.

이 경로에 있는 사람들은 상당히 여러 번 시도할 뿐만 아니라 시장에서 드러나는 갭을 활용하고 장점을 끌어올림으로써 자신만의 행운을 만든다. 그들은 높은 수준의 성과를 보이고 상상력이 풍부한 제품, 서비스, 경험을 만들어내 시장을 장악한다. 또한 근본적으로 세계를 다르게 바라보고, 커다란 영향을 끼치기를 바란다. 그들의 동기는 여느 사람들처럼 자기 방식으로 돈, 의미, 추진력이 끊임없이 들어오는 흐름을 구축하는 것이고, 가능한 한 많이 자신만의 규칙에 의해 활동하는 것이다.

이 경로를 자세히 살펴보기 위한 좋은 사례로 존 폴 디조리아John Paul DeJoria의 이야기가 있다. 그는 자신의 삶을 '밖에서 위로의 허슬'을 추구하는 데 바쳤다. 그의 이름이 생소하게 들릴지 모르겠다. 그는 턱수염이 있는 유명한 억만장자 사업가이자 낙천주의자일 뿐만 아니라 매력이 넘치고 따뜻한 '할리우드식' 미소를 가진 자선가다.

그는 이렇게 어려운 경로('밖에서 위로의 허슬') 위에서 여러 번 성공할 수 있었다. 강철 같은 의지가 있어서가 아니었다. 내면의 재능에 전념했기 때문이고 세상에 무언가를 되돌려주고 세상을 변화시키겠다는 열망을 불태웠기 때문이었다.

디조리아는 로스앤젤레스 동쪽에서 자랄 때 기업가의 '첫 맛'을 경험했다. 어린아이였던 그는 가족의 생계에 보탬이 되기 위해 크리스마스 카드와 신문을 팔았다. 또한 비극의 맛도 경험했다. 그의 부모님은 그가 두 살 때 이혼했다. 디조리아와 동생은 주중에 위탁양육 시설에 있어야 했고 일하느라 바쁜 엄마를 주말에만 만날 수 있었다.

고등학교를 졸업하고 그는 해군에 입대했다가 여러 개의 보잘것없는 임시직을 떠돌았다. 잠시 노숙 생활을 하긴 했지만 그는 절망하지 않았다.

자신의 불운이 다 떨어져나간 건 아니었지만 디조리아는 아무런 의심 없이 자신의 재능이 설득과 세일즈 능력에 뿌리를 두고 있다는 걸 감지했다. 일반적인 세일즈가 아니라 그가 개인적으로 만들어낸 고품질의 차별화된 제품에 대한 세일즈였다.

그는 헤어 제품과 헤어 케어 분야에서 자신의 길을 발견하고 레드켄Redken(로레알L'Oreal의 헤어 전문 제품 브랜드-옮긴이)의 지역 영업 관리자가 되어 성장의 기회를 잡는 듯했다. 그렇게 모든 것이 순조로웠지만 어느 날 의견 충돌로 해고를 당하고 말았고, 그는 다시 무직이 됐다.

레드켄을 다니는 동안 그는 헤어스타일리스트 폴 미첼Paul Mitchell과 친분을 쌓았다. 그리고 새로운 기업을 설립하기에 해고 후보다 좋은 시간이 있을까? 그는 어느 인터뷰에서 이렇게 회고했다.

"폴은 비즈니스를 해본 적이 없었어요. 저는 헤어에는 문외한이었고요. 그러니 우리는 완벽한 파트너였죠."

'존 폴 미첼 시스템즈John Paul Mitchell Systems'는 그렇게 설립됐다. 투자금 700달러와 컨버터블 자동차 한 대, 고객 명함집 하나만을 가지고 두 남자는 새로운 헤어 케어 제품들을 출시했다. 처음에는 달랑 세 가지 제품이 전부였다. 디조리아는 새 제품을 판매하고 이제 막 날아오르려 하는 회사의 미래를 위해 고객들을 설득하러 이 미용실에서 저 미용실로 뛰어다니며 세일즈에 전념했다.

그렇게 회사가 고급 헤어 케어 제품으로 차츰 인기를 끌기 시작했지만, 가족의 삶은 무너져내렸다. 그는 다시 노숙자의 신세가 되었고, 이번엔 어린 아들과 함께였다. 그들은 차에서 먹고 자며 계속해서 존 폴 미첼 시스템즈 제품 판매에 매진했다. 그들의 첫 번째 재무 목표는 그저 청구서를 제때 납부할 수 있는 정도였다. 겨우 이 목표를 달성하고서 2,000달러라는 작은 이익을 손에 쥐고도 디조리아는 커다란 무언가를 이루어낼 가능성이 있다고 깨달았다.

1980년대에 TV를 즐겨 본 사람이라면 누구나 알듯이, 카리스마 있고 꽁지머리를 한 디조리아는 회사의 공식 얼굴이었다. 그의 회사는 이후 9억 달러의 가치를 지닌 기업으로 성장했다.

그저 요행이었을 거라고? 9억 번에 한 번 일어날까 말까 하는? 그렇지 않다. 디조리아는 그가 하고자 하는 것을 정확하게 알고 있었고 퍼스널 마케팅Personal Marketing(고객 한 사람 한 사람의 개별 욕구를 충족시켜 주는 마케팅 활동-옮긴이)이라는 독특한 세일즈 스타일을 가지고 다음 레벨로 끌어올릴 또 다른 제품들을 준비해두었다.

오랫동안 테킬라를 즐겨 마신 디조리아는 대부분의 테킬라가 저급한 성분과 형편없는 증류 방식으로 제조된다는 사실을 안타까워했다. 그리고 이렇게 생각했다. '헤어 케어 시장에 프리미엄 제품을 도입했듯이, 테킬라 시장에도 테킬라 애호가들이 입에 급하게 털어 넣기보다는 맛을 천천히 음미할 수 있는 더 좋은 제품을 내놓으면 안 될까?'

1989년, 디조리아와 파트너들은 '패트론 스피리츠 인터내셔널 Patrón Spirits International'을 설립했다. 당신이 지난 25년 동안 술집에 발을 끊고 살았다면 잘 알지 못하겠지만, 패트론 테킬라는 주류업계에서 가장 성공적이고 가장 상징적인 브랜드 중 하나다. 존 폴 디조리아 자신도 그렇다.

현재 그는 자수성가한 억만장자로서 여러 개의 기업을 경영하고 있다. 그러면서 영화를 제작하고 다수의 자선사업 비영리단체를 운영하면서 교육·환경·사회 문제에 관여하고 있다.

디조리아의 좌우명은 "공유하지 않은 성공은 실패다."이다. 이 문장은 그의 일과 삶에 진정한 돈, 의미, 추진력을 가져다준다. 그리고 그 과정에서 많은 사람들에게 영향을 미친다.

디조리아의 이야기와 성공에는 끈질긴 인내력, 헤어 케어와 주류 시장에서 보이지 않았던 기회를 발견할 수 있었던 안목 등 여러 요소가 관련돼 있다. 그러나 가장 놀라운 것은 자신의 꿈을 소유하고 자기 미래의 POP를 만들기 위해 그가 본인의 재능을 발견하고 신뢰했다는 점이다.

'밖에서 위로의 허슬'은 분명 모든 사람들을 위한 것은 아니다. '테슬라 모터스Tesla Motors'의 창립자 일론 머스크가 말했듯이 이런 허슬을 이루어내려면 "고통의 한계점이 높을 필요가 있다(고통을 잘 참아내야 한다는 뜻-옮긴이)."

그것은 정말로 힘든 역경의 여정이지만, 성공적으로 이루어내기만 한다면 놀랄 만한 이득으로 돌아온다. 그것은 대부분의 기업가들과 예술가들이 실패하고 마는 힘든 길이다. 가장 웅장한 비전을 가진 사람들조차 실행 부족과 불운 등으로 인해 이 길 위에서 쓰러져버릴 수 있다. 그렇기 때문에 인내가 핵심이다. 성공적으로 등장한 사람들은 낡은 것을 재정의하고 새로운 것을 발명한다. 작고 낡고 비효율적인 '잔해' 속에서 거대한 제국을 건설한다. 그리고 사람들의 삶에 영향을 미치고 세계를 변화시키는 '문화 변혁'과 '게임 체인징game-changing'의 업적을 창조한다.

어떤 유형의 허슬이 당신의 상황에 가장 적합한지 상관없이 그리고 네 가지 중 하나 이상을 선택하든 관계없이, 스스로를 강화하고 기회를 높이기 위해 당신이 가장 효과적인 방법을 시도하기 원한다면, 놀라운 모험의 세계로 안내하는 길 위에 스스로를 반드시 올려두어야 한다. 네 가지 허슬의 길 중 하나 이상을 통과할 때 그에 따른 이익은 인생 전체에 걸쳐 헤아리기 어려울 만큼 크고 자신만의 꿈을 설정하고 성장시키도록 해 줄 것이다. 더 많은 경험과 더 많은 새로운 도전을 받아들일수록 그 보상은 더 클 것이다. 그리고 꿈('해낼 수 있는 것')에 더 가까이 다가설 것이다.

다음 단계로 넘어가는 전략을 수립하기 전에 이렇게 물어볼 필요가 있다.

"나의 포트폴리오를 구축하고 성공적이고 긍정적인 모험의 가능성을 앞당기기 위한 전술적인 방법이 있지 않을까?" "나의 미래에 유리한 방향으로 '속임수를 쓰기' 위한 방법은 없는 걸까?"

PART 3
습관

"모든 일은 희망으로 시작해서
결국 습관으로 끝난다."

- 릴리언 헬먼Lillian Hellman

9. 미래를 위한 포트폴리오:
잠재력, 사람, 프로젝트, 증거

"열정은 인생에 필요한 전기와 같다. 어떻게 열정을 가질 수 있을까?
열정이 습관이 될 때까지 열정적으로 행동하라."

- 고든 파크스Gordon Parks

POP는 개인 IPO와 유사하다

어떤 회사가 월스트리트를 통해 기업공개Intial Public Offering, IPO를 할 준비가 됐다고 고무시키는 이야기가 언론을 통해 들려오면, 사람들은 자신들이 매일 사용하는 강력한 검색 엔진을 가진 구글처럼 놀라운 기술력을 보유한 혁신적인 글로벌 소프트웨어 기업을 떠올린다. 혹은 쉽게 배달 가능한(심지어 일요일에도) 제품으로 창고를 가득 채우고 있는 아마존과 같은 기업처럼 해당 카테고리에서 훌륭하게 포지셔닝하고 수백만 명의 사용자와 뛰어난 알고리듬을 보유하고 있으며 무적의 가격 전략을 구사하는 인터넷 서비스 기업을 떠올리기도 한다. 아니면 뛰어난 디자인과 아이폰으로 유명한 애플처럼 엄청나게 인기 있는 소비자 제품을 생산하는 기업을 바로 연상할지도 모른다. 사람들은 매우 유용한 무언가를 갈망하고, '게임의 양상'을 바꿀 무언가를 기대하며, 세계인들의 경험에 영향을 미칠 만한 흥미진진한 무언가를 바란다. 그리고 때때로 이런 모든 기대를 충족시키는 기업들이 나타난다.

일반적으로 사람들은 막대한 돈을 벌고 IPO라는 하늘을 고공비행하는 기업의 예로 마카로니와 치즈를 만드는 식품회사를 떠올리지는 않는다. 하지만 이제 이런 편견을 재고해야 할 때다.

2012년 3월, 애니스 홈그로운Annie's Homegrown의 주식이 뉴욕증권거래소의 IPO 시장에 나왔다. 그때까지 이 캘리포니아 버클리에 기반을 둔 작은 식품회사는 좋은 성과를 올려왔고, 두 가지 상품으로 알려져 있었다. 애니스는 맛있는 유기농 마카로니와 치즈를 슈퍼마켓과 소매점을 통해 판매하며 '단순하고 건강한 음식으로 가족의 영양을 챙긴다'라는, 사회적으로 책임 있는 미션에 헌신하는 회사였던 것이다.

그런데 3월의 어느 날, 애니스는 또 하나의 이유로 유명해졌다.

IPO가 실시되는 날, 애니스의 주식은 1주당 19달러 정도에 팔렸다. 다음 날 아침이 되자 상황은 드라마틱하게 좋아졌다. 개장이 되자 주가가 솟구치더니 1주당 31달러 이상으로 거래되기 시작했다. 투자자들이 몰려들었고 주가는 계속해서 상승했다. 폐장 무렵이 되자 주가가 거의 두 배에 이르렀고 결국 36달러에서 약간 못 미치는 수준으로 마감됐다.

전날 19달러였던 IPO 시작가가 89퍼센트나 상승한 것은 놀랄 만한 일이었다. 놀랍게도 애니스는 2011년에 유명 소셜 네트워킹 기업인 링크드인LinkedIn이 IPO를 실행한 이래로 가장 좋은 성과를 얻었던 것이다.

주가 급등으로 애니스의 기업가치는 6억 달러에 달했다. 또한 기업가치의 증가로 애니스는 초기 투자자들에게 두둑한 배당을 할 수 있었고 사업 확장을 위한 충분한 자금을 조달할 수 있었다. 현금으로 1억 달러쯤은 아무것도 아닌 애니스 홈그로운은 다국적 식품회사들과 어깨를 나란히 하게 됐다. 이 회사는 가장 인기 있는 제품들을 다양화하기 시작했고 생산 라인 확장과 이미 만들어놓은 '승리 방정식'에 전념함으로써 자신들의 미래에 투자했다. 애니스는 더 이상 삼류 기업이 아니었다.

사실, 회사의 주가는 그 후로도 계속해서 솟구쳤고 IPO 이후로 100퍼센트 이상 올랐다. 제품의 품질이 워낙 좋았고 건강하고 자연 친화적인 유기농 음식을 원하는 소비자의 욕구를 만족시킨 덕이었다. 그 후 3년도 되지 않아, 거대 식품 제조회사인 제너럴 밀스General Mill's가 애니스를 8억 2,000만 달러에 인수했다.

IPO가 애니스에게 적절한 조치였다는 건 절대적으로 틀림없는 사실이다. 공개된 주식시장을 통해 투자자들은 자신들의 돈을 투자할 고성장 기업을 찾으려 한다. 만약 애니스가 그냥 개인기업으로 남아 있었다면 그런 성장 스토리는 기대하기 어려웠을 것이다. 물론 개인기업에만 투자하는 투자자들이 있긴 하지만, 상대적으로 얼마 안 되는 돈이 왔다 갔다 하는 아주 작은 시장에 불과하다.

애니스의 주가는 그들이 IPO를 준비했기 때문에 급등할 수 있었다. 그들은 제품을 만들어 배달하면서 자기 페이스를 지키다가 시장과 자신들의 인프라가 성공을 가져다주리라 예상되는 시기에 기업 공개를 감행했다. 어떻게 당신이 애니스가 걸어간 길을 따르면서 당신의 가치와 성장 가능성을 빠르게 증가시킬 수 있을까? 당신에게는 최고의 기회를 어떻게 만들어내고 어떻게 활용해야 하는지에 관한 명확한 계획이 필요하다. 다행히 그런 계획이 바로 여기에 있다. 우리(저자들)는 그것을 POP라고 부른다. 이는 우리가 창출하는 가치와 적정 크기의 리스크를 담는 여러 개의 바구니들을 말하며 '잠재력, 사람, 프로젝트, 증거'로 구분된다. 또한 여러 기업들과 여러 사람들이 당신을 찾아내 당신의 성공에 투자하도록 만들어줄 재료이기도 하다.

기회의 구조: 허슬의 하부구조

이제 앞으로 나아가겠다는 '생각'에서 벗어나 '실제로' 앞으로 꾸준히 나아가가도록 그 영광의 길로 당신을 좀 더 밀어넣을 시간이 되었다. 이 말은 비현실적으로 보이는 꿈을 손에 잡히는 것으로 전환시킨다는 뜻이다. 이러한 전환을 현실화하려면 6장에서 설명했던 허슬의 보이지 않는 세 가지 법칙을 훈련해야 한다.

1. 마음속에서의 허슬: 당신을 움직이는 무언가를 행하라. 그러면 당신의 하루하루는 에너지와 열정, 재미로 가득찰 것이다. 열정이 무엇인지 고민하지 마라. 그저 가능성의 바퀴가 계속 움직이도록 만들라.

2. 머릿속에서의 허슬: 고개를 들고 눈을 크게 떠라. 행운을 만들려면 리스크를 수용하고 보이지 않는 기회와 길을 찾아라. 작은 행운이 오래 지속될 것이다.

3. 습관에서의 허슬: 계약을 맺고 그것을 현실화해라. 기회를 가치 있는 것으로 변환시켜라. 구체적인 거래가 성장과 긍정적인 선택지 그리고 증거를 창출할 것이다.

이 세 가지가 원칙이다. POP가 있어야 당신이 앞으로 나아가는 데 필요한 모든 것을 보장할 수 있고 이 세 가지 훈련들을 진행할 수 있다. 당신의 POP는 전문적 능력, 이미 형성한 관계와 인맥, 수행했던 프로젝트와 직무, 잠재력 등 살면서 당신이 이루어놓은 것들을 모두 포착하고 펼쳐보기 위해 필요하다. 좀 더 많은 돈, 의미, 추진력을 창출하기 위해 허슬을 감행하려 한다면 인생 전체에 걸쳐 당신의 POP를 만들라. 결국 POP는 당신을 비추는 거울이 된다. 그것은 세상에 대해 당신이 기여하는 바가 무엇인지, 진정한 자아는 누구인지 정의하도록 해준다.

POP를 당신이 할 수 있는 유일한 최고의 투자라고 간주하라. 왜 그래야 할까? 왜냐하면 그것은 당신 '안'에 존재하는 투자이기 때문이다. 당신의 꿈을 소유한다는 개념으로 생각해본다면, POP는 당신의 꿈을 실천으로 이어주는 다리가 된다.

POP를 구축하는 경험은 당신이 허슬을 실천할 때 좀 더 큰 이익을 위해 약간의 고통을 투여하는, 회복탄력성을 위한 도구로 작용한다. 피치 못하게 당신이 쓰러진다 하더라도 당신의 POP가 다각화되어 있다면 건실하게 버티며 허슬을 유지할 수 있을 것이다. 3장에서 언급했듯이, 리스크를 다각화할수록 — 오직 하나가 아니라 여러 개에 내깃돈을 걸수록 — 더 많은 성공과 행운이 가능해진다. 리스크가 적을수록 더 위험하다. POP는 '장기전'을 대비해 당신의 바구니 — 그렇다. 당신의 바구니다 — 안에 더 많은 '목표 리스크'를 담는 것과 같다. 이말은 당신이 가끔이라도 실패하지 않을 거라는 것을 의미하지는 않는다. 오히려 성공하기 위한 길을 찾을 수 있게 타석에 더 많이 들어서도록 해준다는 뜻이다. 그리고 실패할 경우 쉽게 훌훌 털고 일어나도록 해준다는 의미다.

우리(저자들)처럼 아마도 당신은 이런 질문을 수없이 받았을 것이다. "어떤 일을 하세요?" 그리고 상대방이 당신의 답을 듣고 확신하지 못하거나 의심스러워하는 경우도 많았을 것이다. 자, 이제부터 POP가 제대로 답하게 해줄 것이다. 자아 설정의 관점으로 볼 때, POP를 성공적으로 만들었다면 그것은 당신의 과거, 현재, 미래에 대해 많은 것을 말해줄 것이다. 즉, 살면서 당신이 어디에 있었고 어디로 갈 것인지, 당신에게 중요한 것이 무엇인지를 일러줄 것이다. POP는 명확함을 원하는 당신의 바람을 충족시켜줄 뿐만 아니라 사람들이 당신을 매력적으로 생각하도록 해주고, 당신이 동료들과 전문가들에게 좀 더 깊이 다가가도록 하며, 인생의 멘토에게 당신을 안내해준다.

당신이 구축한 POP는 당신이 자신감 있게 더 많은 행동을 취한다면 성장에 대한 당신의 욕망을 충족시키고 행운을 증진시키도록 돕는다. 그것은 직업적 정체성과 개인적 정체성의 차원에서 당신의 꿈이 당신의 미래가 되도록 밀어붙인다. POP를 구축하는 것은 당신 자신을 허슬로 들어가도록 허용하는 것이다. 그리고 만약 당신이 꿈을 소유하고 모험을 감행하고 '되고자 욕망하는 사람'으로 성장하길 원한다면 POP 구축은 당신이 반드시 해야 할 일이다.

모든 것을 압도하는 한 가지 습관: 10분 법칙

POP를 만드는 것이 야생동물을 길들이는 것처럼 불가능에 가까운 일이라는 인상을 당신에게 줄지 모르겠다. 그렇지 않다는 것을 당신이 알기 바란다. POP를 공들여 만듦으로써 그 과정에서 허슬을 위한 강력한 방법을 습관으로 만들 수 있다. 그저 하루에 10분만 투자하면 된다.

인생이 우리(저자들)에게 가르쳐준 것이 있다면 '시동을 거는 것이 가치 있는 무언가를 실행함에 있어 가장 어려운 단계'라는 것이다. 좋은 아이디어를 찾는 것이 아니고, 실행하는 것도 아니다.

당신의 삶에 대해 생각해보자. 저녁 식사 후의 설거지와 같은 일상적인 일이거나, 알람을 끈 채 다시 잠들지 않고 새벽 5시에 곧장 일어나 달려나가는 것이나, 허슬에 관한 책을 쓰는 일이나 모두 실제로 실행할 때보다 상상을 할 때 훨씬 더 고통스럽게 느껴진다. 항상 그래왔고 앞으로도 그럴 것이다.

헬스클럽에 가야 한다는 생각을 하며 얼마나 많이 앓는 소리를 냈던가? 고작 7분만 운동하면 틀림없이 기분이 최고에 달할 거라는 걸 알면서도 당신은 처음에 왜 그렇게 주저했을까?

정말 우스꽝스럽지 않은가? 하지만 인간이기 때문에 그렇다. 습관에 관해서는 비이성적 존재인 인간은 자신이 원하는 것을 하기 위해서 일상생활의 작은 단절들 — 휴식을 취하려고 일찍 잠자리에 드는 것, 내리 14일 동안 속이 더부룩할 때 건강에 좋은 식사를 선택하는 것, 조용한 시간을 마련해 독서하는 것, 쓰지 않는 전자 장비의 플러그를 뽑는 것, 귀찮게 따라붙는 업무와 집안일을 처리하는 것 등 — 을 뒤로 미루는 경향이 있다.

스스로 초래한, 피할 수 없는 저항의 감정(이를 '안티 허슬Anti-hustle' 이라고 부르자)을 완화시키기 위한 간단한 해결책이 있다. 너무나 간단해서 놀랄 정도다.

처방은 10분 법칙10 Minute Rule이다. 생각에만 머물면서 미루지 말고 당신을 움직이는 무언가를 아무것도 따지지 않고 그저 10분만 해보라는 것이다.

10분 동안 하고, 그다음에 판단하라(10분 동안 판단하라는 말이 아니다. 절대 그렇게 하지 마라).

실행하고 싶은지 아닌지 스스로에게 묻지 마라. 계획하지 마라. 대신 씩씩하게 걸어서 헬스클럽으로 가라. 그리고 운동 기구를 집어 들어라. 그냥 하라. 10분만 하면 된다. 가서, 바로 시작하라!

내일 아침 미팅에 필요한 발표자료를 만들어야 하는데 스마트폰으로 핑퐁Ping-Pong 같은 게임을 하거나 웃긴 '움짤(움직이는 GIF 이미지-옮긴이)'을 찾으려고 페이스북과 트위터를 뒤지고 있다면, 자세를 바로하고 한 가지만 집중하라. 발표 자료에 담을 핵심 메시지, 당신이 알리고 싶은 요점을 써나가라. 10분 안에 하라. 필요하다면 스마트폰이나 시계로 카운트다운을 설정하라.

이것이 생산적으로 그 순간에 집중하게 하는 간단한 방법이다. 실행하는 데 10분 법칙을 적용하면, 시간을 절약하고 두통을 없앨 수 있을 뿐만 아니라 생각만 하고 아무것도 하지 않으려는 경향을 피하도록 함으로써 어떻게 우선순위를 정하고 어떻게 자원과 에너지를 배정해야 하는지 재빨리 의사결정을 할 수 있다.

10분 법칙의 장점

10분 법칙을 적용해서 수많은 장점을 알아냈지만, 우선은 세 가지 주요 장점만을 소개하고자 한다.

1. 빠르게 완료할 수 있다: 중요하고 필수적인 것-하지만 짜증스러운 것-을 해야 하는가? 즉시 그 일을 하라. 바로 지금. 딱 10분만 하

면 된다. 해야 할 몇 가지 사항들을 짧게 적어보고 달력이나 '할 일 목록to-do list'에 기록한 다음, 하나씩 선택해서 바로 시작하라. 해야 할 전화가 있다고? 빙긋 한번 웃고 번호를 눌러라. 보내야 할 이메일 이 있다고? 휴 포레스트가 그렇게 하듯이 바로 써서 보내라. 제안서 를 써서 고객에게 보내야 한다고? 바로 작성하라. 새로운 사업을 따 내기 위한 제안 발표를 연습해야 한다고? 10분 동안 거울 앞에서 서서 연습하라. 계약을 마무리하기 위해 짧은 미팅 일정을 정해야 한 다고? 당신의 일정과 고객의 일정을 감안하여 구체적으로 시간을 정 하라.

오늘 반드시 해야 하는 일이 있다면 나중보다는 지금이 낫다. 그 러니 바로 시작하라. 그러면 어느새 끝나 있을 것이다. 10분 법칙을 가동시키면서 하루를 시작해보라. 그리고 일주일 동안 10분 법칙이 당신의 발전에 어떤 도움을 주었는지 살펴보라.

2. 자유롭게 집중할 수 있다: 과중한 업무가 주는 압박 때문에 주 의를 기울일 수 없다고 느끼거나 무력감을 느끼는가? 아메리칸 익 스프레스American Express 택배비를 따져보느라, TMZ(유명인사의 동 정을 소개하는 웹사이트-옮긴이)를 훔쳐보느라, 그리고 응답해야 할 문자 메시지와 소셜 미디어 초대가 감당할 수 없는 수준이라 정신 이 없는 상태인가? 10분 법칙을 사용하여 방해받지 않으면서 한 번 에 한 가지 일에 집중하라. 끌려다니지 말고 그 일의 주인이 돼라. 이 말은 올바른 자세로 앉았거나 똑바로 선 다음 천천히 숨을 내쉬면

서 손에 든 업무에 집중하라는 뜻이다. 스마트폰을 가지고 일을 한다면, 일을 하기 위한 바로 그 앱만 열어라(다른 앱은 열지 마라). 다른 도구를 가지고 일할 때도 마찬가지다. 한 번에 한 가지 일만 하라. 숨을 들이쉬고, 그 일에 집중하고, 그 일을 완료하라. 바로 그 일만. 당신의 운명 전체에 통제력을 발휘하려면 10분 법칙을 명심하라.

3. 갈등 없이 인내력을 발휘할 수 있다: "제일 중요한 건 행동이다."라는 말이 있다. 10분간의 집중을 정신수양이라고 생각하라. 10분 법칙은 정신에 집중하며 수양하는 참선과 비슷하다. 그것은 개인적 판단을 하지 않으며 짧은 시간 안에 효과적인 아웃풋을 내는, 일종의 명상이다. 당신은 '실행이라는 사찰'에 속한 수도승이다. 비록 사무실 파티션 안에 갇혀 있을지라도 매일 기회를 추구하며 작지만 의미 있는 성과를 얻어가는 수도승인 것이다. 당신이 의문이나 문제 해결, 혹은 장기적인 기회 탐색을 진짜로 원하는지 결정한 후라면, 10분이라는 짧은 시간은 당신을 집중적이고 엄격한 조건하에 놓이게 해준다. 우리(저자들)는 사무실에 '방해하지 마시오. 나는 실행이라는 사찰에 있습니다'란 문구를 적은 사람을 알고 있다. 당신도 그렇게 하지 말라는 법은 없다.

POP의 네 가지 요소

이 책을 쓰기 위해 연구하면서 우리(저자들)는 우리 자신이 만든 성공 모델뿐만 아니라 동료들, 검증된 기업가들, 경험 많은 전문가들, 잘나가는 조직들의 성공 모델들을 두루 살펴보았다. 또 전문가들에게 자문을 구하고 많은 책들과 온라인 자료들, 과학적 데이터를 주의 깊게 읽었다. 또한 선구자적인 사상가들과 세계를 진보시키는 데 앞장서는 사람들과 토론을 벌이기도 했다. 그리고 우리 자신의 경험을 되돌아보면서 처음에는 답하기가 어려웠던 질문들을 서로에게 물었다.

시행착오 끝에 우리는 성공적으로 현실을 돌파해나가면서 돈, 의미, 추진력을 구축하는지에 관한 진실을 작고 단순한 모델로 정리할 수 있었다. 이 모델은 경력이 마치 파이 조각처럼 4개의 핵심 요소로 구성되어 있다는 점을 분명히 보여준다. 당신의 미래를 개선하거나 망가뜨리는지, 성장을 지속시키거나 억압하는지, 타인의 삶에 엄청난 기여를 하는지가 이 모델로 압축되어 있다. 당신의 POP는 잠재력Potential, 사람People, 프로젝트Projects, 증거Proof로 구분할 수 있다. 이 네 가지는 허슬을 통해 채워넣어야 하는 바구니들이다. 순서와 상관없이 채울 수도 있고 당신이 정한 순서에 따라 채워넣어도 관계없다. 얼마나 넣어야 하는지도 선택하면 된다. 이 모델이 우아한 이유는 당신이 어느 상황에 있든지 간에 당신은 이미 이 네 가지 바구니를 채워나가고 있을 거라는 점이다.

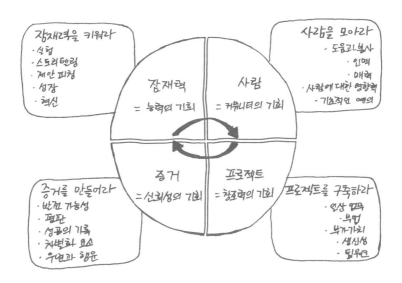

POP : 당신의 개인적 기회 포트폴리오

　1. **잠재력:** 대부분의 경우, 단순히 직업적 정체성과 이력서의 내용만을 근거로 채용되지는 않는다. 그런 것들도 중요하지만, 고용주에게 더 중요한 것은 보이지 않는 '품질(역량)'과 아직 드러나지 않은 가치와 가능성이다. 고용주들은 지원자에게 성장의 여지가 있는지, 회사에 열정적인 기여를 할 잠재력이 있는지를 직감한다. 일자리를 얻고 프로젝트를 딴다는 말은 당신의 잠재력을 회사 혹은 고객의 니즈와 일치시킨다는 뜻이고 그들이 해결할 수 없는 문제를 대신 푼다는 의미다. 당신의 미래는 능력에 달렸다. 잠재력 바구니는 새로운 재능을 발견해야 하고 다음 단계로 나아가는 데 필요한 강점, 성장력, 자율성, 자기 주도력, 목적을 규명해야 한다는 점을 강조한다.

예를 들어보자. 닐은 매달 새로운 제품 분야에 대한 스킬을 연마하는 데 초점을 맞춘다. 그는 일종의 실험을 수행하여 대중의 반응을 통해 무엇이 들어맞고 무엇이 그렇지 않은지를 평가한다. 이를테면, 건강보조식품이나 시장에 나온 새로운 기술제품에 대해서 블로그에 글을 올려 사람들의 방문을 유도하거나 자동차 업체를 위해 새로운 마케팅 콘셉트를 테스트한다.

패트릭은 '잠재력 키우기'의 적극적인 주인공이다. 오디오 기술 분야의 스타트업을 경영하는 그는 오전 9시 30분에 계약을 따내기 위한 제안 피칭을 한다. 정오가 될 때까지는 발표자료를 작성하거나 기업고객들을 컨설팅하기 위한 기회에 대해 이야기를 나눈다. 그리고 그가 해야 할 말을 다듬는 데 오후를 보낸다.

당신의 잠재력을 파악하는 것은 '지금의 나'에서 '되고 싶은 나'로 어떻게 옮겨 가느냐의 문제를 해결하는 데 도움이 된다. 잠재력을 파악하면 궁극적으로 좀 더 깊은 목적을 지닌 '나'로 안내 받을 것이다. "나는 항상 진행 중입니다."라고 자신 있게 말하라. 그러면 당신의 독특한 스킬, 재능, 숨겨진 행운hidden luck*, 자세, 자원들이 드러날 것이다.

2. 사람: 당신의 일과 삶 속에서 기회와 행운의 가장 강력한 원천은 무엇인가? 당연히 그것은 당신과 다른 사람들이지 않겠는가! 사

---

* 제임스 오스틴 박사가 설명한 행운의 네 가지 유형 중의 하나. 숨겨진 행운은 바로 당신 앞에 숨겨진 패턴을 알아봄으로써 만들어진다.

람 바구니가 전하고자 하는 요지는 바로 이것이다. '현실과 온라인 커뮤니티에서 당신이 형성한 관계는 당신과 다른 사람들을 위한 기회를 창출할 수 있다.' 사람 바구니라는 말에서 '사람'이란 당신이 아는 사람과 알아야 할 사람을 모두 가리킨다. 다시 말해, '사람'은 당신이 가진 사회적 자산의 총합, 즉 개인적이고 직업적인 인맥의 폭과 깊이를 뜻한다.

사람 바구니에서 이보다 더 중요한 것은 다른 사람들의 니즈와 바람, 삶과 일에 기여하려면 어떻게 커뮤니티 내에서 활동해야 하고 어떻게 커뮤니티를 운영해야 하는가다. 다른 사람들에게 봉사하고 그들을 여러 사람들과 연결시킴으로써 말이다. 당신은 사람들과 기회를 연결시키는 일종의 다리 역할을 해야 한다. 사람은 커뮤니티를 구축하기 위해 당신이 행한 일의 '순수한' 결과물이다.

닐은 매일 사람 바구니에 집중한다. 어디 있든지 상관없이 그는 문자 그대로 '엘리베이터 피칭'을 이웃과 손님들에게 끊임없이 시도한다. 패트릭은 사람들과 프로젝트를 이어주고 기이한 능력을 가지고 있다. 그는 기회를 알게 되면 언제든지 사람들에게 적극적으로 소개한다. 닐과 조나스를 이어준 사람도 그였다.

3. 프로젝트: 당신이 현재 하는 일과 그 일을 하는 방식은 당신에 대해 매우 개인적인 것을 말해준다. 즉, 당신을 독특하고 흥미롭고 주목할 만하게 만들어준 여러 선택뿐만 아니라, 당신의 관심과 고도로 일을 실행하는 당신의 능력을 보여준다. 당신이 관여하는 프

로젝트는 '행동에 대한 진술서'라고 볼 수 있다. 당신이 씨름하는 모든 프로젝트는 당신이 창업자이든 초급 사원이든 관계없이 어떤 식으로든 당신의 가장 강한 스킬과 능력을 보여주기 때문에 중요하다. 모든 직업은 의미가 있다. 프로젝트 바구니는 당신이 연마하고자 애쓰는 스킬에 적합한 일을 어떻게 찾아야 하는지를 말한다. 또한 당신이 능력 있고 창의적인 행동가임을 충분히 보여주면서 업무를 수행하는지를 가리킨다.

프로젝트는 당신이 돈과 의미와 추진력을 구축하면서 허슬을 지속시키는 방법을 일컫는다. 프로젝트를 통해 당신은 행동, 아웃풋, 결과물을 통해 추진력을 유지하기 위해 돈을 버는 것은 물론이고 당신을 움직이는 무언가를 실행에 옮기는 것이라고 말할 수 있다.

닐은 기존의 스타트업을 경영하는 것부터 새로운 기업을 제안하고, 온라인 트래픽을 유도하고, 새로운 블로그 글을 업로드하고, 수백 통의 이메일에 답변하는 등 매일 여러 개의 프로젝트에 집중한다. 조나스는 복잡성이 서로 다른 다섯 개의 새로운 프로젝트를 매달 살피면서 자신의 스킬, 관심, 재능에 가장 적합한 하나를 선택한다. 그리고 그의 가치를 일치시킨다. 프로젝트는 일상 업무나 경력상에서 다양한 실험을 통해 당신의 창의력을 표현하는 방법부터 현재 하고 있는 부업(사이드 프로젝트) 등 모든 것을 의미한다.

4. 증거: 무엇보다 증거 바구니는 당신의 신뢰성을 알려주는 최종적인 문장, 즉 당신에 대한 평판을 말해준다. 그것은 당신이 노력으

로 얻은 열매가 무엇인지 다른 사람들이 실질적으로 증언할 수 있도록 해준다. 증거는 두 가지의 주요 문제를 해결해준다. 바로 직업적 문제와 개인적 문제다. 직업적으로 볼 때, 증거는 당신을 다른 사람들과 구별해주고 당신이 발휘할 능력을 분명하게 보여준다. 말재주가 좋은 사람들이 대부분인 세상에서는 증거로 보여주는 것이 최고 아니겠는가? 개인적으로 볼 때, 증거는 당신으로 하여금 세상을 향해 명백하게 말할 수 있도록 해준다. "나는 X를 만들었어." "내가 Y를 했지." "Z를 만든 사람은 나야."라고 말이다. 증거는 당신의 가치를 높인다. 잘만 된다면, 증거는 다른 사람들에게 영향력을 행사하고 그들을 열광시키는 일종의 플랫폼이 된다.

(중요하니까 한 번 더 보자!)

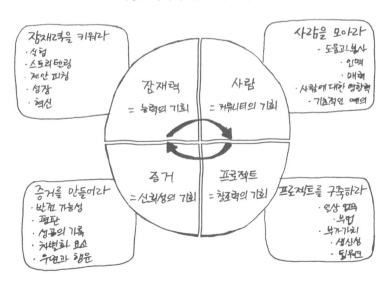

닐이 운영하는 블로그 '퀵스프라우트'가 탁월한 사례다. 매달 수백만 명의 방문객을 끌어들이고 가치 있는 콘텐츠를 제공하며 적극적인 피드백을 이끌어내는 이 블로그는 닐의 업적과 성공을 보여주는 증거다. 패트릭의 저서 『린 기업가The Lean Entrepreneur』는 여러 언어로 번역 출판되었고 전 세계 수많은 독자들의 사랑을 받았으며 뉴욕타임스 베스트셀러에 이름을 올렸다.

무엇이든 창조하는 활동은, 비유하자면 우주를 상대로 반란을 일으키는 것과 같다. 우주는 엔트로피를 향해, 더 큰 무작위성을 향해, 더 많은 무질서를 향해 가려는 경향이 있다. 새로운 것을 창조함으로써 증거 하나를 만들어냈다면, 당신은 엔트로피를 감소시키고 질서를 증가시킨 것이다. 이것이야말로 모든 인간들이 기다리는 신호이고, 로마의 판테온과 같은 고대 건축물을 보며 경탄하는 이유다. 서기 126년에 로마 황제 하드리아누스Hadrian의 명령으로 건설된 이 신전은 인상적이고 웅장한 돔으로 유명하다. 지어진 지 거의 2,000년이나 흐른 지금까지도 가장 큰 돔으로 남아 있다.

증거는 연금술과 같다. 그것은 '2+2=5'가 되도록 한다. 판테온 신전은 사실 수많은 고대 로마 건축물들 중 하나일 뿐이지만 한번 안으로 들어서면 어쩔 수 없이 경외감에 사로잡힌다. 판테온이라는 건물 자체는 우주의 무신경함에도 불구하고 그것을 만들어내고 창조해낸 '만든 자'의 능력을 보여주는 반박할 수 없는 증거이다. 판테온과 같은 위대한 건축물을 만들라고 당신에게 요구하는 것은 아니지만, 다른 사람들이 당신의 창조 능력을 직접 경험하도록 하고 무엇

보다 협력자, 친구, 동료, 행운, 기회를 당신만의 방법으로 끌어들일
수 있는 생생한 증거를 만들어야 한다.

기업가 일론 머스크는 트위터에 다음과 같은 글을 남겼다.

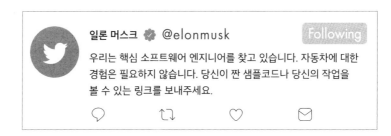

일론은 이력서를 달라고 하지 않았다. 그는 증거를 원했다.

증거는 당신이 지닌 자기 의심self-doubt을 떨쳐 버리고 다른 사람
들의 회의주의 혹은 저항을 막아내는 방법이기도 하다. 증거를 통해
당신의 일을 펼쳐 보인다면, 읽히지 않는 이력서를 들고 벌이는 무
한경쟁에서 빠져나올 수 있다. 증거는 기회를 끌어당기는 자석과 같
다. 이렇게 증거는 "내가 왔노라!"라고 분명하게 말하며 사람들을 당
신에게 끌어당긴다.

요약하면, POP의 네 가지 바구니는 당신에게 잠재력의 형태로 능
력을, 사람의 형태로 커뮤니티를, 프로젝트의 형태로 창조력을, 증
거의 형태로 신뢰성을 부여한다. 그것들을 이루려면 집중력과 위기
감, 야망과 낙천주의 그리고 열정이 필요하다. 그것들이 인생의 나
머지 시간 동안 당신의 추진력을 지속시킬 것이다. 명심하라. 당신

은 적어도 77.98세까지 살 가능성이 있다. 아마 81.24세일지도 모른다. 아직 가야 할 길은 멀다.

이제 당신은 '이것이 POP를 구성하는 바구니다'라는 설명을 읽고서 '너무나 자명한 것 아닌가?'라고 생각할지도 모르겠다.

물론 그렇다!

'그래, 나는 증거 바구니를 채워서 나의 신뢰성을 강화할 필요가 있어.'라고 생각하나? 혹은 '이봐요, 나는 내가 도와줄 수 있고 반대로 나에게 기회를 연결시키도록 도와줄 거물을 만나지 않고서는 아무것도 할 수 없다고.'라고 단정짓고 있거나.

아니면, '프로젝트는 나와 같은 사람들을 위한 기회의 생명선이지. 그래, 맞아. 나는 내 창의력을 표현하고 내 일상을 일로 채우고 싶어. 물론 나를 바쁘게만 만드는 일이 아니라, 내 인생을 자극, 도전, 배움으로 채워주고 내게 소득을 안겨주는 그런 일 말이야. 그리고 물론, 나는 성장이 필요하다고 생각해. 새로운 기회를 찾지 않거나 지금껏 건드리지 않았던 내 장점을 발견할 수 있는 영역을 찾지 못하면 내게 성장은 없겠지. 나의 잠재력을 탐색하지 않고서 내가 진정으로 잘 해낼 수 있는 것을 어떻게 알아낼 수 있겠어?'라고 생각할 수도 있다.

자명하다 해도 때때로 눈에 잘 보이지 않는 법이다. POP는 당신의 허슬이 눈에 보이는 형태를 갖추도록 하고 시간에 따라 당신이 행하는 것을 관찰하고 측정하는 한 가지 방법으로, 목표 달성이 가능한 전략적 방법을 깨닫도록 해준다. POP의 미덕은 그것이 '습관성'이라는 점이다. 그것은 당신이 꿈을 소유하는 데 필수적인 구성 요소이며, 삶의 표면 아래에 있는 '자기 투자self-investment'의 요소다. 앞에서 우리(저자들)는 숨겨진 행운을 겉으로 드러내고 아무도 관심을 두지 않는 곳에서 보이지 않는 것들을 보는 것—기회를 찾는 것—에 대해 언급한 바 있다. POP를 만들면 당신이 생각한 것보다 돈, 의미, 추진력에 대해 더 많은 기회를 발견할 것이다.

POP가 투자 포트폴리오와 비슷하다는 것을 우리(저자들)가 다른 곳에서 실수로 찾아냈다는 것이 아이러니라면 아이러니랄까? 당신은 남에게서 빌려온 꿈과 덜 중요한 삶에 에너지를 집중시키면서 의미 없고 소모적인 일을 반복하며 시간을 낭비한다. 혹은 당신은 당신이 통제할 수 없는 주식시장과 같은 곳에 돈을 쏟아붓고 있을지 모른다. 상당히 주의를 기울이지 않으면 두 가지 경우 모두 크게 잃을 수 있다. 그렇다면 의미 있는 투자에 전념하고 당신이 바라는 일을 성사시키며 스스로의 꿈을 소유하는 데 왜 더 주도적으로 나서지 않는가?

우리(저자들)는 당신만의 POP와 당신이 원하는 삶의 방식을 설계하는 것에 대해 보다 전략적으로 사고하도록 요구한다. POP는 당신이 만들어야 하는 것이고, 당신이 세상에 전해야 하는 것이며, 당신이 얻어내야 하는 것이다. POP는 무한한 잠재력의 원천이다. 이제 파고들어야 할 시간이다.

이어지는 장에서 우리(저자들)는 당신을 개별적인 바구니로 보다 상세하게 안내하면서 당신이 더 좋고 더 효과적이며 더 행동 가능한

POP를 만드는 데 필요한 팁을 알려줄 것이다. 당신이 목표를 달성하고자 할 때, POP는 당신이 행하는 모든 것들을 위한 초점이 될 것이다.

연습: 간단한 POP 차트 분석

당신의 일과 삶에 대해 생각하고자 한다면, POP를 네 조각으로 나눈 파이처럼 시각화하라. 그리고 조각마다 POP의 핵심 요소를 기입하라. 이것이 바로 'POP 차트'다.

네 조각 각각에 적용할 수 있는 좋은 예시는 무엇일까? 아직 잘 알지 못한다면, 다음에 이어지는 질문들을 잘 보고 스스로 답해보라. 아이디어를 도출하고 그것을 POP 차트에 채워넣어라.

1. 잠재력
- 어떤 스킬과 재능을 키우고 싶은가?
- 관심을 두고 있는 '실험'이 있다면 무엇인가?
- 그런 관심을 탐색하기 위해 무엇을 하고 있는가?
- 당신의 강점을 강화하고 있는가?
- 지난 2년간의 삶을 되돌아보라. 어떤 강점이 당신에게 드러났고, 어떤 강점에 가장 큰 관심을 가졌는가? 그리고 직업적으로, 개인적으로 개발하는 데 매진했던 강점은 무엇인가?

2. 사람

- 당신의 인맥 안에 당신이 기회를 연결시켜준 중요한 사람이 있다면 누구인가? 어떤 일이 생겼는가?
- 누가 당신을 기회에 연결시켜주었는가?
- 개인적·직업적 삶 속에서 당신은 어떤 인맥 속에 있는가? 어떤 인맥을 갖고 싶은가? 당신이 일원으로 참여하고 싶은 조직이 있는가?
- 당신이 더 많은 기회를 드러내거나 새로운 방식으로 기회를 바라보도록 도와줄 사람이 구체적으로 있는가?

3. 프로젝트

- 소득을 창출할 수 있는 활동은 무엇인가?
- 당신의 프로젝트에서 어떤 점이 창조적인가?
- 주도적으로 하고 있는 사이드 프로젝트—주업은 포함시키지 말고—는 무엇인가?
- 지금 수행하는 프로젝트 중에서 당신의 호기심을 충족시켜 주는 것은 무엇인가?
- 사람들의 이목을 끄는 부업을 개발할 수 있는가?

4. 증거

- 당신이 현재 가지고 있는 증거는 무엇인가? (만약 이 질문의 답이 이력서라면, 다음 질문들을 계속 이어가라.)

- 다른 사람들은 당신이 창조적인 능력을 가졌음을 어떻게 직접적으로 알아보는가?
- 당신이 지금껏 기여했던 주요 업적이나 프로젝트는 무엇인가?
- 그 업적이나 프로젝트는 어디에서 찾아볼 수 있나?
- 그 업적이나 프로젝트는 당신과 당신의 팀, 당신의 회사에 어떤 영향을 끼쳤는가?
- 이런 증거가 어떻게 승리나 성공을 나타내는가?
- 당신을 개인적으로나 직업적으로 다른 이들과 차별화시키는 것은 무엇인가? 무엇이 당신을 더 독특하고, 더 차별적이며, 더 특별하게 만드는가?
- 만약 당신에게 어떤 증거도 없다면, 무엇이 당신을 움직이는가? 당신은 무엇을 하고 있는가?

10. 잠재력은 당신을 차별화시킨다

"어렵기 때문에 감히 시도하지 못하는 것이 아니다.
감히 시도하지 못하기 때문에 어려운 것이다."

- 세네카 Lucius Annaeus Seneca

잠재력에도 '콜슬로'가 필요하다

자부심 높은 레스토랑에는 셰프의 대표 메뉴가 있기 마련이다. 그 요리가 셰프, 투자자, 동업자뿐만 아니라 대중매체를 흥분하게 만들고 제정신이 아닌 상태에 이르게 한다.

　로스앤젤레스의 '파더스 오피스Father's Office'에서 100퍼센트 '드라이 에이징dry-aged(건조 숙성)'된 고기 위에 아루굴라arugula(지중해산 샐러드용 야채로 루꼴라의 일종-옮긴이), 달콤하게 갈색으로 볶은 양파, 블루치즈를 얹은 최상의 버거가 당신의 입술과 접촉하는 순간을 상상해보라. 또, 진정한 남부 스타일의 음식임을 뽐내듯이 텍사스 오스틴의 힐스 카페Hill's Cafe에서 걸쭉한 화이트 베이컨 그레이비white bacon gravy(돼지고기 육즙에 밀가루 등을 섞어 만든 소스-옮긴이)를 잔뜩

부어 내놓은 치킨 프라이드 스테이크는 어떤가?

이 두 가지 대표 요리는 셰프가 발휘할 수 있는 최고의 의지를 반영한다. 두 요리는 더 많은 지지자들을 계속 불러들이는데, 이것이 두 레스토랑의 버팀목이 된다. 이것은 '잠재력'이라는 개념과 아주 흡사하다.

하지만 '오피스 버거'나 전설적인 치킨 프라이드 스테이크 말고도 더 많은 메뉴가 있다. 언제든지 찾아가서 그 외에 다른 스무 가지 이상의 요리를 주문할 수 있다.

레스토랑은 각각의 손님들이 대표 요리를 알아서 찾아내기를 바란다. 하지만 손님들이 그렇지 못하거나 다른 요리를 선택하고자 한다면, 레스토랑은 기꺼이 그들이 좋은 선택을 하도록 도와준다. 어떤 웨이터든 자기네 레스토랑의 모든 요리가 뛰어나다고 말한다면 거짓말을 하는 것이다. 솔직한 웨이터라면 '벤치워머bench warmer(경기에 자주 출전하지 못하고 벤치를 지키는 선수를 일컫는 말, 여기서는 메뉴판에는 있으나 대표 메뉴는 아닌 요리-옮긴이)'들과 슈퍼스타를 구분해서 말해줄 것이다. 공식적으로 파더스 오피스와 힐스 카페의 음식은 경이로운 수준이지만, 좋은 메뉴 구성이란 몇 종류의 뛰어난 요리와 함께 평균적으로 괜찮은 요리를 포함시킴으로써 선택의 다양성을 부여한다는 뜻이다.

그래서 이런 측면 역시 잠재력과 유사하다. 당신은 많은 것을 할 수 있다. 어떤 것들은 꽤 좋게, 어떤 것들은 그런대로 괜찮게, 또 어떤 것들은 별 볼일 없는 수준으로 하겠지만, 어쨌든 당신은 그것들을 모두 시도는 해볼 것이다. 그러나 또한 당신은 당신만의 슈퍼파워superpower, 즉 재능과 강점을 지니고 있다. 그 재능과 강점이 바로 당신의 대표 메뉴다.

당신의 대표 요리는 계약을 협상하거나 킨들Kindle(아마존이 만든 이북e-book 리더-옮긴이) 독자 대상으로 반反이상향의 공상과학소설을 쓰기 위한 당신만의 강력한 본능일 수도 있다. 아마도 당신은 디지털 마케팅의 심리학을 이해하거나 시카고 다운타운에 상업용 사무 공간을 임대하는 데 달인일지 모른다. 당신은 당신의 슈퍼파워를 반드시 계속해서 구축해야 한다. 하지만 당신은 또한 현재 강점도 아니고 약점도 아닌 '보완적 스킬'을 가지고 그 강점을 강화할 필요가 있다. 당신의 POP는 장기간에 걸쳐 지속되도록 만들어져야 한다. 그러므로 당신은 하나의 강점 말고도 잠재력을 설계해야 한다. 그래야 '별난 리스크'를 상당 부분 막을 수 있다.

만약 당신이 아트 디렉션art direction에 유능한 크리에이티브 디렉터라면, 어디에서 당신의 스킬을 확장할 수 있을까? 사운드 디자인에서? 아니면 카피라이팅에서? 그것들을 합치면 당신의 '스킬 세트'는 좀 더 다양해지고 남들과 차별화가 된다. 당신이 3D 모델링에 능숙한 엔지니어라면, 세일즈의 기초를 배우면 어떨까? 유용하지만 따분한 '계약 검토의 기술'은 물론이고 말이다.

새로운 스킬을 가지고 강점을 강화하는 것의 가장 특이한 점은 그 스킬에 능숙할 필요가 없다는 것이다. 새로운 스킬은 마치 패트릭이 가장 좋아하는 바비큐 레스토랑에서 소고기 양지머리에 곁들여 나오는 콜슬로coleslaw와 같다. 양지머리 요리는 환상적이지만 콜슬로는 그냥 평범한 수준이다. 아무도 콜슬로 때문에 레스토랑에 오지 않는다. 하지만 따뜻한 가슴살 요리와 차가운 콜슬로는 절묘한 한 쌍이 된다.

잠재력에 더할 수 있는 것을 찾는 것은 공짜 점심과 같다. 당신은 그것이 무엇인지 찾아야 한다.

비밀 방정식: 보통의 것 + 보통의 것 = 놀라운 것

〈딜버트Dilbert〉란 만화를 연재하는 스콧 애덤스Scott Adams는 그의 다양한 스킬 세트가 성공적인 경력의 핵심이라고 주장하며 이렇게 말했다.

"〈딜버트〉의 성공 비결은 여러 스킬들을 독특하게 조합하는 데 있습니다. 글쓰기와 유머, 미술, 비즈니스에 평균적인 스킬을 지닌 사람의 이름을 말할 수 있나요? 그런 조합은 드물죠. 개인적으로, 내가 가진 스킬들은 그 어느 것도 세계적인 수준에 전혀 가깝지 않습니다. 하지만 조합하면 시장에서 강력한 힘을 만들어낸답니다."

애덤스를 유명하게 만든 것은 단 하나의 특출 난 스킬이 아니었다. 그보다는 몇 개의 스킬들을 조합한 데 있었다. 더욱이 그 스킬들은 죄다 놀라울 정도로 평범한 것들이었지만 그가 독특한 위치를 잡아 성공할 수 있도록 해주었다. 본질적으로 애덤스는 좋게 말해 팔방미인, 나쁘게 말해 특별히 잘하는 게 없는 사람이다.

애덤스는 자신에게서 세계적 수준의 재능이라고는 눈곱만큼도 찾을 수 없지만 지금껏 믿을 수 없을 정도로 성공을 구가해왔다고 주장한다. 이것이 바로 사람들이 '달인의 광기Madness of Mastery'*와 '완벽주의자 위험'에 대해 그토록 발작적으로 반응하는 이유다. 만약 당신이 루크 스카이워커이고 몇몇 측면에서 세계적 수준의 재능을 발휘한다면, 무슨 수를 써서라도 그 세계적 수준의 재능을 당신에게 더 많은 돈, 의미, 추진력을 창출하도록 돕는 유일한 수단으로 바꾸어 놓아라. 하지만 만약 당신이 대부분의 사람들처럼 록키 발보아에 더 가깝다 해도 그것이 2등 자리밖에 차지하지 못할 운명이라는 뜻은 아니다. 사실, 스콧 애덤스가 그랬듯이, 당신이 더해 나가는 추가적인 스킬은 당신의 성공 확률을 더욱 높여준다(이것을 과학적으로 증명할 방법은 없지만, 당신의 동기를 높여줄 좋은 경험 법칙이다).

다양한 스킬 세트는 밧줄과 비슷하다. 따로 있을 때는 약하지만 여러 개의 줄을 하나로 땋으면 강한 밧줄이 되듯이, 스킬 하나가 아니라 여러 개의 스킬들을 조합한다면 당신은 독특해지고 더 강해진다.

스킬의 조합은 당신의 리스크를 경감시키고 노동시장의 변화에 당신이 탄력적으로 대응하도록 해준다. 평범하기 그지없는 스킬들을 조합하면 더 많은 시도를 할 수 있다.

---

* 스킬에 대한 숙달 자체가 스킬 획득의 목표가 되어버리면, '트로피'를 목표로 착각한다. 스킬을 통해 성취하고자 하는 것은 언제나 목표여야 한다. 스토리텔링 콘테스트에 나가 우승(트로피)하길 바라는가, 아니면 100만 달러짜리 계약을 성사시키는(목표) 스토리를 전하고 싶은가?

더 많이 시도하면 더 많은 행운이 뒤따르고 더 많은 '안타'를 치기 마련이다. 그리고 더 많은 돈, 더 깊이 있는 의미, 더 강한 추진력을 얻게 될 것이다.

그리즐리 곰에게서 살아남는 법

두 남자가 숲을 하이킹하는데 사나운 그리즐리 곰 한 마리가 나무 뒤에서 갑자기 나타났다. 그러자 한 남자는 배낭을 재빨리 던져버리더니 하이킹 부츠를 벗고 운동화로 갈아 신기 시작하는 게 아닌가?

다른 남자가 비웃으며 말했다.

"지금 어떤 상황인지 몰라? 그리즐리 곰보다 빨리 달릴 수는 없어."

신발을 갈아 신던 남자는 이렇게 대답했다.

"난 그리즐리 곰보다 빨리 달릴 필요는 없어. 너보다 빨리 달리면 되지."

오래된 농담인데, 아마도 고대부터 내려온 이야기이지 싶다. 이 이야기는 스킬 획득의 중요한 측면을 보여준다. 잠재력 바구니에 스킬을 추가하는 것은 비록 그 스킬이 최고 수준이라 해도 당신이 최고가 되기 위함이 아니다. 그것은 '적당히 능숙해질 만큼만 적당히 똑똑해지기 위해서'다.

잠재력은 힘 그 자체를 의미한다. 사실 잠재력을 뜻하는 영어 단어 'potential'는 힘을 뜻하는 라틴어인 'potentia'에서 유래됐다.

잠재력이 클수록 힘이 커진다. 그러면 어떻게 잠재력을 개발할수 있을까? 다음과 같은 네 단계를 따르라.

1. 다른 사람이나 나 자신이나 내면의 재능을 인식하는 데 특별히 능숙하지 못하다는 점을 인정하라.
2. 선천적인 재능을 표면 위로 떠올리려면 역동적이고 다양한 환경 속에서 여러 가지 프로젝트를 수행하라.
3. 보이지 않는 직무기술서를 간파하라. 진척 과정을 분석하고 추적하라.
4. 자신의 재능을 드러내라. 본질적인 강점에 투자하고 약점을 계속 무시하라.

대부분의 사람들은 성취를 위한 계획적인 방법은 고사하고 어떤 종류의 자기 탐색self-exploration이나 자기 구체화self-actualization의 기회를 가져본 적이 없다. 만약 당신이 이 네 가지 단계를 따른다면, 당신은 이미 지금껏 존재하는 모든 인간들의 90퍼센트를 앞서가는 것이다.

여기에다 당신이 강점과 재능을 깨닫고 자원을 투자할 곳을 안다면, 모든 인간들의 98퍼센트보다 앞서게 된다. 그리고 그리즐리 곰(완벽한 수준)이 아니라 다른 인간들보다 빨리 뛰겠다는 것을 늘 염두에 둔다면, 99퍼센트에 이르는 것―당신보다 더 잘해내는 사람이 1퍼센트밖에 없다는 뜻―은 깜짝 놀랄 정도로 쉽다.

성공의 80퍼센트는 일단 눈에 띄는 것이다

어떤 허슬러든 자신의 잠재력 요소에 추가할 수 있는 스킬들이 상당히 많이 있다. 그게 무엇이든 간에 달인 수준일 필요는 없다. 그 스킬을 가지고 무언가를 하면 그만이다. 그 스킬을 적용—아주 평범한 수준이라 해도—함으로써 당신은 즉시 거의 엘리트 수준의 성과에 이르게 된다.

영화감독 우디 앨런은 "성공의 80퍼센트는 일단 눈에 띄는 것이다."라고 말했다. 앨런의 유머에서 따와 우리(저자들)는 이렇게 쉽게 달성할 수 있는 스킬을 '앨러니즘Allenism'*이라고 부르기로 했다. 만약 당신이 '팔방미인 혹은 특별히 잘하는 게 없는 사람'을 칭찬으로 받아들이고 그런 스킬들을 한 가지 이상 배운다면—다시 말하지만, 평범한 수준으로 할 만큼만 배운다면—당신은 이길 것이다. 그의 가장 기초적이고, 유용하며 모든 허슬러들이 반드시 배워야 할 핵심적인 앨러니즘은 'ESP'다.

잠재력의 삼총사 ESP

잠재력 개발은 실험Experimenting, 스토리텔링Storytelling, 피칭Pitching, 즉

---

* '무언가를 행하는' 미덕을 통해 이득을 취하는 스킬이나 습관이다. 통달은 필요치 않다.

ESP라는 강력한 삼총사를 개발함으로써 이루어진다.

이 세 가지는 모두 이해하기 쉽고 실천하기 쉽다. 제너럴리스트의 툴킷에는 이 세 가지가 모두 들어 있어야 한다. 세 가지 모두 당신이 신경 써야 한다는 점만을 필요로 한다. 완벽함도 통달도 필요치 않다.

만약 당신이 ESP를 개발한다면, 당신은 리스크를 더 잘 평가하고 효과적으로 의사소통하며 사람들이 당신의 가격 제시를 받아들이도록 설득하는 등 '초자연적인' 장점을 갖게 될 것이다.

E: 실험

마음이 따뜻해지는 1993년작 영화 〈브롱스 이야기 A Bronx Tale〉에서 여자와 사랑에 빠졌다고 생각한 소니라는 이름의 이탈리아 조직 폭력배는 그 여자가 배우자감인지 아닌지를 알아보기 위해 한 가지 실험을 설계한다.

소니: 좋아. 내 말 좀 들어봐. 그녀가 있는 곳에 가까이 가는 거야, 알겠어? 차에서 내리기 전에 두 문을 잠그는 거지. 그리고 차에서 내려서 그녀에게 걸어간 다음 그녀를 차로 데리고 오는 거야. 열쇠를 꺼내 잠금장치를 풀고 그녀를 위해 문을 열어주면 그녀가 올라타겠지? 그런 다음, 문을 닫아주고 차 뒤로 빙 돌

아가면서 뒤쪽 창문을 통해 그녀를 살펴보라고. 만약 그녀가 몸을 일으켜서 운전석 쪽 문의 버튼을 올려주지 않는다면, 그녀를 차버리라고.

칼로게로: 바로 차버리라고?

소니: 잘 들어, 친구. 만약 그녀가 몸을 일으켜서 내가 탈 수 있게 버튼을 올려주지 않는다면, 그건 그녀가 이기적인 계집애라는 의미야. 지금까지 본 건 모두 가식이라는 뜻이지. 그녀를 빨리 차버려야 한다고.

의사결정을 위해 소니가 택한 실험은 완벽하다. 하지만 대부분의 사람들은 그렇지 못하다. 앞에서 지적했듯이, 사람들은 일반적으로 결정을 내리는 데에 자신이 인식한 장점과 단점을 종합하곤 하는데, 해를 끼치려고 잠복해 있을지 모르는 '숨겨진 살모넬라 균(알려지지 않은, 숨겨진 리스크)'을 완전히 놓치고 만다.

과학적 방법을 막 소개받은 아홉 살짜리 꼬마라고 생각해보자. 과학적 방법의 큰 부분을 차지하는 것은 실험이라는 개념이다.

실험이라는 말을 듣고 하얀 실험복을 입고 분젠 버너 위의 비커를 살펴보는 진지한 과학자들의 이미지를 떠올릴지 모르지만, 전혀 그렇지 않다. 허슬러에게 실험이란 무언가가 어떻게 움직이는지 예상하기 위한 방법이다. 자신이 옳다는 것을 확인하기 위해 그 무언가가 예상한 대로 작동할지를 테스트하는 상황을 설정하는 것이다.

만약 그것이 제대로 작동한다면, 당신이 그 일을 잘 이해하고 있음을 의미한다.

만약 그것이 제대로 작동하지 않거나 예상한 대로 되지 않으면, 그 일이 어떻게 돌아가는지를 이해하지 못한 것이다.

만약 상황을 잘 이해하지 못하는 거라면, 그것은 숨겨진 리스크를 수용할 좋은 기회인 셈이다.

잘못된 리스크와 이분법적 사고

우리의 뇌는 검은색과 흰색, 선과 악, 켜짐과 꺼짐, 긴 것과 짧은 것, 빛과 어둠, 큰 것과 작은 것, 록키와 루크 등 서로 반대되는 것들에 민감하게 반응하도록 설계되어 있다.

이를 '이분법적 사고binary thinking'라고 말한다. 이분법적 사고는 유치하고 부정확하며, 보이지 않는 것들을 보지 못하게 막는다.

매일 사람들은 회사를 다니든지 아니면 떠나든지, 지금 안 하면 절대 못한다, 지금 말하지 않으면 영원히 침묵하라 등 자신을 옭아매려는 '모 아니면 도' 같은 상황들에 직면한다.

이런 이분법적인 선택지들은 모두 한 가지 공통적인 특징을 갖고 있다. '모두 옳지 않다'는 것이다. 목적을 달성하는 데는 항상 세 번째, 네 번째, 혹은 다섯 번째 방법이 있다.

이분법적 사고는 너무나 자주 사람들을 잘못된 리스크를 수용하도록 강요한다. 2장에서 살펴봤듯이, 리스크는 나쁜 것이 아니다. 어떤 유형의 리스크인지, 특별히 '숨겨진 리스크'라면 그것이 얼마나 큰지를 파악해야 한다.

당신이 달려들기 전에 그 숨겨진 리스크가 모습을 드러내도록 하려면 어떻게 구슬려야 할까? 보이지 않는 것을 어떻게 볼까?

테스트하고 관찰하고 발견하라. 살균 처리된 실험실 속에서가 아니라 당신 삶의 모든 상황 속에서 실험하라.

N=1

'모 아니면 도'라는 이분법적 사고 대신에, 즉 100퍼센트 아니면 0퍼센트라는 판단 대신에, 'N=1 실험'을 설계하라. 'N=1'이란 말은 실험 참가자 수는 단 한 사람, 바로 당신뿐이라는 뜻이다.

허슬러로서 당신은 'N=1 실험'들을 통해 과학적 확실성을 기대해서는 안 된다. 당신이 세운 이론에 통계적인 근거를 제공하기 위해 무작위의 '이중 맹검 실험double-bling controlled experiment(실험자와 실험참가자 모두에게 특정 정보를 공개하지 않은 채 진행하는 실험-옮긴이)'을 실시할 필요는 없다.

당신은 그저 매일 벌어지는 상황들 속에서 리스크를 드러내도록 하면 된다. 헌신하겠다고 말하는 새 동업자가 과연 그렇게 할까? 그가 얼마나 헌신하는지 알려주는 실험을 고안하라.

당신에게 새로운 사업 아이디어가 생각났다고 하자. '모 아니면 도'이지 않은가? 사업을 시작하는 데 필요한 10만 달러를 마련하려고 주택 담보 대출을 받지 말고, 매출을 창출할 수 있는 능력이 당신에게 있는지 최소한의 자금만 가지고 실험해보라.

매일 미친 듯이 출퇴근해야 하는 직장에 들어가는 것보나 ㄱ 회사와 프리랜서 계약을 맺을 수 있지 않을까?

글루텐 없는 식사를 원하는가? 집 안에 글루텐에 '오염된' 모든 음식들을 죄다 없애기보다는 일주일에 한 번씩 글루텐 없는 식사를 해보고 어떤 기분이 드는지 살펴보는 게 좋지 않을까?

삶이라는 실험실 속에서 계속 실험을 실시함으로써 당신이 잘 알지 못하는 것들의 실체를 들여다보라.

실험 연습

인생의 어떤 영역에서 당신은 이분법적인 선택을 강요받고 있는가? 어느 한쪽을 수용하기보다는 그 상황을 잘 이해하기 위한 테스트를 고안하는 게 어떨까?

스킬 세트의 일부로서 실험하기는 '당신만의 경로로 곧장 나아가야 한다'는 또 하나의 중요한 목적을 이루는 데 도움이 된다. 부업, 인맥 쌓기 등을 통한 실험은 당신만의 독창적이고 우회적인 경로를 찾으려는 힘을 100배 이상 높여줄 것이다.

S: 스토리텔링

2015년에 패트릭은 벨기에 브뤼셀의 유럽연합 의회에서 '유럽의 기업가정신'을 주제로 열린 패널 토의에 참여했다. 그는 유럽 각국에서 온 다섯 명의 의원들과 한자리에 앉았다. 사회자가 예를 들어 "유럽의 기업가들을 구속하는 구조적·문화적 요소는 무엇입니까?"라는 질문을 던지면 패널 토론자들이 차례로 답을 하기로 되어 있었다. 모든 토론자의 답을 듣고 나서 다음 질문으로 넘어가는 식이었다.

우연히도 패트릭이 마지막 순서로 답변을 해야 하는 상황이었다. 그는 다른 패널 토론자들이 도무지 이해하기 어려운 '유럽 관료식 언어Eurocratese'*를 유창하게 구사하는 모습을 보면서 한편으로는 청중이 꼼지락거리고 스마트폰에 한눈을 파는 광경을 목격했다. 패트릭은 대부분의 청중이 자신에게 아무런 관심을 주지 않아 약간은 짜증이 났고 본인 앞의 기술관료들이 장황하게 늘어놓는 하나마나한 답변 때문에 지루해서 죽을 지경이었다. 그는 답변 차례가 되면 딱 30초만 이야기하고 끝내기로 했다. 그가 진짜로 그렇게 하자 청중은 스마트폰에서 눈을 떼고 그를 바라봤다. 몇몇 사람들이 빙그레 웃거나 웃음을 터뜨리기도 했다. 세 번째 질문에 이르자 패트릭은 자기의 답변을 기대하는 얼굴들을 볼 수 있었다.

사실 그의 답변이 특별히 좋았던 것은 아니었다.

패트릭은 즉흥적으로 답변했는데 사실 자기 앞에 앉아 있는 수천 명의 얼굴을 보고 겁을 먹었기 때문이었다. 그래서 그는 하고 싶은 말을 까맣게 잊어버리고 말았다. 답변의 구성뿐만 아니라 갈등, 절정, 결말로 이어지는 내용의 전개는 그다지 감동도, 재미도 없었다. 게다가 한번은 전하고자 하는 요지와 이야기를 전혀 연결시키지 못

---

* 유럽 관료들과 정치인들이 사용하는 비공식적인 언어. 뭔가 고급스러운 느낌이지만 그 의미와 의도를 이해하는 것은 어렵다.

하기도 했다. 패트릭은 진짜로 이렇게까지 말했다.

"제가 어디까지 이야기했죠?"

하지만 거의 기적처럼 그의 이야기는 청중에게 먹혀들었다. 패트릭의 짧은 답변을 듣고서 청중 사이에서 활기가 돌기 시작했을 뿐만 아니라, 행사가 끝나고 나서 그가 훌륭한 연사이며 즐겁게 그의 말을 경청했다는 소리를 여러 번 들었다. 패널들 중 아무도 시도하지 않았던 것, 즉 '스토리텔링'을 그가 애써 했기 때문이었다.

유럽연합의 직업 정치인들—말하고 쓰는 것을 생계수단으로 삼은 사람들, 남들이 자신의 처방을 따르도록 설득하는 비즈니스로 먹고사는 사람들—로 이루어진 패널 토론자들은 패트릭을 제외하고는 아무도 스토리를 이야기하지 않았고 자연스러운 대화처럼 느껴지도록 현실과 개인적 경험에 기반을 둔 답변을 하지도 않았다.

스토리텔링은 앨러니즘의 완벽한 예다. 스토리가 인간을 위한 보편적인 데이터 포맷이라는 사실에는 반론의 여지가 없다. 인간은 스토리를 말하도록 그리고 스토리에 경청하도록 만들어졌다.

하지만 알 수 없는 몇 가지 이유 때문에 스토리텔링은 미국 학교의 기본적인 교육 과정으로 채택되어 있지 않은데, 스토리가 인간 DNA에 깊이 박혀 있고 '이야기를 말하는 것'이 읽기, 쓰기, 산수만큼이나 중요하다는 점을 감안할 때 이는 말이 안 되는 상황이다. 인맥을 구축할 때 자신의 개인적인 이야기를 말할 수 있는 능력—자신의 목표를 이야기하고 그 목표를 달성하는 데에 왜 다른 사람들이 도와야 하는지를 이야기하는 능력—은 자신을 진실하고 믿음직한 사람으로 만들 뿐 아니라, 어떠한 통계치나 발표 자료로도 닿을 수 없는 인맥과 연결시켜 준다. 이야기를 말하면 당신은 이긴다. 대부분의 사람들이 그렇게 하지 않기 때문이다. 요즘 열리는 비즈니스 콘퍼런스는 그 옛날 캠프파이어와 다르지 않다. 사람들은 이야기를 나누고 서로에게 영감을 주기 위해 모인다. 이야기를 말하면 당신이 어떤 정보를 나누든지 간에 청중을 이해시킬 수 있다. 이 책을 이야기와 일화로 시작한 이유가 있다. 당신에게 감정을 이입하도록 하기 위해서다.

스토리텔링을 배우는 방법은 아주 많아서 구글에서 검색해 보면 쉽게 찾을 수 있다. 하지만 난도가 적절한 것을 찾기 바란다.

너무 쉬운 스토리텔링 방법은 조셉 캠벨Joseph Campbell(미국의 비교신화학자-옮긴이)이 개념화한 '영웅의 여정Hero's Journey(주인공이 여행이나 모험을 하며 도중에 위험과 역경을 견뎌내며 결국 큰 성과물을 가지고 집으로 귀환한다는, 영웅 신화의 전형적인 특징을 말함-옮긴이)'이란 이론에서 벗어나지 못한다. 또는 너무 어려우면 공상과학 괴물 호러처럼 이런저런 부차적인 줄거리의 복잡함에 빠지고 만다.

난도가 너무 낮지도 너무 높지도 않은 방법, 즉 '골디락스Goldilocks(너무 뜨겁지도 너무 차갑지도 않은 딱 적당한 상태-옮긴이)와 같은 방법'을 선택해야 한다.

우리(저자들)의 친구이자 스피치 코치, 보디랭귀지 전문가, 저자인 닉 모건Nick Morgan 박사는 정화히 골디락스저이고 놀라울 정도로 유용한 스토리텔링 교수법을 가지고 있다. 닉은 세상에는 다섯 가지의 전형적인 스토리만이 존재한다고 단정 지으면서 이 다섯 가지 유형의 스토리를 서로 조합하고 섞으면 무한히 많은 스토리를 만들 수 있다고 말한다. 다섯 가지 유형은 다음과 같다.

모험Quest: 이 이야기에서는 특별한 영웅 하나가 등장해 어렵고 까다로운 목표를 달성해야 한다는 소명을 부여받는다. 〈스타워즈〉의 루크 스카이워커나 디즈니 영화 〈겨울왕국Frozen〉의 안나, 또는 해리 포터를 떠올려보라. 모험의 이야기를 하려면 반드시 자신에게 이렇게 물어야 한다.

"듣는 사람들이 이 이야기를 정말로 특별하다고 여길까?"

만약 그렇지 않을 것 같다면, '무일푼에서 부자로' 유형의 이야기를 하는 게 낫다.

무일푼에서 부자로 Rags to Riches: 이것은 평범한 사람이 약간의 행운과 타이밍의 절묘함에 힘입어 비범한 무언가를 달성한다는 식의 이야기다. 록키 발보아나 우리 (저자들)가 대표적인 예다.

낯선 땅의 이방인 Stranger in Strange Land: 이 이야기 속 인물들은 자신들의 예전 사고방식이나 행동방식이 더 이상 통하지 않는 '새로운 땅'에 들어선다. 그들은 새롭거나 낯선 것을 배우는 데 곤경을 겪지만 결국 적응한다. 영화 〈혹성탈출Planet of the Apes〉은 이런 이야기 유형의 전형적인 예다. 그리고 많은 비즈니스 연설과 제안 발표가 이 유형에 해당된다.

복수극Revenge Story: 주인공은 공정하지 않은 세상에서 질서와 정의를 바로잡는 데 몰두한다. 리암 니슨Liam Neeson이 나온 모든 영화들이 그렇다. 아, 농담. 그가 주연으로 나온 〈테이큰Taken〉 시리즈만 그렇다.

사랑 이야기 Love Story: 두 사람이 만나 사랑에 빠지고, 전형적으로 주변의 극심한 반대에 부딪친다. 둘은 헤어지고, 한 사람은 상대방의 애정을 되찾기 위해 무언가에 매진해야 한다. 사랑 이야기는 〈로미오와 줄리엣Romeo and Juliet〉부터 당신이 지금껏 본 수많은 '두 명의 경찰' 영화Buddy Cop Movie에 이르기까지 아주 많다.

이 다섯 가지 유형의 스토리텔링은 직원들과 관리자들에게 영감을 주는 데 사용할 수 있다. 또한 물건을 판매하고, 일자리를 구하고, 논평 기사를 쓰고, 데이트 약속을 받아내고, 거래를 중개하고, 연설하는 등 어떠한 의사소통에도 쓸 수 있다. 그리고 당신의 미션 주위로 사람들의 이성과 감성이 모이도록 만든다.

P: 설득과 피칭

1476년에 레오나르도 다빈치는 스승이자 화가인 안드레아 델 베로치오Andrea del Verrocchio의 작업실을 떠난다. 다빈치는 베로치오 밑에서 10년 넘게 도제로 일하는 동안, 재능 많은 열네 살 학생에서 성 루크 길드Guild of Saint Luke가 공인한 스물넷의 젊은 장인으로 성장했다. 중세 유럽에서 성 루크 길드는 미술품 판매자와 미술 애호가뿐만 아니라 화가, 일러스트레이터, 공증인, 조각가들의 관심을 대표했다. 다재다능한 베로치오 밑에서 도제 생활을 하면서 다빈치는 회화 말고도 기계 및 토목공학, 금속 가공, 조각 등 여러 분야를 섭렵했다.

1476년에서 1482년까지 다빈치가 어디에 있었는지 역사적으로 행방이 묘연하지만, 그는 메디치 가The House of Medici가 의뢰한 다양한 예술 작품을 만드는 데 전력한 것으로 추측된다. 당시 메디치 가문은 피렌체 공화국이라는 도시국가를 지배했고 '위대한 자The Magnificent'라고 불린 로렌초 데 메디치Lorenzo de' Medici가 실질적으로 통치하고 있었다.

피렌체 공화국과 이탈리아 반도 내의 다른 공화국, 국가, 공국들과의 관계는 오래전부터 긴장감이 팽팽한 상태였는데, 특히 루도비코 스포르차Ludovico Sforza가 통치하는 밀라노 공국이 긴장과 갈등의 온상이었다.

역사 기록이 애매해서 그 이유를 확실히 밝히기 어렵지만, 다빈치는 자신의 길을 찾기 위해 1482년에 피렌체를 떠나 밀라노로 향했다. 다빈치가 밀라노로 간다는 소식을 전해들은 메디치는 말머리 모양의 리라lyre(손에 들고 연주하는 U자 모양의 중세 현악기-옮긴이)를 스포르차에게 선물로 전해달라고 다빈치에게 부탁했다. 두 도시국가의 평화와 친선 관계를 유지하려는 목적으로 부탁한 선물이었다.

밀라노에 있는 스포르차의 궁에 도착한 다빈치는 리라와 함께 아주 흥미로운 편지 한 통을 스포르차에게 바쳤다. 그 편지는 지금까지 보존되어 있는데, 서두와 본론, 결론으로 이루어져 있다. 편지의 서두는 오직 한 가지 목적을 위해 쓰였다. 바로 스포르차가 계속 읽도록 하기 위해서였다.

서두를 마치고 다빈치는 자신이 피렌체의 무기와 무기제조 기계를 살펴본 결과 독창적인 기술이 부족한 상황이라는 주장을 펼쳤다. 다빈치는 자신이 교각 건설, 포위작전 시 장벽 밑으로 터널 파기, 박격포 및 포탄 제작, 전차 설계, 다양한 투석기 제작, 건물 설계 등에 기술을 가지고 있다고 개괄적으로 설명했다.

본문의 내용은 모두 당시 스포르차가 통치자로서 가지고 있던 실질적이고 구체적인 문제를 간결하게 지적하고 있다. 스포르차는 침략자들의 공격을 계속 막아내야 했고 이웃 왕국들을 굴복시켜야 했던 것이다.

회화와 조각에서 다빈치가 지닌 최고의 스킬과 재능은 편지의 마무리에 해당하는 말 속에서 빛을 발했다.

"저는 대리석, 청동, 점토를 가지고 조각품을 만들 수 있고 누구못지않게 원하는 것은 무엇이든 그릴 수 있습니다."

스포르차에게 바친 다빈치의 편지에서 매우 경이로운 점은 그것이 주의 깊게 만들어진 일종의 '피칭'이었다는 점이다. 역사학자들을 포함한 대부분의 사람들은 다빈치가 '모나리자'를 그렸던 능력만큼이나 부유하고 권력을 지닌 후원자들에게 자신을 피칭하는 데에 능수능란했다는 점을 잘 알지 못한다. 그의 자발적인 피칭은 모든 위대한 예술가들과 마찬가지로 그의 성공에 적지 않은 영향을 끼쳤다.

그 편지는 다빈치 자신이 아니라 스포르차의 니즈를 충족시키기 위해 설계된 피칭이었다. 500년 이상이 지난 현재 수많은 사람들은 마음속으로 피칭을 두려워한다. 어쩌면 너무나 뛰어나고 똑똑해서 피칭을 못하는 것일지도 모른다. 다른 사람들이 자신의 내재된 가치를 알아서 잘 간파해주고 존경해주기를 기대하기 때문인지도 모른다. 또는 피칭은 품위 없고 비굴한 행동이라고 생각해서인지도. 그러나 실제로 피칭을 하면 다른 사람의 관점에서 자신을 바라볼 수밖에 없는데, 그렇게 함으로써 자신의 허슬로 '사람과 기회를 연결'시키는 다리를 구축할 수 있다.

천부적인 재능을 지닌, 지구 역사상 가장 위대한 천재인 레오나르도 다빈치도 피칭을 우습게 여기지 않았다. 그러니 당신에게 피칭하지 않을 핑계는 없다.

설득을 세일즈라고 여기든 미사여구라고 여기든 무슨 상관인가?

설득은 아이디어건, 프로젝트건, 제품이건, 데이트 신청이건 무언가를 어떻게 피칭하는가에 관한 것이다. '나야말로 믿을 수 있는 투자'라고 말이다. 설득은 상거래의 가장 기초적인 단위다. 설득은 당신이 원하는 무언가를 다른 사람들도 똑같은 이유로 원하도록 제시하는 방법이기도 하다. 설득의 몇 가지 기초적인 기술을 배우기만 하면 당신은 앞서나갈 수 있다. 대부분의 사람들이 설득을 배우는 데 시간을 별로 쓰지 않기 때문이다. 설득은 정확히 말해 당신이 타석에 더 자주 들어서도록 만드는 방법이다.

패트릭이 별 볼일 없는 '엑셀 원숭이(재무 분석가라는 뜻)'로 일하던 때로 돌아가보자. 어느 날 그는 상사에게 다가가 생산성을 개선하는 기술을 사용해보자고 아이디어를 이야기했다.

대화는 다음과 같이 이어졌다.

패트릭: 그래서 저는 워크북을 띄우고 저장하는 데 마냥 기다려야 하는 문제를 풀 수 있는 방법을 발견했습니다. 그 분석을 하려면 매크로macro(엑셀에서 일련의 작업 절차를 하나의 단축키로 저장해서 나중에 그 단축키만 누르면 한 번에 작업을 수행할 수 있는 기능-옮긴이)를 사용하면 됩니다.

상사: 무슨 문제? 매크로가 뭔데?

패트릭: 얼렁뚱땅이지만 제가 작동 가능한 코드를 만들었습니다. 하지만 비주얼베이직Visual Basic 프로그래머라면 식은 죽 먹기일 겁니다. 800달러도 안 들 걸요?

상사: 비주얼베이직이 뭐지?

패트릭: 엑셀과 워드에서 사용되는 스크립팅 언어입니다.

상사: 스크립팅 언어가 뭔데?

패트릭: 프로그래밍 언어와 비슷한 거예요. 반복적이고 논리적인 작업을 한데 모아서 하나의 프로그램으로 만드는 거죠. 이 방법을 쓰면 엑셀 워크북이 열리기를 기다리느라 커피 마시며 시간을 허비하지 않아도 됩니다. 그리고 분석을 돌릴 때 오류를 범할 가능성도 사라지지요.

상사: 그건 자네가 할 일 아닌가?

이 이상한 대화는 여러 가지로 분류가 가능하지만, 적어도 '피칭'이라고 분류될 수는 없다.

돌이켜보면 패트릭은 몇 가지 실수를 범했는데, 그의 가장 중대한 실수는 자신의 아이디어를 제안할 때 보스의 니즈나 문제를 염두에 두지 않았다는 점이다. 보스를 바보처럼 느끼게 만드는 것은 전혀 도움이 되지 않는다.

대부분의 직원들이 상사를 설득할 때 이런 식이다. 그들은 상사의 관심과 고충을 무시하고 자기 자신에만 신경을 쓴다(패트릭, 맞지?). 차라리 돌벽에 머리를 세게 부딪치는 게 더 낫다. 그 편이 덜 상처받고 덜 난처한 방법이다.

상사의 수용 가능성을 높이는 피칭을 하려면 패트릭은 자기 자신의 문제(열리는 데 오랜 시간이 드는, 잘못 설계된 엑셀 워크북)를 상사가 느끼는 문제의 맥락 속(내부 마감을 준수하거나 일찍 집에 들어가 가족과 시간을 보내는 것)에서 정의했어야 했다. 바로 그것이다.

시간을 거슬러 올라가 패트릭에게 이 책을 읽으라고 건네자. 그럼 그의 피칭이 이렇게 바뀌지 않을까?

패트릭: 그래서 저는 일정보다 앞서서 마감을 확실히 지킬 수 있고, 팀장님이 집에 일찍 들어가서 아이들과 시간을 같이 보낼 수 있고, CEO가 팀장님 사무실에 들어가지 않게 하는 방법을 찾아냈습니다.

상사: 뭐라고? 어떻게 그럴 수 있는데?

패트릭: 우리는 그 소프트웨어 때문에 너무나 많이 지체되고 있습니다. 사실 우리가 일은 빨리 하는데 데이터를 저장하고 복제하는 데 시간이 많이 걸려요. 그래서 마냥 기다리며 앉아 있어야 하죠. 그래서 가끔 마감을 못 지키는 거고요. 하지만 속도를 높이는 방법이 있습니다.

상사: 어서 말해봐.

패트릭: 마이크로소프트는 엑셀이 버벅거릴 때를 대비해서 프로그램을 만들어놨는데요, 제가 IT 담당자에게 물어보니 자기에겐 식은 죽 먹기라고 말하더군요. 예산에서 800달러만 사용하면 됩니다. 그러면 CEO가 아무 때나 팀장님 방에 쳐들어오는 일은 없을 거예요.

상사: 금요일 점심 때 그 IT 담당자와 약속을 잡자고. 어떻게 할 수

있는지 설명해달라고 해.

어떤가? 이제 당신은 무언가를 누군가에게 피칭하기 위해 알아야 할 내용의 97퍼센트를 배웠다.

물론, 뉘앙스와 보디랭귀지 그리고 온갖 심리학적 속임수와 조작들도 피칭할 때 사용된다. 혹시 그런 걸 배우느라 시간을 쓰고자 한다면, 절대 그럴 필요가 없다! 우선은 그저 피칭을 시도해야 한다. 당신이 피칭을 못하든 잘하든 상관없다.

몇몇 사람들에게 피칭은 선천적으로 불편함을 느끼게 한다. 피칭은 개인적인 불안감을 증폭시키고 자신이 취약하다는 느낌을 준다. 해본 사람은 알겠지만, 피칭을 하게 되면 정말로 그런 감정이 몰려든다. 하지만 우리(저자들)를 믿기 바란다. 피칭은 난생처음 당신에게 가장 재미있는 것들 중 하나로 분명 느껴질 테니까.

상대방이 원하는 바가 무엇인지 감지하고, 그를 끌어들일 올바른 방법을 제안한 다음, 요구사항을 말하는 것. 이것이 피칭의 전부다. 닐은 예전부터 지금까지 피칭에 열을 올리고 있는데, 사실을 말하자면, 그는 언제나 피칭에 능숙하다. 패트릭과 조나스는 자신들에게 평균보다 나은 설득 스킬이 잠재되어 있다는 걸 발견한 후에야 피칭의 재미를 알게 되었다.

만약 당신이 실험, 스토리텔링, 피칭을 시작한다면, '지금의 나'와 '앞으로의 나' 사이의 갭을 줄일 것이고, 엄청난 리스크나 투자 없이도 그렇게 할 수 있을 것이다.

11. 사람은 당신의 허슬을 회복시킨다

"타인을 위해 아무것도 하지 않는 것은
자신을 위해 아무것도 하지 않는 것과 같다."
- 호러스 맨Horace Mann

인맥 수집의 잘못된 예

노골적으로 '인맥 맺기'를 위해 기획된 행사에서 인맥을 맺어본 적
이 있는가? 마치 벌처럼 누군가에게 '돌진'해서 "안녕하세요. 저는
○○○입니다."라고 자랑스럽게 명찰을 보여주고 가식적인 미소를
한껏 머금은 채 방금 찍어낸 명함을 쑥 내밀듯이 말이다.

벌이 가장 좋은 꽃이 어디 있는지 찾듯이 당신은 "내가 원하는 사
람은 누구지?"라고 주위를 스캔한다.

'헤어스타일이 굉장히 멋진, 짙은 회색 정장을 입은 저 사람이 인
플루언서일까? 아, 모든 사람들이 그의 주변에 몰려드는 것 좀 봐!'

그 사람 쪽으로 살금살금 다가가면서 당신은 이렇게 생각한다.
'어떻게 해야 그가 나를 좋아하게 만들까? 그가 나에게 일자리를 제

의하게 할 수 있을까?'

기회가 엿보이자마자 바쁘게 뛰어간 당신은 '인맥 수집가'가 되어 그의 손에 원치 않는 명함을 쥐어주고는 억지 미소와 어색한 악수로 인사를 한다. 그러고는 높은 지위에 있는 것처럼 보이는 다음 사람으로 급히 서둘러 자리를 옮겨 이렇게 내뱉는다.

"어떤 일을 하십니까? 직위는요? 회사에서 어떤 역할을 맡고 계시죠?"

그러고는 '아뿔싸! 이 여자는 부사장이 아니네! 그냥 애널리스트일 뿐이잖아. 에잇! 얼른 발길을 돌려서 자리를 떠야겠다. 도톰하고 미색의 명함을 돌려달라고 자연스럽게 말하기엔 너무 늦었군.'

또는 파트너가 없어 춤을 추지 못하는 사람처럼 뒤로 물러나 '잠시 쉬면서 와인이나 한 잔 해야겠다.'고 생각할지도 모른다.

사람들이 삼삼오오 모여 이야기를 나누는 동안 당신은 값싼 와인을 병째 마시고, 싸구려 이쑤시개에 꽂힌 치즈를 엄청나게 먹어대며 시간을 보낸다. 아무렇지도 않은 듯 앉아 있지만 한 건의 거래도 성사시키지 못했고 의미 있는 관계를 구축하지도 못했다.

맙소사! 며칠 후에 어쩌면 당신은 그때 만났던 누군가와 통화를 하게 되고, 반갑지 않은 제품이나 서비스를 서로에게 팔려는 딱한 상황에 처한다. 아마도 이런 식의 대화를 나눈 적이 있지 않은가?

"이봐요, 빌. 진짜예요. 당신의 강아지한테는 정기 생명 보험이 정말로 필요하다고요."

"필리스, 당신도 알겠지만, 당신이 반려견을 위한 생명 보험 상품을 팔 수 있는 일자리를 나에게 주면, 난 그 상품 가입 여부를 고려할 거예요."

이처럼 인맥 구축 행사는 누군가의 삶에 진정으로 '더해지는 데' 관심이 없는 근시안적인 사람들만이, 그리고 누군가의 삶에 진정으로 '더해지는 데' 관심이 없는 근시안적인 사람들로부터 요청받기를 절실히 찾는 사람들만이 결국 참석한다. 무슨 말인지 알겠는가?

어부지리의 제3자

이런 행사가 아니라 거의 모든 인맥이 이루어지는 방법은 따로 있다. '어부지리의 제3자'란 말은 알다시피 제3자가 이득을 얻는다는 뜻이다. 인맥 구축의 관점에서는 서로에게 다른 입장으로 행동함으로써 인맥상의 구조적인 허점을 이용하는 것이 바로 어부지리라 말할 수 있다. 계약이나 거래를 한 건 맺어주면 당신에게 누군가(A라고 하자)를 소개해주겠다는 중개인(그는 당신에게 소개해줄 A에게도 같은 제안을 했을 것이다)을 만났을 경우, 바로 그가 어부지리를 노리는 것이다. 이 중개인은 당신과 A가 각각 지닌 지식의 격차로부터 직접적인 이득을 얻으려 한다. 그렇게 해주지 않으면 당신이 그 격차를 줄이지 못할 거라고 생각하면서 말이다.

이런 어부지리의 마인드가 정말로 '먹히고' 관련된 모든 사람들을 위해 경제적인 혜택을 증가시킬 수 있는 타이밍과 산업이 있기는 하다. 하지만 오늘날의 허슬러들에게는 개인적 혁신을 이루거나, 행운을 만들거나, 보이지 않는 기회를 드러내는 등 내재적으로 수반하는 간접적인 경로를 택해야 할 임무가 있다. 이것이 바로 가망이 없는데도 당신의 명함을 상대방의 오른손에 쥐어주고 전화 오기를 기대하거나, 두 명의 낯선 사람들 사이에 끼어 환영받지 않는 중개인이 될 수 있다고 희망을 가지는 것과는 근본적으로 다른 방향이다.

기회를 보장받는 가장 위대하고 가장 흔한 방법

알다시피 당신의 신뢰성, 전문성, 정당성 그리고 영향성의 수준은 의심할 여지없이 엄청나게 중요하다. 하지만 더 중요한 것은 커뮤니티 내의 사람들, 즉 동료, 상사, 직원, 친구, 가족 등 당신의 인맥을 구성하는 사람들이다. 이 사람들이야말로 당신의 개인적이고 직업적인 연락처의 총합을 나타낸다. 리드 호프먼Reid Hoffman(인맥 관리 사이트 링크드인 공동창업자)과 벤 카스노카Ben Casnocha가 그들의 책 『연결하는 인간The Start-Up of You』에서 지적했듯이 "사람이 기회다. 사람이 일자리고, 사람이 회사다."

사람은 당신의 삶이다. 기술도 아니고, 예술도 아니며, 상거래도 아니다. 당신의 인맥 속에서 모든 것이 생겨나고 모든 것이 마무리된다.

앞에서 봤듯이 POP에서 두 번째 바구니는 바로 '사람'이다. 그리고 남은 삶의 기회를 구축하기 위한 가장 흥미진진한 곳도 사람들 속에서 찾을 수 있다. 사람들은 미래로 가는 다리이고, 운명의 중개인이며, 고객이자 의뢰인인 동시에 기업의 얼굴이다. 사람이 없다면, 즉 친구도 친척도 낯선 사람도 없다면, 성공할 가능성이 제로인 상황에 처한다. 그렇기 때문에 당신에게 사람이 없다면, 당신의 사회적 '방정식'을 다시 고민해야 할 시점이다. 이에 대해 논의해보자.

그리 새로운 말은 아니지만 POP에서 '사람' 바구니의 첫 번째 수칙은 '당신에겐 사람이 필요하고 사람들은 당신을 필요로 한다'는 것임을 명심하라. 당신은 사람들이 생계를 잘 꾸려가길 바란다. 당신 삶 속에서 사람들이 조언하고 충고하고 교감을 나누고 위안해 주고 지도를 하고 이끌어주고 공유하고 가르치기를 원한다. 그리고 역으로 그들 역시 자신들의 삶 속에서 당신이 똑같은 이유로 자신들의 세계를 이해하도록 돕고 고립될 위험, 특히 다른 무엇보다 기회를 방해받을 위험으로부터 벗어나도록 이끌어주길 바란다.

사람들은 온라인상에서 일시적이고 느슨하며 자유로운 소셜 미디어 방식만으로 서로를 필요로 하지는 않는다. 사람들은 현실 세계에서 커피 한 잔을 같이 마시며 상호작용하는, 의미 있고 매우 보람 있으며 서로 얽히는 개인적 방식을 통해 만나고자 한다. 이런 표현을 들어본 적이 있을 것이다.

"당신의 인맥은 당신의 순자산이다Your network is your net worth." 혹은 "누구도 혼자서 이뤄내지는 못한다No one achieves alone." 모두 옳은 말이다. 에이브러햄 매슬로Abraham Maslow를 비롯한 여러 심리학자들의 연구 업적이 역사적으로 보여주듯, 어딘가에 속해 있고 연결되어 있다는 느낌은 인생의 핵심적인 동기 중 하나다. 그리고 집단에 대한 소속감은 인간사회에서 관계, 신뢰, 믿음을 구축하는 능력에 있어 매우 중요한 요소다.

참가하는 제3자

인맥 구축에서 '보이지 않는 기회'란 다른 사람들과 연결되는 것이고 사람들을 서로 연결시킨다는 뜻이다. 이렇게 하려면 좀 더 시간이 많이 걸리긴 하지만, 간단하게 마음가짐만 바꾸면 된다. '이익을 보는 제3자'라는 어부지리의 마인드가 아니라 '참가하는 제3자'가 되겠다는 마음가짐으로 말이다.

'참가하는 제3자Tertius Iungens'는 경제학자이자 효과적 조직에 대한 연구자인 데이비드 옵스트펠트David Obstfeld 교수가 창안한 개념이다. 그는 어부지리의 마인드가 이익이 임박할 때만 두 집단을 연결시킴으로써 이득을 취하려는 '중개인의 마인드'인 반면, '참가하는 제3자'는 연결돼 있지 않은 개인들을 이어주거나 이미 연결된 개인들에게 새로운 연결을 촉진시킴으로써 사람들을 누군가의 인맥으로 연결시키는 장기적인 마인드라고 말한다.[6]

'어부지리의 제3자'를 '분열 전략'으로 이득을 보는 중개인의 마인드라고 생각하고, '참가하는 제3자'를 이익이 구체적이지 않거나 즉각적이지 않다고 하더라도 '통합 전략'으로 이득을 추구하는 전문가의 마인드라고 간주하라.

'참가하는 제3자'에 관한 옵스트펠트의 당초 연구는 자동차 제조의 혁신과, 엔지니어들이 내부의 인적 네트워크를 이리저리 가로지르면서 채택하는 다양한 방법론을 탐구하는 것이었다. 옵스트펠트는 '참가하는 제3자'를 지향하는 것이 성공적인 혁신 가능성의 강력한 변수라는 증거를 발견했다. 그는 '참가하는 제3자'가 연결 구축을 통해 간접적인 방식으로 이득을 창출한다고 말한다.

'어부지리의 제3자'의 가장 기초적인 전제조건 중 하나는 제3자가 개입하여 서로 연결돼 있지 않았던 양측을 중개해주면 곧바로 제3자의 이익은 사라진다는 것이다. 이런 관점으로 보면 '참가하는 제3자'의 전략은 자기희생적으로 보이지만, 사실 그렇지는 않다. 그 제3자는 장기적으로 간접적으로 이익을 창출할 수 있기 때문이다. 양측을 소개한 후에 '참가하는 제3자'는 양측 각각의 인맥에 접근함으로써 자기 자신의 인맥 규모를 확장함과 동시에 양측의 인맥에 깊이를 더해줄 수 있다. 통제하려는 의도를 포기함으로써 장기적으로 건설적인 논의를 할 수 있고 전에는 보이지 않았던 기회를 활용할 수 있는 잠재력이 생겨난다. 사실, 세계가 점점 작아지고 서로 긴밀하게 연결될수록, 당신은 '참가하는 제3자'의 마인드를 통해 인적 네트워크에 더 많이 기여할 수 있고, 기회의 흐름에 더 많이 연결될 수 있다.

일상에서 '참가하는 제3자'를 실천하기

인맥을 구축할 때는 "저 사람은 나를 위해 무엇을 해줄 수 있을까?" 라고 묻기보다는 "나는 저 사람을 위해 무엇을 해줄 수 있을까?"라는 질문에 신속하고 명확하게 답을 내려야 한다.

현실 세계에서 당신이 내리는 답은 다음과 같이 다섯 가지 카테고리 중 하나다.

- 새로운 사업/세일즈 기회를 획득한다.
- 고객 관계를 유지·관리한다.
- 새로운 고용주를 찾는다(새로 입사할 기업을 찾는다).
- 직원을 채용한다.
- 직업과 관련된 가십거리와 뉴스를 관리한다.

기회를 만드는 것은 다리를 만드는 것과 같다

어부지리를 얻으려는 자로 가득한 세상에서, 즉 모든 사람들이 자연스럽게 자신의 이익을 챙기려는 세상일지라도 '참가하는 제3자'의 마인드를 통해 사람들과 연결되는 법을 배우는 것은 반드시 필요하다. 이것이야말로 외부와 단절된 상태에서 가치를 창출하고 숨겨진 기회를 발견함으로써 나머지 사람들과 당신 자신을 구별하는 유일한 방법이다.

우선, 당신이 낯선 사람과 상호작용을 시작한다면 그들의 관심, 그들의 두려움, 그들의 문제에 집중하라. 당신의 관심사는 일단 잊어버려라. 사람들은 자기 자신에 대해 말하기를 좋아한다. 누군가가 자기 자신에 대해 말하면 허슬러들은 두 명의 낯선 사람들 사이에 다리가 연결되듯 떠오르는 기회를 인식할 것이다. 그 다리는 공통적인 경험과 관심사에 의해 만들어진다. 최고의 허슬러들은 어떤 사회적 계층의 사람이든, 어떤 직업을 가진 사람이든, 어떤 관심사를 지닌 사람이든 상관없이 다리를 만들 수 있다. 그러니 대화에 임할 때면 상대방이 자신의 관심사와 니즈를 말하도록 해야 한다.

이렇게 서로에게 다리가 만들어질 때, 당신의 본능이 상대방의 니즈에 대해 무엇을 말해줄까?

바로 이때가 대부분의 사람들이 실수하는 지점이다. 친절하게 행동하는 사람들은 대부분 누군가와 칵테일 한 잔을 마시며 즐거운 대화를 나누는 동안 상대방의 니즈에 대해 조금은 알게 된다. 하지만 대화가 계속되어도 결국 아무것도 이루어지지 않는다.

왜 그럴까? 당신이 존을 만났다고 하자. 존이 디자이너로 일할 수 있는 직장을 원한다면 '음… 누가 디자이너를 채용할 생각인지 당장 머리에 떠오르는 사람이 없네. 게다가 난 이 사람을 그저 만났을 뿐이야. 이 사람과 이야기할 가치가 있는지 모르겠네.'라고 당신은 생각한다. 그러다 '행운을 빌어요, 존. 안녕!' 하고 끝?

이런 상황은 기회의 낭비가 아닐 수 없다. 다행히 옵스트펠트 교수는 '참가하는 제3자' 마인드 세트를 얼마나 지녔는지 스스로 평가하고 타인을 돕는 데 필요한 여섯 가지 지침을 제시했다.

1. 나는 공통적이고 전략적인 업무 관심사를 지닌 사람들을 서로 소개해준다.
2. 나는 다양한 관심사에 주의를 기울이도록 노력한다.
3. 나는 사람들이 서로 협력할 만한 기회가 있는지 찾는다.
4. 나는 하나의 문제에 대해 다른 관점을 지닌 사람들이 어떤 공통점이 있는지 찾아내 제시한다.
5. 나는 서로 알아두면 이익이 될 것 같다는 생각이 들면 두 사람을 소개한다.
6. 나는 특정 문제를 다루면서 동시에 서로 다른 사람들 간의 연결을 구축한다.

이 여섯 가지 지침을 따른다면 당신은 존을 어떻게 도왔을까? 존에게 디자이너를 고용할 고용주를 소개하는 것 외에도 존을 돕기 위해 다리를 만들 수 있는 방법이 여섯 가지나 있다. 이 방법들은 존뿐만 아니라 존과 연결시켜 줄 누군가에게 가치를 보여주고 증명할 수 있는 방법이다. 또한 당신 자신에게 이득이 되도록 하는 방법이기도 하다.

'스스로를 돕도록' 도와주기

방금 만난 사람과 당신 사이에 다리가 만들어지면, 다음 단계는 '과제하기'다. 이 과제는 당신이 해야 하는 것이 아니라 그 사람이 해야 한다.

존을 예로 들어보자. 존은 일자리를 찾고 있다. 당신은 적극적으로 채용하려는 사람을 알지는 못하지만, 당신이 지닌 온라인 인맥은 방대해서 모두 다 주목하기가 불가능한 지경이다. 그렇다면 존에게 몇 가지 숙제를 내주면 어떨까? 그에게 링크드인에 접속하여 당신을 팔로우하라고 한 다음, 그에게 당신의 팔로어 리스트를 살펴보고 어떤 사람을 자신에게 소개해주면 도움이 될지 스스로 판단하라고 하라.

걱정하지 마라. 당신은 링크드인에 팔로어 한 명을(존을) 추가하는 것 말고는 아무런 의무가 없으니 말이다. 다음 단계는 존이 숙제를 성공적으로 해내느냐 마느냐에 달렸다. 만약 그가 진정으로 일자리를 원한다면, 그는 당신을 팔로우하고 당신의 팔로어 리스트를 면밀하게 살필 것이다. 아마도 그는 당신에게 래리, 컬리, 모를 소개해 달라고 부탁할 것이다. 만약 그가 래리, 컬리, 모와 연결되어야 하는 이유를 구체적으로 대지 못한다면, 그에게 그것을 요구하라.

구체적인 이유를 들었다면, 래리, 컬리, 모에게 이를 알리고 존을 소개해도 괜찮을지 물어라. 만약 그들이 수락하면, 존과 그들을 소개해주면 된다. 만약 거절하면, 그들이 거절했다고 존에게 알려라.

이렇게 하면 당신의 사회적 자본은 '작고 단순하며 목표가 명확한 연결'들로 인해 커져 간다.

존은 자신을 위해 애써준 당신의 행동에 감사한다. 누가 알겠는가? 당신이 몇 년 안에 그에게 똑같은 부탁을 할지.

래리, 컬리, 모 역시 누군가가 일자리를 찾을 때 당신이 자신들을 염두에 두었다는 것에 감사한다. 재능을 발견하기란 상당히 어렵다는 것을 잘 아는 그들은 당신이 재능 있는 사람을 가려내도록 도움을 줬기에 고마움을 느낀다. 존이 채용되든 그렇지 않든, 사람들은 항상 무언가를 말하고 싶어 하고 좋은 사람을 만나고자 한다.

꿀단지처럼 사람들의 이목 끌기

꿀의 매력은 '거부할 수 없이 매혹적인 것'이라는 데 있다. 『곰돌이 푸Winnie the Pooh』를 읽어본 적이 있다면, 딱한 곰돌이 푸가 꿀을 확보하기만 한다면 어떤 일도 서슴지 않는다는 걸을 잘 알 것이다. 곰돌이 푸는 정보든 제품이든 타인의 재능이든 무언가를 갈구하는 대부분의 사람들을 상징한다. 저 멀리 꿀을 발견할 수 있다면, 그들은 비용이 얼마나 들지 상관없이 그것을 추구할 것이다. 이것이 청중이나 가능성, 혹은 파트너를 끌어당겨야 하는 이유이다.

꿀벌이 된다고 해서 꿀단지를 만들지는 못한다. 비밀은 벌집을 만드는 것에 있다. 꿀벌들을 시켜서 꿀을 모으게 하라. 꿀벌이 되려고 하기보다 사방에서 꿀벌들을 끌어들이는 자가 되면 안 될 이유라도 있는가?

닐은 자신의 블로그 '퀵스프라우트닷컴'이 엄청나게 유명해지기 전부터 정기적인 방문객들을 끌어들이는 비밀이 무엇인지 알고 있었다. 바로 위대한 이야기와, 실패했다 하더라도 '그로스 해킹growth-hacking(고객의 취향을 파악하고 효과적으로 고객에게 접근해 저비용으로 최고의 광고 효용을 추구하는 마케팅 기법-옮긴이)' 실험 이야기를 블로그로 공유하는 것이었다. 더 중요한 비결은 블로그 댓글을 통해 사람들과 직접적으로 소통하고 값진 마케팅 조언을 공짜로 제공하는 것이었다. 그는 방문객들이 블로그를 방문할 때마다 가치를 얻어가도록 함으로써 즐겨 찾는 곳으로 만들었다.

길 로스는 약품무역협회의 대표로 근무하며 하루하루를 따분하게 보내고 있다. 존경받는 지위에 있긴 하지만, 길은 현재 이중생활을 즐기고 있다. 열정적인 독서광인 그는 한때 자신의 재능을 발산할 출구를 간절히 원했다. 직무기술서 어디에도 자신이 찾는 꿀단지는 존재하지 않았지만, 그는 보이지 않는 기회를 발견했고 자신과 같은 처지의 사람들을 위해 '경험을 창조'해야 할 필요성을 느꼈다. 그는 어떤 일을 벌였을까? 그는 '가상메모리 쇼The Virtual Memories Show'라는 팟캐스트를 개설했다. 유명저자와 예술가들을 인터뷰하고 그 내용을 방송으로 전파함으로써 계속해 나갈 수 있는 추진력을 마련했다.

그가 인터뷰하는 작가들은 팟캐스트를 통해 청취사들의 주목을 받고, 청취자들은 그들의 책에서 통찰을 얻으며, 길은 자신이 원하는 것을 할 수 있는 꿀단지를 만들어가고 있다. 참신한 아이디어와 대화를 나누기 위해 '고개를 들고 눈을 크게 뜨면서' 말이다. 팟캐스트야말로 자신이 사랑하는 것, 즉 자신이 즐겁게 읽은 책과 그 책을 쓴 작가에게 다가갈 수 있는, 꿀단지인 셈이다.

길의 이야기는 꿀단지 만들기에 관해 가치 있는 교훈을 알려준다. 꿀단지를 만들려면 약간의 고통 투여가 필요하다는 점이다. 길의 경우, 시간 투자와 팟캐스트 제작 도구 사용이 바로 약간의 고통 투여였다. 그에게 가장 큰 리스크는 무엇일까? 그건 작가들의 인터뷰 거절이다. 지금 당신이 마음대로 사용할 수 있는 자원과 도구는 무엇인가? 그것들을 사용하라. 내일 필요할 도구 말고.

길은 자신이 원하는 것을 이루어냈다. 누구나 그렇게 할 수 있다. 길의 경우야말로 전형적으로 '말은 쉽지만 하기는 어려운' 허슬의 유형이지만 말이다.

꿀단지의 여러 가지 종류

이 꽃에서 저 꽃으로 날아다니며 인맥 구축에 열을 올리는 꿀벌이기보다는 자신만의 꿀단지를 만드는 데 시간을 투자하라.

꿀단지는 팟캐스트, 블로그, 콘퍼런스, 밋업meet-up 그룹 등 여러 가지 형태로 만들어질 수 있다. 패트릭은 로스앤젤레스에서 3,000명의 기술 기업가들이 함께 하는 밋업 그룹을 이끈 바 있다. 이 밋업을 통해 그는 엘리트 집단의 구성원들과 단단한 연결을 구축할 수 있었다.

꿀단지는 '참가하는 제3자' 마인드에 기반한 인맥 구축의 자연스러운 확장이다. 꿀단지를 만드는 사람이라면 누구나 다른 사람들을 위해 무엇을 포함시켜야 하는지를 고려할 수밖에 없다. '어떤 이유로 나의 꿀단지에 관심을 갖도록 만들까?'

꿀단지가 지닌 가치는 '참가하는 제3자'처럼 간극을 좁히는 데 있다. 간극을 메울수록 사람들이 당신을 찾아올 것이다.

꿀단지에서 커뮤니티로

당신이 운이 좋다면, 작은 꿀단지는 완전히 성장하고 완전한 조건을 갖춘 커뮤니티로 변모할 수 있을 것이다. 꿀단지가 더 이상 당신에게 의존하지 않을 때 공식적으로 커뮤니티가 되는 것이다.

커뮤니티는 현실세계와 온라인 세상에서 가치, 지식, 경험을 공유하는 사람들로 이루어진 집단이다. 그들은 당신을 믿고 신뢰하는 친구이자 팬이자 팔로어들이고, 당신은 그 대가로 그들에게 지지를 보낸다. 그들은 SXSW, 99U 콘퍼런스99U Conference, 세계 제패 정상회의World Domination Summit, 크리에이티브모닝스CreativeMornings, 크로스핏CrossFit과 같은 이벤트에 당신과 함께 참여한 사람들이다. 그리고 그들은 온라인에서 비슷한 관계망을 형성하거나, 당신도 관심 있어 할 만한 주제를 찾아서 배우거나, 크라우드펀딩 등의 블로그 포스트를 탐독하거나, 건강과 생산성 개선 방법 등에 관한 팟캐스트를 듣는 사람들이다.

커뮤니티에는 초보자부터 전문가에 이르는 사람들을 포함시킬 수 있다. 당신에게 필요한 것은 상식적인 믿음과 가치를 당신과 공유하는, 재능 있고 협조적이며 생각이 유연한 사람들을 광범위하게 찾는 것이다. 당신은 POP의 '사람' 바구니에 해당하는 모든 사람들과 상호작용하는 것을 편안하게 느낄 수 있어야 한다. 그러니 친분을 쌓고 관계에 친숙해져라. 항상 협력하고 도움을 제공하라. 패트릭은 격주로 금요일 오전 7시에 생각이 비슷한 기업가들과 모임을 갖는다. 그는 아이디어를 교환하고 동지애를 쌓기 위해, 그리고 당연한 말이지만 기회를 포착하기 위해 이 모임에 참여한다. 사람들과 대화를 나눌 때 "제가 도울 수 있는 게 있을까요?" 혹은 "어떻게 도울 수 있을까요?"라고 질문할 기회를 찾아라. 대부분 '괜찮아요'란 대답이 돌아오겠지만, 핵심은 당신이 최선을 다해 사람들에게 어떤 형태로든 편안하게 도울 수 있다고 부드럽게 상기시켜야 한다는 점이다. 소시오패스나 나르시시스트가 아니라면 사람들은 당신에게 화답할 것이다. 다른 사람을 도와주려는 게 인간의 본능이기 때문이다. 이 점이 당신에게 목적의식을 선사하고 스스로를 가치 있는 사람으로 느끼도록 해준다.

3만 피트 상공에서 만난 행운

몇 해 전 여름, 조나스는 영화 편집을 막 마무리한, 코스타리카 출신의 사업 파트너이자 영화 제작자 겸 프로듀서를 만나기 위해 샌프란

시스코로 날아갔다. 두 사람은 영화 배급팀과 미팅을 가지려고 웨스트코스트로 향했다. 마케팅 예산을 협의하고 영화의 인지도를 높이기 위해 필요한 기타 자금 조달 문제를 구체화하기 위해서였다. 그일은 어떻게든 결판을 내야 했는데, 두 사람은 더 좋은 지원을 얻어내기 위해 창의적인 아이디어로 영화 배급팀을 설득해야 했다.

지나칠 정도로 일에 몰두하는 경향이 있는 조나스는 전날 밤 늦게까지 일했다. 충분한 수면을 취하지 못한 그는 극도로 피곤하고 짜증스런 상태로 아침 비행기에 올랐다.

설상가상으로 좌석 운이 좋지 않았다. 원래 통로 쪽 좌석을 예약했는데 비행기에 타고 보니 두 남자 사이에 샌드위치처럼 불편하게 끼여 앉아야 했다. 통로 쪽 좌석에는 미식축구 수비수 같은 네모난 턱의 남자가 앉아 있었는데 이미 잠들어버려서 조나스가 안으로 들어가기가 힘들었다. 조나스가 중간 자리에 앉자 몸을 뻗을 공간이 작아지는 바람에 창가 쪽 좌석의 남자는 창문 쪽으로 불편하게 몸을 기대야 했다.

비행기가 이륙한 후에 조나스는 심호흡을 하며 '최선을 다해' 잠을 자기 위한 자세를 취했다. 꿈나라로 막 들어서려 할 때 창가 좌석에서 목소리가 들려왔다.

"저기, 내 이름은 데이브입니다. 코미디언이죠. 댈러스에 살고요. 만나서 반가워요. 웨스트코스트에서 쇼를 하기 위해서 가는 중입니다. 당신은요?"

반쯤 잠이 든 상태였지만 조나스는 의례적인 답변을 자동적으로 말했다.

"아, 반가워요. 조나스입니다. 오스틴에서 왔죠. 저는 작가이자 프로듀서인데요, 출판과 미디어 작업, 영화 제작을 하고 있어요. 파트너와 만나서 몇 달 안에 개봉할 다큐멘터리 영화의 마케팅 전략을 수립하기 위해 웨스트코스트로 갑니다."

데이브는 반가운 목소리로 말했다. "멋지군요. 전 영화를 좋아합니다. 몇 편의 영화와 여러 광고에 출연했죠. 그리고 포트 워스에 200석 이상 규모의 아름다운 영화관을 가지고 있어요. 그곳에서 영화를 상영하고 싶다면 언제든지 환영합니다."

데이브는 말을 이었다.

"저는 책 집필 작업을 하고 있는데요, 당신이 도움을 주신다면 아주 좋을 것 같네요."

"제안 감사합니다. 영화관에 대한 말씀은 관심이 가네요. 돌아오는 봄에 우리가 어떻게 할 수 있을지 알아보겠습니다. 당신의 책을 읽고 몇 가지 조언을 드릴게요. 한 권 보내주세요."

갑자기 아무것도 없는 곳에 무엇인가 생겨났다. 연결 그리고 추진력, 쾌감!

그 후 세 시간 동안 데이브와 조나스 그리고 데이브 옆에서 졸고 있던 프랭크는 코미디, 책, 사업, 여행, 가족 이야기부터 앞으로 몇 개월 동안 달성해야 할 목표, 성장과 성취에 대한 각자의 갈망에 이르기까지 모든 것에 대해 대단히 흥미로운 대화를 나눴다. 세 사람 중에 일에 대해서 자신들이 열중하는 것과 어떻게 자신들이 살면서 서로를 도울 것인지 관한 대화에 마음을 열지 않을 사람은 아무도 없었다.

그로부터 2년 동안 조나스는 데이브, 프랭크와 훌륭한 파트너십을 유지했고, 그들을 성장으로 이끌어주었다. 그에 대한 대가로 조나스는 자신의 서비스에 대해 충분한 보상을 받고 있을 뿐만 아니라, "그렇습니다. 그리고…Yes, and…"라고 말하는 기술을 배움으로써 많은 방식으로 더 많은 기회를 창출했고 몇몇 억만장자와 대형 목축업자 등 엄청나게 성공한 사람들과 더 많은 대화를 나눌 수 있었다.

별 기대 없이 시작됐지만 비슷한 경험에 대해 어찌 보면 '운명적인' 몇 마디 대화가 그들에게 전부였다. 처음에 말을 꺼냈던 데이브는 조나스에게 솔직히 털어놓았다.

"나는 일주일에 사나흘 비행기를 탑니다. 1년으로 치면 48주죠. 그리고 백 번 중에 아흔일곱 번 정도는 내 옆에 앉아 졸고 있는 사람에게 인사를 합니다. 당신을 만난 건 행운이었어요. 당신은 진짜로 우리(데이브와 프랭크)의 눈을 뜨게 해줬지요."

한 번의 대화로 새로운 연락처 두 곳이 연결됐고 수년 동안 계속되는 사업 파트너로 이어졌으며 인생의 친구로 발전됐다. 이것이 바로 '스스로 돕게 하기와 허슬링'의 결과다.

더 읽기 전에 당신에게 몇 가지 팁을 알려주겠다.

사람이라는 지렛대 People-Leverage: 모든 것을 혼자 알려고 하거나 모든 것을 혼자 달성하려는 '외로운 늑대'일 필요는 없다는 원리를 말한다. 어떤 면에서 당신보다 나은 사람이 있기 마련이다. 당신은 특정 문제를 혼자서 해결할 전문성을 갖출 것인지 아니면 당신을 도와줄 누군가를 찾을 것인지를 결정하는 데 '10분 법칙'을 적용할 수 있다. 어떤 면에서, 이것은 '1만 시간의 법칙'을 적용해야 할 문제를 '10분'으로 어떻게 압축시킬 수 있는가의 결정이다.

요구되는 전문성이 당신에게 없다면 전문성을 가진 사람을 찾아라. 소프트웨어 디자이너를 찾고 있다면, 빌 게이츠에 버금가는 사람을 채용할 필요는 없다. 당신이 원하는 것을 맡기려면 몇 년 동안 '루비 온 레일즈Ruby on Rails(루비 언어로 작성된 오픈소스 웹 애플리케이션 프레임워크-옮긴이)'의 크랙 코드crack code를 만든 경험이 있는 사람을 찾는 것이 좋다. 충분한 열정과 재능이 있으며 당신이 제시한 보수로 기꺼이 일할 수 있다. 더 중요한 것은 당신이 그래픽 디자인을 배우는 데 들일 1만 시간을 절약시켜줄 것이라는 점이다.

ABCsAlways Be Collaborating & Connecting*: 사람들과의 연결을 강화하기 위한 열쇠는 '항상 협력하고 연결되려는 것'에 있다. 다시 말해, 협력을 얻어내려 한다면 '주고받으라'는 뜻이다. 무작정 달려들

---

* 세일즈에서 ABC는 "A=Always(항상), B=Be, C=Closing(마무리)"을 의미하는 일종의 주문이다. 만약 이해가 안 된다면, <글렌게리 글렌 로스Glengarry Glen Ross>라는 영화에서 알렉 볼드윈이 맡은 역할을 보라. 허슬의 관점에서, 특히 당신의 POP에서 '사람' 바구니를 채우는 데 있어 'ABCs'는 "A=Always(항상), B=Be, Cs=Collaborating & Connecting(협업 & 연결)"을 뜻한다. 새로운 사람을 만날 때면 스스로에게 바로 물어라. "그들에게 이익이 되는 것은 무엇인가?"

지 말고, 당신은 물론이고 다른 사람들의 목표와 프로젝트에 관련하여 계속해서 일할 수 있는 방법을 찾아라. 앞으로 몇 개월 안에 함께 달성할 수 있는 성과가 무엇인지 정의하라. 그 성과들을 관리하고 당신이 원하는 결과물 목록을 만들어라. 어떤 대화를 하든 어떤 기회가 생기든 당신에게 협력하는 자들에게 그것들(성과와 결과물)을 명확히 전달하라. 보고서를 같이 쓰는 일부터 예술품 설치에 이르기까지, 온라인 벤처기업을 육성하는 것에서 사무실에 새로운 제도를 실시하는 것에 이르기까지 선택지는 무수히 많다. 그리고 당신은 협력할 수 있는 일이 무엇인지 탐색하면서 엄청나게 많은 추진력을 확보할 수 있다. 당신의 에너지는 한계가 있다. 그러니 같이 구축하고 서로 지원하고 성장을 위해 함께 노력하는 데 반드시 집중해야한다. 그렇지 않으면, 할 만한 가치가 없을 것이다. 타인과 연결되려면 매일 연습하라.

시간이 촉박하다고 느낄 때 '전력 증강자force multiplier(전투 부대에 추가적으로 사용될 때 전투력을 크게 증가시키고 임무의 성공 가능성을 높이는 역량-옮긴이)'가 필요한가? 답을 짐작할 수 없는 문제에 옴짝달싹 못 하는가? 부족을 모아라. 허슬러들에게 문제를 보여주는 것은 개에게 테니스공을 보여주는 것과 같다. 당신의 문제를 지나치게 깊이 생각하지 말고 부족 구성원들에게 문제를 던져라. 의자에 기대어 앉아 그들이 테니스공을 가지고 어떻게 싸우는지 관찰하고 최고의 답을 가져오는 사람이 있는지 살펴라. 테니스공이라면 사족을 못 쓰는 개처럼, 허슬러들은 문제의 딥을 찾는 데 놀두한다. 그들은 당신의 성공을 돕는다. 그리고 당신 역시 그들의 성공을 돕는다.

　당신의 인맥, 꿀단지, 커뮤니티 내에 존재하는 사람들을 돕는 일의 핵심 포인트는 '돕고 봉사하고 기여하고 이끄는 것'이다. 대답하고, 조언하고, 전문성을 제공하고, 당신의 재주, 아이디어, 위트, 성격을 통해 그들을 기분 좋게 해주는 것이 그들을 돕는 방법이다. 주는 것이 먼저고 그 다음에 받아야 그들을 이끌 수 있다는 점을 기억하라. 주고받는 것이 항상 평형을 이룰 수는 없을 것이다. 사실, 그러기가 거의 불가능할 것이다(어느 한쪽으로 쏠리기 마련이니까). 하지만 그렇다고 해서 마음을 바꿀 필요는 없다. 당신이 기회를 원한다면 받기 전에 주어야 한다.

　당신의 POP 내에서 강하고 세련된 관계들은 마치 시작도 끝도 없이 흘러가는 강물과 같다. 그 강물은 지식, 정보, 경험, 전문성 그리고 가치가 오가는 방향들로 흐른다. 이러한 흐름은 당신과 당신의 커뮤니티에 상호 이익과 커다란 보상을 선사한다. 그리고 종종 프로젝트라는 형태로 기회를 창출하기도 한다.

12. 프로젝트는 당신의 허슬을 강화시킨다

"처음엔 우리가 프로젝트를 만들지만, 그다음에는 프로젝트가 우리를 만든다."
- 미상

열 살짜리 프로젝트 매니저

번역 과정에서 뜻이 잘못 전해지는 경우가 절대 없도록 하는 것은 어린 프랜 하우저Fran Hauser에게 벅찬 일이었다.

다른 열 살짜리 아이들이 땅콩버터와 젤리를 넣은 샌드위치 테두리를 잘라내는 게 맞는지 아닌지를 놓고 말다툼을 벌일 때, 프랜은 아버지가 하는 벽돌 사업을 위해 가격 입찰 작업을 대신해야 했다.

그녀의 아버지는 이탈리아 출신 이민자로 기껏 해야 엉터리 영어밖에 구사할 줄 모르는 벽돌공이었다. 가족을 먹여 살리기 위해 아버지는 고객이 원하는 것이 뭔지, 언제 어디에서 새로운 일이 생길지 정확히 이해해야 했다. 현장감독이 다음 일거리의 상세 내용을 알려주려고 전화를 걸면, 그녀의 아버지는 _그녀에게 다른 전화기를 들어 전화 내용을 꼼꼼히 적으라는 손짓을 보내곤 했다.

정해진 날짜에 돈을 받기 위해서 그녀는 반드시 고객들이 자신들의 요구사항을 분명히 하도록 만들어야 했다. 또한 아버지가 부족한 영어 실력 때문에 불이득을 보는 일이 없도록 하는 것 역시 중요했다. 그래야 열심히 일하는 아버지가 노동에 대해 정당한 수수료를 협상할 수 있었기 때문이다. 또한 그래야만 아버지에게 차를 몰고 갈 방향을 정확하게 알려줌으로써 정시에 작업 장소에 도착하도록 할 수 있었다. 길을 잃고 헤매거나 일거리를 잃는 곤란한 상황에 처하지 않도록 말이다.

초등학생임에도 불구하고 프랜은 가족의 사업 운영을 원활하게 유지시키는 핵심 일꾼임이 틀림없었다.

성장하면서 그녀는 청구서를 담당하기 시작했고 더 많은 책임을 맡았다. 이런 경험으로 인해 그녀는 성인이 되어 경력을 쌓을 때 필요한 회계 스킬과 사업 운영 스킬에 익숙해질 수 있었다. 그녀의 넘치는 기여 덕에 집 안에는 항상 따뜻한 불빛이 가득했고 집에서 요리한 맛있는 이탈리아 음식들이 식탁에 오를 수 있었다.

프랜과 부모는 함께 가족의 사업이 성공하도록 열심히 일했고, 자신들의 꿈을 소유하고 가족을 위한 삶을 꾸려가기 위해 계속 나아갔다.

프랜은 일찍이 기업가적 경험에 스스로를 노출했고 그 경험은 마음 깊이 각인되었다. 그리고 그 경험을 통해 그녀는 부모가 일생동안 행한 '밖에서 위로의 허슬'을 발전시켰을 뿐만 아니라 벽돌공의 관점으로 자신의 경력을 바라보기에 이르렀다. 그녀는 자신의 재능과 스킬을 중심으로 단단한 기초를 쌓는 데 집중했고, 그런 다음 자신의 이상에 걸맞고 성취감을 북돋우며 '자기가 되고 싶은 사람' 쪽으로 다가가게 해주는 여러 '프로젝트'를 통해 창조적인 기회를 만들어갔다.

프랜의 '경력 모험'은 대학 졸업 후 대형 회계 법인인 '프라이스워터하우스쿠퍼스PricewaterhouseCoopers' 입사로 '밖에서 안으로의 허슬'을 한 것에서 시작됐다. 그녀는 그 후 여러 번 '안에서 위로의 허슬'을 시도했고 그 과정 속에서 자신의 재능을 겉으로 드러내며 스킬을 연마했다. 그녀는 코카콜라에서 일을 하다가 신흥 기업인 '무비폰Moviefone'의 경영진으로 합류해 회사 운영을 빠르게 개선시키는 기회를 잡을 수 있었다. 눈 깜짝할 사이에 그녀는 무비폰을 AOLAmerica Online Inc.(미국의 인터넷 서비스 기업-옮긴이)에 4억 달러에 매각할 수 있는 기업으로 성장시켰다.

인수합병 건을 성공적으로 이루어낸 경험, 우리가 '증거'라고 부르는 바로 그 경험 덕택에 그녀는 AOL 무비스AOL Movies의 부사장이자 운영 책임자라는 새로운 직책으로 이동했다. 나중에 AOL이 타임워너TimeWarner로 합병될 때, 프랜은 타임 사의 스타일 앤드 엔터테인먼트 그룹Style and Entertainment Group의 디지털 사업부문을 경영하는 새로운 직책으로 이동했다. 피플닷컴People.com이나 인스타일닷컴InStyle.com과 같은 타임 사의 온라인 자산을 빠르게 성장시킬 전략을 수립하기 위해서였다.

늘 새로운 아이디어를 찾는 리더인 프랜은 회사 내부를 '기업가의 렌즈'로 바라봄으로써 타임 사의 혁신을 밀어붙였다. 일례로, 그녀는 재능 있는 마케팅 및 콘텐츠 기고자들을 세일즈팀과 협업시켜서 더욱 매력적인 '온라인 사용자 경험'을 창조한다는 프로젝트를 진행토록 했다.

프랜은 더 작고 더 민첩한 기업들과 파트너십을 맺는 방향으로 회사 외부를 살피기도 했다. 그녀는 그런 기업들을 대상으로 멘토링을 시작했고, 젊은 여성 기업가들과 함께 일하는 데 특별한 관심을 보였다. 그런 기업가들을 이미 돕고 있었던 그녀는 자기 돈을 몇몇 스타트업 벤처기업에 투자함으로써 '약간의 리스크 투여'를 감행했고, 이로써 벤처 캐피탈이라는 게임에 발을 담그게 됐다.

타임 사에서 10년간 일한 후에 그녀는 벤처 캐피탈리스트로서 새로운 경력 전환을 시도했고 '로텐베르그 벤처스Rothenberg Ventures'라는 떠오르는 벤처 캐피탈 회사에 합류했다. 그곳에서 프랜은 갈 길이 구만리 같은 스타트업을 육성하고 투자하는 일을 하고 있다.

프랜은 자신의 경력을 대부분의 사람들과는 다른 관점으로 본다. 경력을 그동안 옮겨 다닌 직장 단위가 아니라, 대신 자신의 일에 대한 투자 단위로 바라본 것이다. 즉, 자신의 일을 긍정적인 선택권을 부여하고 전체적인 리스크를 다각화시켜주는, '여러 프로젝트들로 이루어진 포트폴리오'로 보는 것이다.

그녀는 새로운 기회를 추구하는 것을 두려워하지 않는다. 그리고 그녀는 부유하고 창조적인 삶의 근간은 한 가지 같은 일을 하는 데 있지 않고 새로운 시도를 통해 자신의 재능을 확장하고 드러내는 데 있음을 본능적으로 알고 있다. 그래서 그녀는 여러 프로젝트—한 번에 하나—를 통해 자신의 허슬을 극대화하고 리스크를 줄이고 있다. 만약 하나의 도전이나 프로젝트가 정체 상태에 빠지거나 실패한다 해도, 프랜은 현명하게 돈, 의미, 추진력을 몰고 올지 모를 또 다른 시도를 준비해두고 있는 것이다.

25년 동안의 경력을 쭉 살펴보면, 프랜의 모험은 직장 단위가 아니라 '프로젝트 단위'로 정확하게 구분된다. 이런 일련의 프로젝트들을 통해 그녀는 삶을 질을 높여주는 방향으로 POP를 구축할 수 있었다.

이것이 바로 꾸준한 허슬이 당신에게 필요한 이유이다. 당신이 쌓아가는 프로젝트들이야말로 궁극적으로 당신의 자산이 될 것이다.

허슬의 기본은 경력이 아니라 프로젝트다

멀고 먼 시베리아 동굴 속에 갇혀 있던 것이 아니라면, 당신은 '경력'이란 말의 의미가 요즘 들어 극적으로 바뀌었다는 것을 잘 알고 있을 것이다. 더 이상 사람들은 하나의 직무나 하나의 직장에 오랫동안 머물러 있기를 기대하거나 요구받지 않는다. 좋든 싫든 기술, 글로벌화, 일의 진화는 경력에 관한 구식 모델의 흔적을 지워버렸다.

당신이 따라야 할 새롭고, 새로우며, 또 새로운 것은 남다른 허슬을 위한 가슴과 머리와 습관이다. 이러한 허슬은 프로젝트 기준의 경력 관리를 통해 이루어지는데, 의심할 여지없이 당신의 재능−지금은 보이지 않고 활용되지 않는−을 활용하게 해서 당신에게 새로운 방식으로 '자유로워질 권리'를 선사할 것이다.

어쩌다 이렇게 되었는지 간단하게 살펴보자. 1950년대와 1960년대는 성장과 안정성이 최고조에 이른 시대였다. 말하자면, 한 직장에서 한 가지 직업에 매진했던 시절이었다. 40년 동안 충성스럽게 근무하고 송별회에서 기념시계나 펜던트를 받는 것으로 막을 내려야 했다. 직업 안정성은 그 시절에는 당연한 것이었으나 이제는 오래된 꿈이 되었다.

1960년에서 1970년대로 넘어오면서 '1직장 1직업'은 '2직장 1직업' 정도로 변화되었지만, 그래도 여전히 '1직업'이 대세였다. 저널리스트라면 A신문사에서 B신문사나 C잡지사로 옮겨가긴 했을 테지만 저널리스트라는 직업은 변치 않았을 것이다.

1970년대 말과 1980년대에는 더 큰 격변이 있었다. 기술은 빠르게 움직였고 어려운 시기를 겪으면서 경력의 경로는 변화되었다. 1990년대에 이르러서 인터넷과 경제적 풍요로움과 색소폰으로 로큰롤을 연주하는 대통령(빌 클린턴 대통령을 가리킴-옮긴이)이 시대를 대표했다. 기술기업에 채용되어 웹사이트 콘텐츠 업무를 수행하다가 시애틀에 있는 스타트업에 합류할 수 있는 기회가 생기자 바로 직장을 옮기는 식으로 경력 경로의 양상이 변화했다. 회사의 가치와 성장 가능성이 매력적이라는 이유로 말이다. 이런 식으로 꿈의 형태는 바뀌어갔다.

오늘날 모든 계층의 사람들이 갑작스레 직업 안정성이 없어지고 대안 역시 사라져버린 현실에 직면했다. 더욱이 젊고 열정적인 신흥 기업들이 예전에는 돈을 받으며 했던 일들을 공짜로 하겠다며 나서고 있다. 한편, 프리랜서 일자리와 프로젝트 단위의 일들이 전보다 훨씬 많아졌다. 근로자들은 자신의 집을 사무실로 사용하고 자신이 정한 시간에 자신이 정한 과업을 자신의 통제 하에 자유롭게 수행하면서 다양한 형태의 라이프스타일을 창출할 수 있는 무수히 많은 분출구를 경험하고 있다. 음, 이 말이 허슬처럼 들리지 않는가?

시대가 바뀌고 사회가 너무나 빨리 진화하면서 일생에 '1직장 1직업'이라는 고귀했던 1950년대의 이상은 도도새Dodo bird처럼 멸종했다. 그렇기 때문에 이러한 직업적 현실의 급진적인 방향 전환을 슬퍼하기보다는 당신의 경력을 심각하게 생각해보기를 바란다. 비록 지금 당신은 그리 흔치 않은 안정적인 회사에서 근무 중이라 해도 '미니 경력minicareer'의 경로를 여러 개 계획하거나 심지어 '비경력uncareer'의 길을 모색할 필요가 있다. 비경력이란 프로젝트 기반으로 일하는 방식이고, 이러한 전환이야말로 허슬의 방식이라 할 수 있다.

이러한 아이디어는 만약 당신이 장차 기업가가 되기를 꿈꾸거나 전통적인 역할에 별로 뜻이 없는(혹은 별로 맞지 않는), 자칭 '비순응자nonconformist'라면 더욱 중요하다. 비록 당신이 전통적인 역할을 선호한다 해도 우리(저자들)의 조언은 유효하다. 추가적인 수입과 기회를 제공하는 매력적인 프로젝트(포트폴리오)를 추구해야 불리한 리스크로부터 당신 자신을 보호할 수 있을 테니까 말이다. 그리고 만약 당신이 지식 노동자 혹은 창의적 노동자라면, 1년에 수십 개 혹은 일생 동안 수백 개의 프로젝트를 맡게 될 것이다! 프로젝트가 당신의 직업적 정체성을 형상화할 것이고, 목적의식과 의미 역시 형성할 것이다. 하나의 특정 직위나 직책이 형성할 수 있는 것보다 훨씬 더 많은 것을 말이다.

프로젝트의 경제: 허슬러들이 일하는 방식을 보라

만약 당신이 우리(저자들)와 같은 클래스에 있는 허슬러들—매일 어딘가에서 나타나서 가능성과 관습에 도전하고 크고 작은 방식으로 세계를 변화시키는 창의적인 사람들—이 현재 어디에 있고 앞으로 어디에 있을지 알기를 원한다면, 고개를 들고 눈을 크게 떠라.

많은 사람들이 코워킹 스페이스coworking space 혹은 리모트 오피스remote office(원격 사무실-옮긴이)로 사용하는 동네 카페를 들러보자. 그곳에 가서 맛있는 음료를 손에 들고 주위를 살펴보라. 무엇이 보이는가?

지금 이 순간, 우리(저자들) 왼쪽에는 매력적인 음식 관련 블로거가 소설을 쓰고 있다. 테이블 건너편에는 머리칼이 희끗희끗한 임원이 우리가 몇 개월 전에 '피칭'한 벤처 캐피탈리스트와 대화를 나누면서 어느 스타트업에 대해 피드백을 구하고 있다. 이때 두 명의 여성이 스치고 지나가면서 커피숍을 나선다. 한 사람은 새로운 상업용 건물의 설계를 맡은 건축가고, 다른 여성은 이곳과 상하이를 왔다 갔다 하는 재무 컨설턴트다. 저쪽 구석에는 밝은색 옷을 입은 디자이너가 앉아 있다. 그녀의 사무실은 이곳에서 몇 블록 떨어진 곳에 있다. 그녀는 모 부동산 회사에서 출시한 모바일 앱의 사용자 경험User Experience, UX 요소를 구체화하는 중이다.

그리고 여기에는 영업 담당 임원, 작가, 크리에이티브 디렉터 등으로 구성된 광고 에이전시 팀도 와 있다. 그들은 뉴저지에서 온 고객과 미팅 중이다. 아, 계약 전문 변호사도 여기에 있다. 그는 비공개 합의서 문제를 건강관리 전문가인 친구와 함께 이야기하고 있다. 그 친구는 예전에 육군 소속으로 해외로 파견돼 일하던 간호사였지만, 지금은 모바일을 통해 낮은 비용으로 약품을 대중에게 배달하는, 새로운 '킬러' 개념을 사업화하고 있는 업체의 경영자가 되었다.

눈을 돌리면 도시 행정가 한 사람이 커피를 주문하려고 줄 서 있다. 그 뒤에는 유튜브를 통해 가창 레슨을 제공하는 재능 많은 가수이자 임시교사인 여자가 있고, 우버와 리프트Lyft에서 운전사를 하면서 내일 밤 공연을 앞두고 있는 재능 있는 트럼펫 연주자가 자기 차례를 기다리고 있다. 채식주의자를 위한 푸드트럭을 운영하는 타투 아티스트도 있고, 파랗게 염색한 머리칼의 포토그래퍼이자 헤어스타일리스트도 있다.

이처럼 우리는 앞으로 나아가고자 하는 지칠 줄 모르는 갈증을 지닌 열정적인 몽상가들과 행동가들의 바다를 헤엄치고 있다. 그들은 모두 경력을 선택하기보다는 '자신을 움직이는 프로젝트를 수행'한다.

이런 사람들은 모두 이 점 한 가지는 분명하게 공유하고 있다. 그들이 지금 이 순간에 행하는 것은 비록 창의적이고 성취감을 준다 하더라도 내년이나 내후년 바로 이 시간에 하게 될 '공연'과는 똑같지 않을 거란 점이다. 그들은 열정적으로 일하고, 자신의 재능을 최선을 다해 발휘하고, 어떤 프로젝트든지 '초집중'한다. 그리고 그들은 '살아가기 위한 일'과 '일을 위해 살아가기' 사이에서 그들의 삶을 정의하기 위해 일한다.

허슬 세대의 모든 구성원들과 마찬가지로, 그들은 긍정적이고 낙관적이다. 그들의 고된 노력은 괜찮은 보상뿐만 아니라 흥미로운 일을 더 많이 할 수 있다는 약속으로 되돌아온다. 필요하다면 몇 가지 직업을 동시에 수행하는 것도 그들은 흔쾌히 받아들인다.

또 하나 분명한 점은 이런 사람들 대부분은 출세나 자신의 정체성을 제일주의자로 규정하지 않을 뿐만 아니라 어떠한 호칭도 별로 열망하지 않는다. 게다가 특정 직업으로 본인을 표현하지도 않는다. 그들은 진정한 POP를 개발하는 데 스스로 동기가 충만하고, 새로운 기회를 계속해서 찾는 것 외에는 다른 선택이 없다는 이유만으로 늘 역동적으로 움직인다. 그리고 솔직히 말하자면, 그들은 자기 방식을 바꾸지 않을 것이다.

자, '프로젝트의 경제'에 온 걸 환영한다. 이곳은 '먼저 발생시켜야' 돈을 받을 수 있는 곳이고, 필요하다 하더라도 '직위'는 부차적으로 취급받는 곳이다.

전 세계 여러 나라에 산재한 현대적인 도시에서 당신은 이와 같은 장면들을 목격할 수 있다. 그들은 노동력과 커피를 마셔대며 뿜어내는 창의적인 아이디어와 시장의 요구에 맞는 개인적 호기심의 변화 물결 속에서 사람들이 '서로 떨어진 점을 연결할 수 있도록' 돕는다. 그리고 그들은 직업과 일 자체가 어떻게 재탄생하는지, 어디에서 좀 더 넓은 경제가 내다보이는지, 그리고 적어도 그 경제 속에서 당신의 자리가 어디인지에 관한 확실한 감각을 선사한다. 당신은 또한 똑똑한 기업들이 협업을 하거나 클라우드 기반과 프로젝트 기반의 일을 창의적으로 조합함으로써 어떻게 환경의 변화보다 한발 앞서 대응하는지 이해할 수 있다.

프로젝트 바구니|Project Buckets

돈, 의미, 추진력을 창출하는 당신만의 도구가 뭔지 고민된다면, 당신 일생 동안의 업적－매일, 매주, 매달, 매년의 아웃풋－을 쪼개서 하나하나를 별도의 프로젝트 바구니에 넣어보면 어떨까? 이 여러 개의 프로젝트 바구니에 당신의 시간, 재능, 스킬뿐만 아니라 역량과 창의력, 우선순위, 새로운 기회를 집어넣었다면, 메이저 리그에 나서는 선수처럼 타석에 들어설 준비가 된 것이다.

허슬링은 최고의 일을 수행하여 세상을 변화시키도록 하기 위함이다. 또한 당신으로 하여금 프로젝트를 선택하게 하고 높은 수준으로 임무를 수행하도록 하는 것이다. 이렇게 POP의 '프로젝트 바구니'를 구축해놓으면 '플랜 A(당신의 꿈)'를 좀 더 현실화할 수 있고 '플랜 B(중도에 경제적인 이유로 해야 하는 일)'라는 침체에서도 벗어날 수 있다.

프로젝트의 세 가지 유형

1. 주업Day Job(일반적인 근무시간에 하는 일)

일반적으로, 주업은 자신의 경력과 명성 혹은 지위의 모든 것을 나타낸다고 많은 사람들이 여기고 있다. 그래서 안정성을 보장받기 위해 앞으로 열심히 일해야 하고 열심히 일해왔다고 생각한다. 하지만 그렇지 않다. 주업은 빠르게 변할 수 있다. 다시 말해, 주업은 그저 정기적으로 돈을 버는 수단일 뿐이다. 주업은 영구적이지 못하다. (순진하게도 주업은 영구적이라고 생각하는 당신에겐 미안하지만). 물론 주업은 적어도 일시적으로는 당신 자신을 지속시키는 확고한 토대가 되어준다. 주요 수입 수단이고 때때로 당신에게 가장 큰 에너지원이 된다. 기업에 소속되어 일하는 사람이라면, 주업은 매일 매월 당신이 기본적으로 기여해야 할 대상이 된다. 당신이 단독으로 일하는 사람이라 해도 마찬가지다. 주업은 고정된 것처럼 느껴지겠지만, 액체처럼 자유롭게 움직이는 모험이라고 생각해야 한다.

물론 예외가 있다. 만약 당신이 '델Dell'과 여러 거대 기업에서 오랫동안 성공을 구가하다가 '페이팔PayPal'의 임원이 된 우리의 친구 애밋과 같은 상태라면, 지금 있는 그 자리가 당분간은 유지되리라 생각할 것이다. 만약 당신이 앞서가는 회사에서 팀을 이끌고 있는데, 그 역할이 당신을 고무시키고 성장의 기회와 혁신의 가능성을 열어주며, 연봉도 괜찮게 준다면, 계속 그 자리를 유지하는 것이 이치에 맞다. 만약 당신이 아이를 키우는 가정주부였다가 몇 년 만에 몇 백만 달러의 연봉을 버는 부동산 중개인이자 투자자로 변모한 웬디처럼 '밖에서 위로의 허슬'이라는 '기업가적 여정'을 이미 잘 진척시켰다면, 무슨 수를 써서라도 당신의 주업을 그만두지 마라!

2. 실험과 사이드 프로젝트(파트타임, '5시부터 9시까지')

앞선 10장에서 '잠재력 바구니'에 관하여 언급했듯이, 실험은 작은 리스크를 정기적으로 수용하면서 문제를 해결하는 새로운 방법을 찾으려 하거나 참신한 해결책에 이르려는 과정이다. 실험을 통해 당신은 '고통과 이득', 쟁취, 손해, 학습을 통해 당신의 한계를 빠르게 확장시킬 수 있다. 그리고 결과물을 테스트하고 관찰하고 측정하는 능력을 키울 수 있다.

널은 세계적 수준의 실험가 중 한 사람으로서 자신의 블로그에 자기 업적을 기록으로 남겨두고 있다. 그는 최적의 사용자 클릭과 화면 전환을 위해서 이메일과 웹사이트 첫 페이지의 'A/B 테스팅A/B testing(디지털 마케팅에서 두 가지 이상의 시안 중 최적안을 선정하기 위해 실험하는 방법-옮긴이)'을 한다든지, 온라인 트래픽을 높이는 캠페인을 벌인다든지 등 하루에도 여러 가지 실험을 수행한다. 그는 수만 달러 상당의 의류를 구매해서 그 옷들이 새로운 관계를 끌어들이는 데 얼마나 도움이 되는지 실험했을 정도다. 한번은 그가 입은 3,000 달러짜리 스웨터를 보고 NBA 선수들이 관심을 보이기도 했다. 그의 새 옷은 역시나 새로운 비즈니스로 이어졌다. 닐이 옷차림을 캐주얼에서 좀 더 세련되고 품위 있는 스타일로 변화시키자 그의 산뜻한 외모에 매력을 느낀 기업가들은 그에게 꽤 괜찮은 컨설팅 기회를 선사했다. 요점은 바로 닐이 목적 혹은 결과물을 염두에 두고 실험을 수행한다는 점이다. 터무니없이 비싼 옷을 산다 해도, 그것은 그런 투자를 통해 큰 수익과 좋은 관계를 얻으려는 목표가 있기 때문이다. 자기가 쇼핑을 별로 좋아하지 않고 남의 이목을 끌지 않는 '폴로 셔츠와 청바지'를 즐겨 입는 걸 더 좋아한다 해도 말이다. 당신 역시 실험을 수행할 수 있다. 그리고 실험을 통해 당신의 목적을 명확히 하고, 결과물을 얻을 가능성을 높일 수 있다.

· 간단한 실험 다섯 가지 ·

1. 이메일 길이에 관한 실험: 일주일 동안 오직 한 문장으로 이루어진 이메일의 효과를 테스트하라. 당신의 시간과 당신의 관계에 도움이 될까, 그렇지 않을까? 피드백을 받아보라.

2. 사용하는 어휘에 관한 실험: 순수하게 긍정적이고 낙관적인 단어를 써보라. 2주 동안 매일 '신경 언어 프로그래밍Neurolinguistic

Programming, NLP(몸과 마음의 상호 작용의 결과로 사람을 변화시키는 능력을 개발하는 과학적 기술-옮긴이)'의 용어를 테스트해보라. 당신이 어떤 기분이 드는지 그 효과를 측정하고, 타인이 당신을 다르게 대하는지 관찰하라. 더 생산적으로 일할 수 있는지 그렇지 않은지 살펴라.

3. 수면시간에 관한 실험: 일주일 동안 하루에 한 시간 더 수면을 취하면서 당신에게 어떤 효과를 주는지 테스트하라. 별 효과가 없더라도 이렇게 하면 최소한 당신은 좀 더 규칙적인 수면을 하게 될 것이다.

4. 업무시간에 관한 실험: 사무실에서 근무해야 할 시간을 일주일에 한 시간 정도 줄이고 어떤 변화가 생기는지 테스트하라. 필요하다면 상사에게 먼저 허락을 구하라.

5. 운동에 관한 실험: 오래 달리기보다 단거리 전력질주를 해본다든지, 아니면 격일로 몇 분 동안 집중적으로 숨이 터질 듯한 격한 운동을 해보고 어떤 이득이 생기는지 테스트하라. 요가를 선호한다면, 일주일 동안 극도로 어려운 좌법坐法을 짧게 시도해보라. 그런 다음, 시간을 두 배로 늘려보라. 당신의 기분과 에너지 레벨에 어떤 영향을 미치는지 살펴라.

사이드 프로젝트(부업)는 실험과는 다르다. 당신이 화가이거나 음악가라면 부업은 보통 임시적인 일로 간주된다. 당신이 컨설턴트, 카피라이터, 디자이너, 개를 산책시키는 사람, 이베이 판매자, 마케터, 프로그래머, 파트타임 데이 트레이더Day trader, 카풀 운전자, 파트타임 부동산 중개인, 에어비앤비 호스트라면, 부업은 '사이드 허슬'로 볼 수 있다. 요점은 부업이 주업 외에 당신이 하는 일과 관련된 것이고, 보통 풀타임으로 행해지지 않는다는 점이다. 부업을 통해 당신은 추가적인 수입을 얻고, 재능을 드러내고, 주업으로는 가능하지 않은 호기심이나 창의성을 탐색할 수 있다. 일반적으로 부업은 온라인이든 오프라인이든 실험보다 지속적인 헌신을 좀 더 많이 필요로 한다.

• 간단한 사이드 프로젝트 다섯 가지 •

1. 이북e-book 쓰기
2. 아마존, 이베이, 엣시에 전자상거래 스토어를 열기
3. 온라인 코치나 튜터로 활동하기
4. 온라인 과정 개발하기
5. 집에 공간적 여유가 있다면 에어비앤비 호스트 되기

3. 부가가치 프로젝트(여유시간/주말/휴가기간)

부가가치 프로젝트가 주업이나 부업과 구별되는 핵심적인 차이점이 있다. '가치를 더한다'는 말은 돈을 위한 금고를 채우기보다는 창의적이고 교육적이며 정신적이고 경험적인 의미의 금고를 채워주는 관심 분야를 추구한다는 뜻이다. 그런 프로젝트는 보통 자원봉사자나 견습 자격으로 맡게 되며 뿌듯한 보람이 되돌아온다.

좋아하는 일로 돈을 벌기란 쉽지 않다. 만약 당신이 개발되지 않았거나 덜 개발된 재능을 지닌, 창의적으로 '비뚤어진' 사람이라면 특히나 그렇다(기타 연주를 좋아하는 패트릭을 떠올리면 된다).

하지만 강의를 듣기 위해 돈을 내거나 전문가의 견습생 혹은 자원봉사자로 일하는 방법을 찾는 것은 상대적으로 쉽다. 그렇기 때문에 부가가치 프로젝트를 통해 당신은 지식으로 빠르게 무장하고, 경험을 축적하고, 재능을 드러내는 방법을 찾을 수 있다. 일례로, 노련한 사진작가의 견습생으로 들어가 조명을 어떻게 다루고 사진 구성을 어떻게 하는지 배우면 인스타그램에서 더 많은 '하트'를 받을 것이다. 가구공이 되는 법을 배우고 싶은데 훌륭한 목수 한 사람을 알고 있다면, 일주일에 몇 시간을 목수의 작업장에서 청소를 하거나 잡일을 거드는 데 쓴다면 좋은 일이 생기지 않을까?

부가가치 프로젝트는 어떤 면에서 당신이 받는 것을 커뮤니티에 환원하는 수단이 될 수도 있다. 비영리단체에서 봉사하는 것이 대표적이다. 한 달에 하루 날을 잡아 노숙인 쉼터나 무료 급식소에서 몇 시간을 봉사하거나, 위탁가정의 아이들을 돌보거나, 지역 동물 구조대나 입양시설에서 허드렛일을 거들거나 할 수 있다. 주업과 부업이 당신의 환원하고자 하는 욕구를 충족시키지 못한다면, 의미를 얻을 수 있는 곳으로 당신을 데려다줄 무언가를 반드시 찾아야 한다. 이 점이 부가가치 프로젝트가 필요한 핵심적인 이유다. 일상적인 일로는 충족시킬 수 없는 인생의 작은 경험들을 쌓기 위해서 시간과 재능을 쏟을 방법을 찾아라.

- **간단한 부가가치 프로젝트 다섯 가지** ·

1. 디지털 사진, 목공, 원예, 영화 제작, 회화, 음악 등 관심 분야의 전문가에게 견습을 받아라.
2. (스스로를 위한 아주 중요한 동기로) 비영리단체에서 자원봉사하라.
3. 당신의 전문성을 필요로 하는 커뮤니티 사람들에게 시간을 내라.
4. 새로운 역할을 탐색하거나 새로운 영역을 탐구하도록 자신에게 업무와 직접적 관련이 없는 과제를 맡겨달라고 상사에게 요구하라.
5. 공익을 위한 지역모임을 만들어라. 공원을 청소하는 것이라든지 승인된 공공장소에서 벽화를 그리는 일이라든지 매달 해야 할 과제를 하나 선택한 다음 커뮤니티 내의 작은 변화를 이끌어내도록 함께 일하라.

프로젝트는 증거를 만들어낸다

프로젝트는 현재의 일과 삶을 빚어내는 방법이며, 인생 여정의 다음 구간으로 스스로를 나아가게 하는 창의적으로 방법이다. '햄버거 헬퍼Hamburger Helper(제너럴 밀즈에서 만든 포장식품 브랜드-옮긴이)'로 이동해 가려면 그동안 수행했던 프로젝트가 엄청나게 큰 도움이 된다. 문제가 어려울수록 당신이 해야 할 업무는 더 다양해지고 요구사항은 더 복잡해지며 더 힘든 프로젝트를 수행하게 될 것이다.

같은 유형의 과제를 반복해서 수행하는 것이 10년 전에는 괜찮았을지 모른다. 요즘에 그렇게 하면 큰 리스크에 빠지고 만다. 히트곡이 하나뿐인 가수가 되거나 지나치게 전문화된 '조랑말' 신세가 될 수 있다. 완전히 대체 가능한 존재로 전락하는 것이다. 설상가상으로 단조롭게 반복되는 일상은 업무 환경의 변화와 취업시장의 유동성에 대응하지 못하도록 당신을 억누른다. 따분함의 덫에 빠져 진정한 재능을 발견할 수 있는 길로 당신 스스로를 인도하지 못하게 된다.

POP의 '프로젝트 바구니'는 당신을 강하게 만들어준다. 스킬을 지속적으로 확장하고 새롭고 도전적인 상황 속에서 당신의 패기를 테스트하길 원한다면, 문제를 해결해나가면서 시장 가치의 관점으로 결과물을 만들어 다른 사람들에게 전달하라.

'프로젝트 바구니'의 핵심은 지속적으로 당신의 숨겨진 재능을 발견하고 끊임없이 움직임으로써 당신 자신을 '잘나가는 위치'로 데려다놓는 것이다. 성장의 가능성이나 기회에 대해 선택지가 많을수록 좋다. 돈, 의미, 추진력을 구축할 수 있는 방법이 많을수록 당신의 창의력과 역량이 얼마나 놀랍도록 확장될 수 있는지 더 많이 알게 될 것이다.

프로젝트는 '생산'이다

모든 프로젝트는 시도할 가치가 있다. 모바일 게임 앱 설계나 프로그래밍, 이북 제작, 푸드트럭 사업, 풍경화 그리기, 사진 촬영, 이벤트 기획 등 어떤 프로젝트든 나름의 의미가 있다. 보통 프로젝트를 수행하려면 여러 전문가가 필요한데, 당신은 그런 전문가가 누구인지, 얼마나 많이 참여해야 하는지 결정해야 한다. 프로젝트가 제대로 이뤄지려면 창의적이고 실천적인 프로세스가 필요하며, 이 프로세스는 충분히 고려되고, 계획되고, 구성되고, 효과적으로 관리되어야 한다.

아래에 제시하는 프로세스는 마치 명령에 따라 움직이는 개별 조각들처럼 보일 것이다.

1. 프로젝트에 이름을 붙여라.
2. 목표를 명확히 설정하라.
3. 마감일을 설정하라.
4. 협업할 사람들의 목록을 만들어라.
5. 세부적인 과업을 정하라. 어떤 일들이 행해져야 하는가?
6. 과업을 배정하라. 누가 무엇을 담당해야 할까?
7. 우선순위를 정하라. 어떤 과업이 먼저 이루어져야 하나?
8. 실행하라. 창의적인 도구를 통해 문제를 해결하라. 그리고 기대 수준과 비교하여 결과를 측정하라.

가장 중요한 것을 하나 고르라면 그것은 바로 여덟 번째 단계인 '실행'이다. 실행을 해야 스스로 약속한 바를 이룰 수 있다. 정시에 정해진 예산으로 실행하라. 그리고 향후 프로젝트를 위한 시사점을 알아내기 위해 당신이 수행한 일과 경험의 질을 측정하라.

그러니, 이 단계를 다시 한 번 새기기 바란다.

8. 실행하라. 창의적인 도구를 통해 문제를 해결하라.
그리고 기대수준과 비교하여 결과를 측정하라.

당신의 주업을 위한 것이든, 새로운 전자상거래 웹사이트를 위한 실험이나 부업이든, 친구를 위해 짧은 영화를 편집하는 것과 같은 부가가치 프로젝트든 당신은 실행하는 데 노력해야 한다. 그냥 하라. 당신이 문제를 해결하고 다른 사람들의 성공을 돕는다면 긍정적인 '공유 경험'과 가치 창출이 오랫동안 지속될 것이다. 또한 여러 프로젝트를 성공적으로 마칠 때마다 누적되는 효과는 눈에 띄게 각인되는 '증거'가 될 것이다.

프랜 하우저의 이야기에서 언급했듯이, 그녀는 단순한 회계사가 아니다. 다양한 역할을 맡아도 뛰어나게 잘해내는, 능력의 가치를 잘 아는 행동가이자 리더다. 또한 그녀는 도전적인 과업을 수행하고 문제를 창의적으로 해결하려면 재능 있는 사람들을 어디에서 찾아야 하는지(그리고 어떻게 이끌어야 하는지) 잘 알고 있다. 프랜의 실제 직함은 따로 있지만 그녀는 '크리에이티브 프로듀서creative producer'처럼 활동한다. 자신만의 프로젝트와 목표뿐만 아니라 그녀가 지도하는 사람들의 것들도 성취시키기 위해서 말이다.

문제를 해결하는 데에 창의력을 발휘하려면 리스크를 수용하고 약간의 고통 투여가 필요하다. 어떤 일을 '프로듀싱'하거나 프로젝트를 결승선에 도달시키는 것도 마찬가지다. 이런 이유로, 허슬을 감행하는 사람이라면 '크리에이티브 프로듀서'가 자신의 직함이라 생각해야 한다. 왜 그럴까? 직업(당신이 일하는 방법)과 회사(당신의 직업이 행해지는 곳)는 사실 원래의 역할을 빠르게 전환시키고 여러 역할에 재능을 발휘하며 원하는 결과물을 창출하도록 실행 가능한 사람들을 필요로 하는, 대규모의 창의적 프로젝트라고 말할 수 있다. 3장에서 언급했듯이, '고도의 전문화hyperspecialization'는 곤충에게나 최고의 덕목이다. 당신은 독특하고 우회적인 방식으로 사고하고 행동함으로써 원하는 결과물을 창의적으로 생산해야 한다.

이제 당신은 우리(저자들)가 '하이브리드 인간Hybrid Person'이라 부르는 유형이 어떤 사람인지 짐작이 갈 것이다. 사실 당신이 그런 사람일지 모른다. 당신은 '뉴욕 닉스New York Knicks(미국 프로농구 팀 중 하나-옮긴이)'에 관한 블로그를 운영하는 것만큼 디자인 일을 즐기는 '경험 사냥꾼experience seeker'일 수도 있다. 아이디어와 기업가적 혹은 예술적인 프로젝트를 통해 당신이 처한 문제를 해결해간다면, 당신은 풍요롭고 대단히 다양하며 폭넓은 삶을 영위할 수 있을 것이다.

이제 더 나은 행동가가 되는 것이 우주 전체에 어떤 신호를 발산하는지에 대해 좀 더 알아보자.

13. 증거는 '탈락'으로부터
당신을 지켜주는 방탄복이다

"…그러면 충분한 증거는 언제 충분해지지?"
- 조나단 사프란 포어Jonathan Safran Foer,
『우크라이나에서 온 편지Everything Is Illuminated』

니나의 게임

아, 기회, 달콤한 기회. 아메리칸 드림의 초석이여! 너는 참으로 신
비롭고 위풍당당하고, 매우 감미롭고 보편적이며, 정말로 매혹적이
면서도 이해하기 어렵구나!

그 어떤 것도 기회보다 더 진실한 자유로움을 널리 울려 퍼뜨리
지는 못한다. 그리고 미국인들에게 기회 추구 외에 더 이상 바라는
지향점은 없다. 기회 추구는 가장 깊숙이 자리 잡은 이상理想 중 하나
이며, 허슬 세대에 해당하는 누군가가 대단히 낙관적인 사람이라고
평가할 수 있는 주요 기준 중 하나다.

사실 기회 추구는 우리(저자들)가 이 책을 쓴 한 가지 이유이기도
하다. 우리는 기회를 사랑한다. 하지만 어떤 기회는 우리를 그리 사

랑하지 않는다. 추구하기에는 너무나 도전적이어서 쉽게 손에 잡힐 것 같지 않기 때문이다. 그래서 당신만의 기회를 창조할 필요가 있기도 하다.

니나라는 이름의 젊은 사업가가 어떻게 기회를 추구했는지 살펴보자. 그녀는 직업적 측면으로 애정을 가지고 바라보던 스타트업계의 '유니콘' 에어비앤비 본사 정문에 발을 들여놓고 싶었다. 중동에서 회사를 설립했다가 매각한 니나는 실리콘 밸리에서 정교한 문제해결의 기회와 세계적 커뮤니티를 구축할 수 있는 기회가 다가오는 것을 감지했다.

그녀는 '무에서 유를 창조해가는' 성공적인 스타트업들과 하이테크 기업들의 '허슬 정신'에 박수갈채를 보냈다. 그리고 21세기의 세계 변화를 이끌고 경제를 변혁시키는 진원지에서 자기 자신을 새로이 정립하고 싶었다.

지인은 거의 없었지만, 그녀는 이미 52명 규모의 기업을 성공적으로 일구어냈다는 자신감을 갖고 샌프란시스코로 거처를 옮겼다. 그러고는 호기심을 자극하는 기술기업들을 탐색하며 성취감을 주는 기회라 생각되는 것들이 얼마나 참신한지 느꼈다. 니나는 규칙을 따랐고 일자리를 찾는 사람이라면 으레 해야 할 기본적인 것들을 준비했다. 여러 기업들을 조사하면서 이력서를 수정했고 편지를 써서 수십 개의 기업들에 지원서를 제출했다.

그녀는 희망을 가지고 기다렸다.

그 후 1년이 지났지만 그녀는 여전히 수용할 만한 채용 제의를 기다리고 있었다. 그때 '유레카!'라고 외칠 만한 순간이 찾아왔다. 원하는 일자리에 지원서를 넣은 다음 면접 기회로 이어지길 희망하면서 기다리는, 취업 절차의 기본적인 규칙을 자기가 지켜야 할 필요가 없다는 점을 깨달은 것이다. 대신에 그녀는 좀 더 자신에게 유리한 조건을 형성하는 방법이 있을 거라 생각했다. 7장에서 언급했듯이 B(니나의 경우, 자신이 원하는 자리에 채용되는 상태)에서 시작하여 A(니나가 선망하는 에어비앤비라는 '왕국'으로 들어가기 위해 지원서를 제출하는 상태)로 거꾸로 올라오는 경로를 택한다면 말이다.

니나는 그렇게 하기로 결심했다. 우선, 그녀는 에어비앤비를 목표로 하고 그 업체의 브랜드, 성장전략, 리더십, 조직문화 등에 대한 것이면 무엇이든 수집했다. 그녀는 자신의 스킬, 재능, 경험(마케팅, 운영, 사업 개발, 커피 끓이기 등)에 가장 잘 맞는 역할이 무엇인지를 찾아나갔다. 그런 다음 좀 더 창의력을 발휘하기로 했다. 어느 디자이너와 함께 그녀는 에어비앤비의 실제 웹페이지와 비슷한 웹사이트를 설계하고 개발하여 '니나포에어비앤비닷컴nina4airbnb.com'이라는 URL을 붙였다.

이렇게 시작하여 그녀는 지리적이고 '사이코그래프psychograph(개성의 여러 항목으로 개인의 특성을 평가하여 그래프로 나타낸 것-옮긴이)'적인 사용자 연구에 몰입하여 자신이 내보일 수 있는 증거에 좀 더 깊이를 더했다. 니나는 중동 지역의 인구 성장과 함께 에어비앤비 선호 지역에 관한 데이터와 트렌드를 조사했고, 에어비앤비가 두바이와 같은 대도시로 사람들을 끌어들이고 성장 잠재력이 높은 시장에서 브랜드와 커뮤니티 공간을 확대하려면, 어느 곳에 새로운 호스팅 지역을 구축하는 것이 좋은지를 규명했다.

증거 모으기는 여기에서 끝나지 않았다. 니나는 에어비앤비를 위한 데이터 포인트, 전략, 경제적 기회 등을 논하는 보고서를 썼다. 그녀는 새로운 시장에서의 성장은 어떤 양상으로 나타날 수 있는지 도시별로 분석했다. 마지막으로 그녀는 조사와 연구를 통해 많은 것들이 하나로 연결되자 온라인 마케팅과 소셜 미디어에 관한 자신의 전문성을 선보이는 사이트를 론칭했다. 그 후 새로운 사이트와 자신이 발견한 것들을 알리기 위해 여러 사람들에게 이메일을 보냈다. 단지 자신의 보고서와 접근방식이 매력적인지 아닌지를 판단하여 널리 알려달라고 요청하면서 말이다.

그렇게 니나는 에어비앤비의 핵심 의사결정자(창업자 중 한 사람이나 채용 담당 임원)에게 그녀에 관해 말을 꺼낼 만한 영향력 있는 사람들을 움직이게 했다. 니나의 옛 고객인 요르단의 왕비 라니아Rania는 니나의 열의에 합세하여 니나를 만나보도록 에어비앤비를 설득했다. 이때부터 니나의 '관습을 깨부수는' 혁신적 접근 방식이 그녀에게 더 많은 추진력을 선사했다. 자신이 축적한 명백한 증거에 힘입어 그녀는 에어비앤비에 발을 들였고 드디어 면접을 보게 되었다. 말 그대로 전 세계 수천 개 기업의 입사 제의를 물리치고 말이다. 니나의 자신감, 추진력, 독창성은 엄청나게 매력적인 파문을 일으켰고 수많은 리크루터들이 뽑지 않고는 못 배기는 사람으로 스스로를 만들었다. 트로피를 좇는 것은 그녀가 아니라 그들이었던 것이다.

언론과 소셜 미디어로부터 엄청난 주목을 받게 된 그녀는 행복한 고민에 빠졌다. 자신이 처리할 수 있는 것보다 훨씬 많은 입사 제의가 넘쳐났기 때문이다. 아이러니하게도 세계를 상대로 흥미로운 사업을 전개하는 놀라운 기업들로부터 입사 제의가 쇄도했다. 여러 가지 선택지를 모두 숙고한 끝에 그녀는 에어비앤비가 아니라 '업워크Upwork'를 선택했다. 이 회사는 재능 있는 프리랜서들을 프로젝트 단위로 채용하려는 기업들과 연결시켜주는 역동적인 기업이다. 그곳에서 니나는 전 세계에 커뮤니티를 구축하는 일을 담당하고 있다. 업무에 만족하는 것은 물론이고 자신을 매일 성장시키는 의미 있는 기여를 하면서 말이다. 니나의 '탐험'은 예상치 않는 우회로를 통과하고, 앞으로 나아가기는 했지만 에어비앤비가 아닌 다른 방향으로 나아갔다. 새로운 'B'는 처음에 목표로 삼았던 목적지와 아주 달라 보였다. 이것이 바로 우회성이 가진 미덕이다. 그리고 독특하고 차별적이며 독창적인 증거를 축적하는 것이 얼마나 강력한 힘을 발휘하는지를 보여주는 사례이기도 하다.

그녀의 대담함은 너무나 많은 사람들이 가능성이 낮은 취직 기회를 마냥 기다리도록 만드는 취업시장의 함정과 정형화된 규칙으로부터 스스로를 자유롭게 했다. 허슬러라면 누구나 알듯이, 규칙은 구식인 경우가 많고 변하기 마련이다. 규칙은 임의로 다람쥐 쳇바퀴를 만들어놓고서는 사람들의 능력이 발휘되지 못하게 막곤 한다. 니나는 성공으로 향하는 발판을 마련하기 위해 스스로 증거를 축적했고, 그녀의 성공은 취업시장의 규칙을 뜯어 고친 유명하고 매우 인상적인 사례가 되었다. 그녀의 이야기는 시스템의 규칙에 항상 순응할 필요가 없음을 보여준다. 니나는 자신만의 부가가치적 방식으로 게임을 시작했고 그 게임에서 승리함으로써 규칙을 뒤바꿔놓았다.

연금술과 빙산 그리고 증거에 관한 진실

POP의 네 번째 요소인 '증거' 바구니를 실천하면서 당신은 이 점을 깨달을 것이다. 바로 증거를 창출한다는 것이 그동안 당신이 일을 통해 쌓아둔 모든 것들, 남들에게 내세울 만한 모든 것들을 뛰어넘어야 한다는 사실 말이다. 증거는 남들이 당신의 창조적 능력을 직접적으로 '경험'하게 해준다. 이력서에 적힌 단순한 문장을 통해서가 아니라, 당신이 창조해낸 것들을 피부로 직접 느끼며 그 창조적 능력의 진가를 알아볼 수 있게 해주는 것이다.

증거가 어떻게 작용하는지 예를 들어보자. 닐과 패트릭이 두 명의 소프트웨어 엔지니어 중에서 한 사람을 채용해야 한다고 하자.

첫 번째 후보 빌은 누가 봐도 어셈블리 언어 분야에서 최고의 프로그래머이지만, 오픈 소스 프로젝트를 수행해본 경험이 없다.

두 번째 후보 비올라는 어셈블리 언어에 꽤 실력이 있고, 여러 개의 오픈 소스 프로젝트를 수행함으로써 앱스토어에서 다운로드할 수 있는 앱을 여러 개 개발했다.

이견의 여지가 없을 것이다. 닐과 패트릭은 고민할 것도 없이 당장 비올라를 채용할 테니까. 비올라의 업적을 눈으로 직접 볼 수 있을 뿐만 아니라, 고대 사원이든 소프트웨어 앱이든 상관없이 비올라가 수면 아래에서 여러 분야의 '연금술적인 통합'이 필요하다는 점을 이해하고 그 진가를 체득했다는 점을 알 수 있기 때문이다.

당신은 읽고 있는 이 책은 글자 그대로 5만 5,000여 개의 단어로 되어 있는데, 만약 당신이 단어를 써놓은 것이 책이라고 생각한다면 그것은 오산이다.

어쩌면 단어를 써내려가는 것은 책 출판의 가장 덜 중요한 측면이다. 마케팅, 표지 디자인, 아이디어 시도, 독자들을 끌 만한 매력적인 요소 개발 그리고 출판사와 저자, 편집자 간의 니즈 조정 등 수많은 측면들이 존재하기 때문이다.

이 모든 것들이 수면 아래에서 일어난다. 책 출판의 경우라면, 5만 5,000여 개 단어를 뛰어넘는 것이 하나의 '증거'로 만들어진다. 바로 연금술적인 통합을 통해서 말이다.

증거는 불완전한 인재 채용 시스템의 오류를 바로잡아 주는 완벽한 치료제 역할을 한다. 당신의 증거는 보이는 것과 보이지 않는 것, 영감을 주는 것과 설명으로 그치는 것, 당신이 세상에 내보일 수 있는 혁신적 업적과 같은 위치에서 경쟁하는 다른 사람들의 업적을 구분하는, 마치 모래 위에 그어진 선처럼 절대적인 구분자separator 역할을 한다.

새로운 일자리에 지원하는 것이든, 장래의 사업 파트너의 관심을 끄는 것이든, 아니면 애인의 주목을 끌기 위한 것이든 간에, 증거는

'당신이 독특하다'는 확고하고 논쟁의 여지가 없는 근거가 되며 당신을 다른 사람들과 구분 짓는다.

당신이 할 수 있는 것 전체를 하나의 '빙산'으로 본다면, 증거는 많은 점에서 빙산의 일각에 지나지 않는다. 증거는 과거에 당신이 행한 구체적이고 관찰 가능한 일일 수도 있고, 주위 평판을 통해 증명 가능한 것일 수도 있다. 이런 유형의 증거는 바다의 수면 위를 떠다닌다. 누구든지 수많은 유빙들(즉, 경쟁 지원자들의 이력서들) 중에서 그것(증거)이 돌출돼 있음을 알아차릴 것이다. 증거는 관찰자들에게 당신이 할 수 있는 것을 '맛보게' 해준다. 그래서 당신이 이미 완료한 일들 속에 어떤 재능과 스킬이 깃들어 있는지 궁금해할 것이다.

증거	증거 부족
빙산 (대부분 수면 아래 있음)	유빙 (수면 아래가 아주 겉도 없음)
암묵슬적 2+2=5	일상적 2+2=4
다른 사람들이 직접 경험한다	다른 사람들이 읽거나 듣는다
강한 신호	약한 신호
허슬 습관	전통적인 사고 방식
스스로 방향을 정함	방향을 필요로 함
능동적	수동적
3차원적	2차원적

예를 들어, 당신이 구상하고 설계하고 투자한 웹사이트 구축이 당신이 보여줄 수 있는 증거라고 하자. 그렇다면 이 프로젝트 수행을 위해서 인도의 프로그래머를 고용했고 카피라이터 팀을 관리했으며 경쟁이 치열한 분야에서 검색 리스트 상위권에 오를 목적으로 SEOsearch engine optimization(검색엔진 최적화-옮긴이) 및 마케팅 전문가들과 협업했던 세부적인 이야기는 겉으로 드러나 있지 않기에 궁금증을 유발시킨다. 아니면, 당신의 증거가 과거 몇 년 전에 행사를 계획하고 널리 알림으로써 아이들 글쓰기를 위한 비영리단체에 100만 달러를 기부한 일이라고 하자. 그러면 당신을 채용할 만한 사람들은 당신이 달성한 결과도 알고 싶겠지만, 당신의 능력과 당신이 수행 가능한 눈에 보이지 않는 일(직무기술서에는 없는)이 무엇인지 또한 알고 싶을 것이다. 그리고 비록 유명세는 얻지 못했더라도 당신이 행한 영웅적인 과업들, 여러 프로젝트에 쏟은 악전고투의 시간들 역시 궁금해할 것이다. 증거는 일종의 도움닫기로, 니나의 경우처럼 당신에게 어떤 능력과 가치가 있는지 알리는 강력한 도구다. 그 도구들은 장래의 고용주, 고객, 의뢰인, 사업 파트너의 테이블로 당신을 데려다주는 강력한 마술을 발휘한다.

이력서는 공룡들에게나 필요하다

켈리 오마라는 구글의 엔터프라이즈 및 클라우드 서비스 사업부에서 채용 담당 임원으로 근무했다. 현재 그녀는 뉴욕에서 자신만의 채용 대행 업체인 '샤인바이트Shynebyte'를 경영하고 있다. 우리(저자들)는 그녀와 함께 최근 취업시장의 문제에 대해 이야기를 나눴다. 자격이 충분한 지원자들이 복잡하고 경쟁이 치열한 하이테크 시장에서 두각을 나타내는 것을 절망적으로 바라보고 있지만, 한편으론 기업들이 인재를 채용하는 데 부담을 크게 느끼고 있다는 문제에 관해서였다. 인재들은 많지만, 같은 자리를 겨누고 있는 '그리 뛰어나지 않은' 인재들 역시 많다. 비록 디지털 도구들이 쭉정이들 속에서 알맹이를 골라내기 쉽도록 해주었지만, 동시에 쭉정이의 양이 기하급수적으로 늘어나버렸다.

켈리는 우리에게 일반적으로 하나의 이력서를 검토하는 데 총 6초 정도가 걸린다는 현실을 알려줬다. 잠시 생각해보자. 열망하는 일자리를 얻기 위해 당신이 몇 날 며칠 온갖 공을 들여서 만든, '걸작'과도 같은 이력서가 고작 6초밖에 검토되지 않다니! 당신 자신을 포함하여 수많은 일자리에 지원했다가 아무런 관심도 얻지 못한 사람들을 얼마나 많이 알고 있나? 아마도 그런 사람들이 많을 것이다. POP의 빈약함은 문제의 일부분이다. 걸러내야 할 엄청날 정도로 많은 이력서들 때문인지 기업들은 지원자들에게 두각을 나타내려면 그 이상의 무언가를 보여줄 것을 원한다.

규모와 상관없이 많은 기업에서 직원 채용의 문제는 현실로 나타나고 있다. 인사부서의 인력은 모자라고 지원자의 능력을 효과적으로 평가하기 위한 도구도 부족하다. 자격을 갖춘 지원자들이 단지 너무나 많은 것도 문제고, 형편없는 직무기술서와 쓸모없는 채용 기준 역시 잠재적인 문제로 지적된다. 여러 가지 이유 때문에 채용 시스템이 고장 난 상태로 돌아가고 있다.

그렇다면 이런 문제가 일자리를 찾는 당신에게 무엇을 의미하는 것일까? 그것은 증거와 허슬을 통해 예상치 못하고 괄목할 만한 무언가를 행할 수 있는 기회의 폭이 넓다는 점을 뜻한다. 다시 말해, 당신이 원하는 일자리를 찾으려면 '가서 보여줘야' 할 것이다. 이력서를 뛰어넘는 것을 행하고, 예외적이고 독특하고 소셜 미디어에서 공유될 만한 무언가를 함으로써 당신의 재능과 스킬을 증거로 보여줘야 한다.

핵심은 결국 더 많은 리스크를 수용하는 데 있다. 모험을 받아들이고, 과감해지고, 창의적이 돼라. 어떤 행운이 모습을 드러낼지 모르는 일 아닌가?

빙산에서 '증거의 산'으로

당신이 보통 사람이라면, 요구가 있을 때마다 다채로운 색깔의 공작 깃털처럼 당신의 면모 여기저기를 활짝 펴서 사람들에 보여줄 수는 없을 것이다. 당신에게 주목하도록 야생동물처럼 옷을 차려입고 싶지도 않을 것이다. 그와 같은 행동은 유지하기 어려울 뿐만 아니라, 당신을 이상한 눈으로 쳐다보게 만들 테니까. 그러니 동물 옷은 던져버리고 증거를 통해 당신의 POP를 강화시키고 의사결정자들과 영향력 있는 사람들이 필수적인 재능을 갖춘 사람이라고 당신을 인정하도록 만드는 더 좋은 방법을 사용하라. 당신이 호기심을 갖고 대화할 만한 사람이라고, 그리고 당신이 증명된 사람이라고 명백하게 보여줄 수 있는 방법이 있으니까.

관용적인 규칙을 뛰어넘는 일은 당신을 어색하게 만들거나, 뭔가 정체된 듯한 느낌을 주거나, 인지부조화와 본능적인 거부감을 야기할지도 모른다. 당신이 앞으로 나아가는 올바른 방법은 인내심을 갖고 줄을 서서 기다리는 것이라는 거짓말에서 벗어나려 할 때 이런 불편함이 엄습해올 것이다. 성공의 구닥다리 규칙은 더 이상 먹히지 않는다. 너무나 많은 사람들이 너무나 적은 일자리에 몰려 있고, 남들보다 앞서기 위한 추진력을 확보하는 것은 오로지 당신 자신에게 달렸다.

앞서 3장에서 직무기술서는 빙산과 같다고 언급한 바 있다. 중요한 것들 대부분은 수면 아래에 있다. 스스로를 '팔기 위해서'는 지식을 뒤집고 기회를 끌어당기고, 수면 아래에 있는 것들을 꼭대기로 끌어올려야 한다. '증거의 산Proofberg(빙산iceberg과 대응되도록 저자들이 만든 용어-옮긴이)'을 구축해야 하는 것이다.

'증거의 산'은 증거가 모여 만들어진, 빙산처럼 눈에 보이지 않은 채 깊이 잠겨 있는 커다란 덩어리다. 보이는 증거-웹사이트, 영화, 보고서, 새로운 앱-만으로는 프로젝트를 생각하고, 실행하고, 밀어붙이고, 유도하려고 쏟은 시간과 발휘했던 에너지를 나타내기가 쉽지 않다. 증거의 산은 프로젝트를 완료하기 위해 당신이 일반적인 직무 기술서를 초과하여 훌륭히 해냈다는 점을 입증해준다. 만약 증거가 유·무형의 가치 창조에 대한 궁극적인 근거라면, 당신에게 '증거의 산'은 불가능한 것들을 해내려는 자발성과 함께 대부분의 사람들이 절대로 해내지 못할 프로젝트, 제품, 지적자산을 구축했다는 점을 알려줄 것이다.

그렇기 때문에, 다음에 일자리를 구하고자 한다면 당신의 접근방식을 재고하는 데 최선을 다해야 할 것이다. 이력서를 잘 꾸미려고 시간을 쏟기보다 POP의 '증거' 요소를 꺼내든 다음에 이렇게 질문을 던져라. '나에게 창조할 능력이 있다는 증거를 다른 사람들이 직접적으로 경험하게 하려면 어떻게 해야 할까?'

증거는 말이 아니라 보여주는 것이다

할리우드, 발리우드Bollywood, 찰리우드Chollywood(미국, 인도, 중국의 영화 산업을 일컫는 표현-옮긴이) 등 전 세계 영화 산업의 허브에서 이야기는 주로 영화를 통해 전해진다. '보여줘라, 말하지 말고'라는 것이 영화 산업의 기조이고, '시각적 언어visual language'가 대세를 이루고 있는 것이 사실이다. 이와 마찬가지로, 법정에서는 종종 확고한 증거를 내보이라는 '입증 책임burden of proof'이 부과되기도 한다. 한 장의 사진은 수천 개의 단어를 대신할 정도로 경험의 상당 부분은 이

미지를 통해 고정된다. 여기에서 알아둬야 할 점은 사람들이 눈에 보이고 손에 잡히는 증거를 경험이나 결과물을 규정하는 도구로 사용한다는 것이다. 이 말은 POP와 당신의 정체성을 표현할 때에도 역시나 적용된다.

POP의 '증거' 바구니는 허슬 능력의 핵심이다. 그것은 당신에게 기회를 줄 수 있는 사람들을 특별히 당신의 노력과 업적, 가치와 모험에 관해 많은 것을 알 수 있는 곳으로 인도해준다.

'증거' 바구니에 포함되어야 할 핵심 속성들은 다음과 같다.

발견 가능성 Dicoverability: 당신은 '검색 가능한' 사람인가? 온라인에서 당신을 발견할 수 있는가? 구글이나 빙Bing(마이크로소프트가 만든 검색엔진-옮긴이)으로 당신의 이름을 검색할 때, 당신은 당신의 신원과 활동이 소개된 검색 결과를 보고 언제든 뿌듯함을 느낄 수 있어야 한다. 당신이 '대단한 사람'이라면 검색엔진은 누가 봐도 당신이 정말로 어떤 사람인지 호기심을 갖기에 충분한 검색 결과를 보여줄 것이다. 사람들은 트위터나 링크드인 같은 유명 소셜 미디어나 언론 기사 등에 게재된 당신의 프로필을 접할 것이다. 여기에서 핵심은 그 검색 결과가 당신을 진정으로 나타낸 것이어야 한다는 점이고, 가급적 악평이거나 악의적으로 비방하는 말이거나 부정확한 언급이어서는 안 된다는 점이다. 당연한 말이지만, 누구나 온라인 검색으로 빠르고 쉽게 당신을 찾을 수 있어야 할 뿐만 아니라, 당신에 대해 사람들이 찾고자 하는 바가 긍정적인 것이어야 한다. 무엇보다,

검색 결과가 당신을 근사한 사람으로 보이도록 해야 한다. 당신을 찍은 고화질 사진과 당신에 대한 좋은 평판을 가지고 근사한 웹사이트를 만드는 데 시간을 들여라. 이 정도는 너무나 기초적인 것이라고 생각되는가? 그렇다. 하지만 많은 사람들이 실천하지 않는다.

경험의 표시 Experiential Marker: 여기에는 당신이 완료한 일뿐만 아니라, 사진을 찍어 이미지 갤러리를 만든다든지 스토리텔링 기술이나 카메라 앞에 당당히 서는 법을 연습할 목적으로 여행 중이나 주말에 찍은 동영상으로 유튜브 채널을 운영한다든지 하는 취미 활동도 포함된다. '경험 표시'는 직접 운영하는 블로그도 될 수 있고, 수많은 사람들이 접속하는 유명 사이트에 당신의 이름으로 올라간 포스팅일 수도 있다. 당신이 주도하여 상을 수상한 디자인 프로젝트도 마찬가지다. 아니면 노숙인을 구제하는 것처럼 당신이 지지하는 매우 보람 있는 활동들도 경험 표시의 예가 된다. 그런 예들을 통해 인지도를 높이고 자금 조달을 이끌어가려는 당신의 노력을 내보일 수 있다.

포지셔닝/이미지/프로필: 이것은 당신이 가상세계와 현실세계의 채널에 걸쳐 개인적으로 자신을 정의하는 방법이다. 즉, 세상에 당신 자신을 어떻게 내보일지에 관한 것이다. 각 사이트에 올린 프로필, 소셜 미디어에서 받아보는 피드, 프로필용 사진 등이 바로 구체적인 예가 된다. 이것들은 당신 이야기의 핵심을 형성하고 다른 사람들에게 당신이 어떻게 비치는가에 영향을 미친다. 그렇기 때문에 당신의 프로필을 공들여 쓴 다음에 큰 소리로 읽어보라. 그리고 '전체공개'를 누르기 전에 믿을 만한 친구 몇 명에게 그것을 읽어보도록 하라. 그리고 적어도 1년에 한 번씩은 프로필을 업데이트하라. 지속적으로 성장하는 당신을 프로필에 반영하라. 비록 당신이 해내거나 배운 것을 그저 한 문장으로 첨가하는 것에 지나지 않는다 해도 말이다.

별난 행운 Quirky Luck: 이 행운은 허슬 행운과 숨겨진 행운의 결과물이다. 다른 사람들과 당신을 구별시키고 당신만의 경험을 표현하는 독특한 표지 혹은 식별자를 말한다. 당신의 별난 행동과 태도는 당신 자신을 표현하는 데 있어 분명한 차별 요소로 작용한다.

별나고 이상한 사람들은 같은 사물을 다른 사람들과는 다르게 보고, 그 특성에 대해 다른 결론에 도달하곤 한다. 만약 당신이 선천적으로 파격적이거나 특이하다면, 당신의 그런 점을 좋게 받아들여라. 당신은 더 운이 좋을 테니까.

또한 별난 행동 및 태도는 고용주와 애인에게 아주 매력적으로 인식될 수 있기 때문에 당신은 그런 행동들을 진지하게 여겨야 한다. 예를 들어, 닐의 별난 점에는 잘난 체하지 않고 건실한 태도를 보이는 것도 포함되어 있다. 그는 누구나 말을 붙일 수 있는 사람이고, 상대방을 무장 해제시키는 진실하고 재미있는 사람이며—너무 칭찬이 과한가?—바로 친밀해질 수 있는 사람이다. 온라인상에서 그리고 현실세계에서 눈으로 바로 볼 수 있는 그의 별난 점들은 일과 삶 속의 허슬을 통해 그에게 엄청난 행운을 선사했다. 게다가, 닐의 인기 있는 블로그와 언론 기사들 덕에 그는 승리의 기반을 다져놓았다. 비즈니스 관련 문제, 온라인 마케팅, 실제적인 기업가정신 등에 대해 그가 앞서가는 전문가라는 점을 블로그와 기사를 통해 알 수 있기 때문이다. 못 믿겠다면 그의 이름을 구글에서 검색해보라. 그 검색 결과는 바로 '증거' 바구니가 중요하다는 확증이다.

실적Track Record: 당신의 증거는 당신의 성과를 말해준다. 누군가를 당신의 웹사이트로 안내하면 그들은 그동안 당신이 지나온 여정의 긍정적인 측면들을 압축한 근거를 찾곤 할 것이다. 당신은 그들에게 수상 실적 혹은 공식적 승인과 같은 과거의 성공 사례를 보여줄 수 있을 것이다. 당신의 증거는 당신 자신을 검증해주고 다른 사람들의 눈에 당신이 얼마나 신뢰 있는 사람인지 알려준다. 아마도 가족, 아이들, 혹은 당신이 특별히 자랑스러워하는 것들을 보여줄 수 있을 것이다.

증거는 영향력 있는 사람들 혹은 온라인 지인들, 친구들, 팔로어들의 추천이나 언급의 형태일 수도 있다. 심리학자 로버트 치알디니는 『설득의 심리학Influence』에서 이런 것들을 '사회적 증거social proof'라고 정의했다. 이는 당신의 신뢰도와 사회적 인지도가 온라인 세상에서 '어떻게 인식되고 있는가'라는 지점에서 직접적으로 산출된 결과라는 뜻이다.

마지막으로, 증거는 당신이 해낸 것들과 왜 그것들이 중요한지를 나타낸다. 예를 들어, 패트릭이 운영하는 오디오 기술 회사 '슈퍼파 워드Superpowered'는 안드로이드 개발자들에게 빛처럼 빠르고 지연이 거의 없는 모바일 오디오를 경험하게 해준다. 틈새 소프트웨어이긴 하지만 사람들은 그의 직원들이 창조해낸 품질과 증거를 그 제품을 통해 인식하게 된다.

다시 말하지만, 증거는 당신이 보유한 창의력, 진취성, 스킬, 재 능을 말한다. POP의 '증거' 바구니에서 당신이 할 수 있는 가장 중 요한 것은 사람들이 당신을 찾을 수 있는 방법을 제공하는 것 그리 고 당신이 흥미로운 사람임을 알도록 하는 것이다. 이는 잠재적 고 용주, 사업 파트너, 고객, 새로운 지인 등 미래에 만나게 될 사람들 이라면 누구에게나 중요하다. 이를 위해 당신이 갖춰야 할 두 가지 기본적인 필요조건이 있다. 하나는 '워드프레스WordPress'나 '스퀘어 스페이스Squarespace'를 통해 만든 블로그처럼 당신의 흥미로운 측면 을 내보일 '온라인상의 결과물'이다. 나머지 하나는 '소셜 미디어상 의 존재'로서 적어도 일주일에 한두 번 포스팅을 하면서(너무나 바쁜 '신기술 반대론자'들조차 이 정도는 할 수 있다) 적절히 활발하게 유지 해야 한다.

끝으로, 당신의 '증거의 산'이 잘 관리되고 계획적으로 유지되는 것처럼 보이는 것이 얼마나 중요한지를 절대로 잊지 말길 바란다.

증거가 세상을 바꾸는 순간

너반 멀릭Nirvan Mullick(영화제작자이자 소셜 캠페인 분야 디지털 전략가-옮긴이)은 증거가 주는 여러 가지 장점들 중에서 하나 혹은 두 가지 정도는 알고 있다.

서른일곱 때 너번은 로스앤젤레스에 살면서 프리랜서로 실험적인 예술가이자 영화제작자로 활동 중이었다. 그의 자동차는 1996년형 토요타 코롤라였는데, 어느 날 문 손잡이를 고치기 위해 자동차용 중고 부품을 판다는 LA 동쪽으로 향했다. 그곳에서 그는 증거를 쌓을 수 있는 실험에 우연히 발을 들여놓게 된다.

몇몇 자동차 정비소와 화려한 자동차 부품 판매점을 둘러보던 너반은 조지 먼로이가 운영하는 가게를 발견했다. 조지는 열심히 일하는 자동차 부품 판매상이었지만 그의 가게는 금방이라도 망할 것처럼 보였다. 조지가 너반에게 필요한 코롤라 부품을 찾는 동안, 조지의 아홉 살짜리 아들 케인이 너반에게 다가왔다.

케인은 자기만의 독특한 결과물들을 그에게 보여줬는데, 자동차 부품, 종이 박스, 플라스틱 장난감을 사용하여 최신 오락기를 흉내낸 것들이었다.

애석하게도 종이 박스 오락기에 관심을 갖는 사람들은 그동안 아무도 없었다. 하지만 예술가의 눈을 지닌 너반은 남들에게는 보이지 않는 무언가를 발견했다. 사탕가게에 들어온 서른일곱 살짜리 아이처럼, 그는 그 종이 박스로 만든 아케이드arcade를 가지고 놀겠다며

케인에게 2달러를 주었다.

케인의 창의력에 신이 난 너반은 여러 개의 오락기를 가지고 놀았고, 그 후에 그는 조지에게 케인을 다음 번 단편 영화의 주인공으로 써도 되겠냐고 물었다.

조지가 동의하는 순간, 행운이 만들어지기 시작했다. 너반은 페이스북으로 이벤트를 공지하고 영화에 '플래시 몹flash mob(특정장소에 모여 짧은 시간 동안 약속한 행동을 하고 흩어지는 불특정 다수의 군중 행위-옮긴이)'으로 참여할 사람들을 모집했다. 그렇게 너반은 〈케인의 오락실Caine's Arcade〉이라는 10분짜리 다큐멘터리를 촬영했다. 한 아이의 놀라운 상상력과 창조적인 습관을 널리 공개하기 위한 목적이었다. 몇 개월 후에 그는 이 영화를 유튜브에 올렸고 엄청난 호응을 이끌어냈다.

너반은 유튜브 시청자와 팬들에게 요청하고 싶은 것이 한 가지 있었는데, 소셜 미디어를 통해 케인의 대학교 학자금을 기부하자는 것이었다. 그는 친구들과 팔로어들에게 이런 질문을 던졌다.

"종이 박스를 가지고 이렇게 할 수 있다면 공학 학위를 취득한 케인이 무엇을 할 수 있을지 상상해보지 않으시렵니까?"

그 후 수십만 달러의 돈이 모였고, 유튜브 조회수는 500만 회가 넘었다. 너반의 이 짧은 영화는 입소문을 타서 '레딧Reddit'의 첫 페이지를 장식했으며, 수많은 주요 언론 매체의 뉴스 기사로 다루어졌다. 배우 잭 블랙Jack Black은 자신의 아이들과 함께 케인의 오락실로 와서 즐거운 시간을 보내기도 했다. 한때, 오락실을 이용하려면 네 시간이나 줄을 서야 할 정도였다. 물론 케인도 나름 유명인사가 되었다.

자동차 부품을 찾으러 갔다가 우연히 발견해낸 독특한 이야기가 전 세계 수백만 명의 사람들에게 영감과 감동을 주는 원천이 되었다. 가수 저스틴 팀버레이크는 케인을 '내가 가장 좋아하는 새로운 기업가'라고 부를 정도였다.

케인과 너반은 결정적인 순간, 즉 케인의 '별'이 태어나고 너반의 '별'이 떠오르는 순간을 경험했다. 너반의 증거는 하나의 서사시이자 '작은 행동이 아이의 삶을 변화시킬 수 있다'는 확실한 증거였다. 그리고 동시에 '악전고투하던 영화제작자의 삶을 변화시킨' 증거이기도 했다.

이후 계속 이어지는 기부와 케인을 둘러싼 호기심 덕에 너반은 '케인과 같은 아이들의 창의력과 기업가정신을 발견하고, 육성하고, 지원하기 위한' 비영리단체를 설립하기에 이르렀다. 그는 그 단체에 '상상력 재단The Imagination Foundation'이란 이름을 붙였다.

그 외에도 너반은 창의적인 프로젝트, 즉 자신을 움직이는 무언가를 행하는 실험을 시도했다. 이 실험은 그에게 증거를 선사했을 뿐만 아니라 그의 미래를 다시 쓰게 했다.

짧은 다큐멘터리의 엄청난 성공 덕에 너반은 자신의 꿈을 소유하게 됐다. 비영리단체를 성공적으로 설립한 이후에도 그는 계속해서 스토리텔링, 창의력, 상상력의 힘을 전 세계에 알리고 있는데, 여러 재단으로부터 주요 지원을 받는 대규모 프로젝트들을 청년들과 함께 수행하고 있다. 또한 그는 HBO, 디즈니 등과 계약을 성사시키며 자신의 영화 작업을 계속하고 있다.

이처럼 너반은 가슴을 뭉클하게 하는 아이디어를 가지고 발로 뛰었다. 케인은 현재의 세계가 아니라 아이들을 위한 세계가 재미, 영리함, 상상력, 기업가정신, 경험 공유의 장소가 되어야 함을 알려주는 살아 있는 증거였다. 고개를 들고 눈을 크게 떴기 때문에 그는 독특한 이야기를 스스로 만들 수 있었고 그렇게 얻은 추진력으로 나머지 길을 갈 수 있었다.

14. 돈은 추진력의 연료이자 도구다

"칸바일러Kahnweiler*에게 사업 감각이 없었다면 우리는 어떻게 됐을까?"

- 파블로 피카소

피카소의 조언

제2차 세계대전이 막바지에 이르던 때, 피카소는 파리에 있는 자신의 스튜디오에서 오랜 친구이자 동료인 사진작가 브라사이Brassaï를 대접하고 있었다. 브라사이가 피카소의 조각 작품을 사진으로 담는 작업을 의뢰받기 전부터 둘은 오랫동안 알고 지내던 사이였다.

브라사이의 기록에 의하면, 이 만남은 비공식적인 것이었다. 그 전에 브라사이는 피카소에게 자기가 초보자로서 시험 삼아 몇 점의 삽화와 '프리핸드 드로잉'을 그려봤다고 언급했던 적이 있었다. 피카소는 브라사이가 젊었을 때 만들어낸 결과물을 보고 싶어 했기에,

---

* 독일 태생의 유대인 화상畵商이자 미술평론가로 입체파의 예술성을 간파하고 입체파 화가들을 후원했다.

이번에 방문하면서 브라사이는 피카소에게 자신이 20년 전에 그린 그림들을 보여줬다. 피카소는 브라사이가 충분한 재능을 지녔다고 평가하면서 그림을 팔기 위한 전시회를 열어보라고 권했다.

당시 브라사이는 이미 사진작가로 유명했고 제1·2차 세계대전 사이에 파리 사람들의 일상을 특유의 흑백 사진으로 남기는 등 성공적인 경력을 구축한 사람이었다(아마 당신도 한 번쯤은 본 적이 있을 것이다. 본 적 없다면 지금이라도 그의 작품을 구글링해보라).

그러나 자신이 없었던 브라사이는 피카소에게 자신이 그림에 충분한 재능이 없고, 화가들 중에 극히 일부만 금전적으로 성공하기에 충분한 재능을 지녔다고 대답했다.

그의 답을 듣고 피카소는 돈의 중요성을 브라사이에게 이해시키기 시작했다. "음, 성공은 중요한 것이네!" 피카소는 이어 말했다.

"흔히 화가는 자기 자신을 위해 예술에 대한 사랑을 갖고 작업하고 성공을 경멸해야 한다고들 떠들어대는데, 그건 틀린 소리야!"

피카소의 말은 나중에 따져보기로 하고 1944년에서 1816년으로 시간여행을 떠나 스위스 제네바의 호숫가로 가보자. 작가 로드 바이런Lord Byron과 퍼시 비시 셸리Percy Bysshe Shelley가 이끄는 낭만파 예술가들이 스위스와 프랑스 접경 지역인 호숫가에 몰려들어 햇빛이 작열하는 풍경과 진보적인 정치 분위기를 만끽하고 있었다.

그 모임은 심미적인 순수함의 형식을 추구했고 심리적이든 정신적이든 신체적이든 모든 고통은 삶의 의미 혹은 '도덕적 우월성'을 획득하는 데 필수적이라는 믿음을 고수했다. 휴 맥레오드Hugh McLeod

가 『이그노어! 너만의 생각을 키워라Ignore Everybody: And 39 Other Keys to Creativity』에서 거듭 언급했듯이, 아마도 당신은 "사람들이 돈을 지불하는 순간 예술은 타락한다."라는, 오늘날 널리 퍼진 이 믿음에 대해 그 낭만파 예술가들에게 감사의 말을 할지도 모르겠다. 돈은 의미, 목적, 고차원적 자아를 훼손시키고, 예술에서 고통은 본질적으로 물질적 욕구의 유혹으로부터 자유로운 도덕적 순수함을 얻은 자가 경험하는 카타르시스적인 과정이라고 말이다.

"예술을 위한 예술"이라고 그들은 말한다. "예술을 놓고 절대 타협하지 마라." 그리고 최악의 경우엔 "절대 팔지 마라."라고 한다.

하지만 예술가들만 돈에 대한 콤플렉스와 돈의 필요악必要惡 때문에 고통을 겪는 것은 아니다. 사실, 사람들 대부분이 그렇다. 우리(저자들)는 친구들과 동료들이 말과 완전히 다르게 행동하는 것을 지금껏 보아왔다. 그들은 자신의 상사에 대해 쉴 새 없이 불만을 토로하지만 새로운 직장을 찾으려고는 하지 않는다. 그들은 제품이나 서비스에 관한 놀라운 아이디어를 제시하고 끊임없이 그것을 말하고 다니면서도 현실화시키는 데는 한 걸음도 나아가지 않는다. 돈에 관한 거라면 스스로를 고의적으로 방해하고 있는 셈이다.

POP 모델에 'P'로 시작하는 단어를 새로운 요소로 집어넣는다면 그건 '이익Profit'일 것이다. 당신은 항상 일을 통해 이익을 추구해야 한다. 금전적 이익을 벌어들일 때—비록 작은 이익이라 해도—그 금전적인 이익이야말로 당신의 허슬을 지속시키기 위해 필요한 것이다. 만약 당신이 피카소처럼 세계적 수준의 예술 천재라는 축복을 받은

사람이라면, 혹은 제임스 패터슨James Patterson처럼 대기만성형 베스트
셀러 작가가 되기 위해 노력 중이라면, 부업의 형태로 창조적인 시
도를 이제 막 시작했다면, 당신의 허슬은 이익으로 시작될 필요가
있다.

만약 당신이 정규직에서 프리랜서로 경력을 전환하는 '안에서 밖
으로의 허슬'을 시도하고 있다면, 안정적인 이익이 있어야 근근이
살아가는 상태에서 소위 '잘나가는 상태'로 이동할 수 있다. 이익은
당신이 잠재력을 발휘할 수 있도록 돕는다. 당신은 이미 당신이 다
른 사람들에게 가치를 제공할 수 있음을 알고 있다. 여기에서 핵심
은 그 가치-당신의 시간과 재능, 일-가 다른 사람들에게 얼마나 유
용한지, 다른 사람들이 그 가치에 돈을 지불할지, 어떻게 그들이 거
기에서 멈추지 않고 더 많은 것을 요구하도록 만들지이다. 숨을 들
이마시면서 외워야 할 주문은 이것이다. '가격은 가치가 없을 경우
에만 문제가 된다.' 당신이 요구하는 가격이 적절하면 당신이 얻는
이익 역시 적절할 것이다.

그렇기 때문에 당신의 추진력을 유지하기 위해서 이익은 절대적
이고 본질적이며 긍정적으로 중요하다. 피카소가 브라사이에게 말
했듯이 "예술가는 성공해야 한다. 생계유지뿐만 아니라 자신의 작
품세계를 이루어낼 필요가 있기 때문이다".

돈과 의미를 둘러싼 미신, 돈과 예술을 둘러싼 미신은 너무나 오
랫동안 끈덕지게 남아 있다. 이제는 그런 미신을 싹둑 잘라내고 회
의적인 생각을 떨쳐내야 할 시간이다. 우리(저자들)는 당신이 잘못

된 이유가 아니라 올바른 이유를 가지고 매진하기를 바란다.

배고픈 예술가를 굶기고, 갈망하는 허슬러를 먹여라

아이러니하게도, '물질적 성공을 배척하는 배고픈 예술가'라는 미신은 지금껏 더 나쁜 예술을 양산해냈다. 이제 당신의 의식 밖으로 '배고픈 예술가'를 쫓아내 굶겨 죽여야 할 시간이다.

사실 예술가를 타협하게 만드는 것은 돈이 아니라 '돈의 부족'이다. 이는 정말이다. 피카소는 초기부터 예술적으로 그리고 무엇보다 금전적으로 성공을 거뒀기 때문에 자신의 예술 세계와 경력을 놓고 타협하지 않을 수 있었다. 그랬기 때문에 20세기에 활동했던 시각 예술가들 중에서 가장 뛰어난 경력을 자랑하는 그가 새로운 방식과 원초적인 형태로 의미 있는 모색과 표현을 할 수 있었던 것이다.

당신이 피카소처럼 엄청난 재능을 지녀야 한다고 부담을 주는 것은 아니다. '생화학'의 소소한 도움을 받아 돈과 의미 사이의 관계를 현명하게 생각하길 바랄 뿐이다.

과호흡의 딜레마

만약 당신이 열 살짜리 아이고 수영장을 잠영으로 가로지르기를 바란다면, 당신은 그 나이 아이들이 할 법한 행동을 할 것이다. 수영장 레인 끝에 서서 숨을 몰아쉬기 시작할 테니까.

과학 수업 시간에 산소가 생존에 매우 중요하고 이산화탄소가 허파에서 배출된다고 배운 열 살 아이는 산소의 양을 늘리는 최고의 방법으로 짧은 시간에 많은 양의 공기를 들이마시는 걸 택한다. 그러고 나서 충분히 숨을 들이켠 아이는 6.5초라는 자기 형의 잠영 기록을 분명히 깰 것이라고 자신한다.

하지만 결국 아이는 어지럼증을 느끼고 부모님은 아이를 걱정스러운 눈으로 쳐다본다! 열 살짜리 아이의 생각은 틀렸다!

그런데 잠깐! 예술이라는 관점으로 과호흡이 돈, 의미, 추진력과 무슨 상관이 있을까?

모두 상관이 있다. 숨 참기를 그만둬라. 자연스럽게 내쉬어라. 너무 깊거나 얕게 말고. 그리고 이 책을 계속 읽어 나가라.

과호흡은 혈액의 산소 농도를 증가시키는 데 도움이 되지 않는다. 사실, 과호흡을 하게 되면 동맥혈의 산소가 감소된다.

이는 두 가지 주요 원인 때문이다. 첫째, 혈액 속의 헤모글로빈(산소를 폐에서 세포로 전달하는 단백질)은 이미 산소로 98퍼센트 정도 포화되어 있어서 과호흡을 통해 자연스럽게 과포화(100퍼센트 이상 포화) 상태로 만들 수가 없다. 둘째, 과호흡을 하면 이산화탄소가 몸의 조직 바깥으로 더 빨리 배출되는데, 이럴 경우 헤모글로빈이 산소를 세포에 공급하기가 더 어려워지는 역효과가 발생한다.

이해가 가는가? 산소를 증가시키려는 것이 오히려 산소의 공급을 더 어렵게 만든다. 헤모글로빈이 세포에 산소를 공급하려면 이산화탄소가 필요하기 때문이다. 이산화탄소가 충분하지 않으면 산소 분자는 헤모글로빈에서 떨어지지 않으려 한다. 특대 사이즈의 슬러피 Slurpee(슬러시 음료의 일종-옮긴이)와 지난주에 받은 용돈을 걸고 말하겠다. 과호흡을 하게 되면 수영장 가장 먼 곳까지 잠영으로 갔다 오는 건 불가능하다.

보어 효과

1904년에 덴마크의 물리학자 크리스티앙 보어Christian Bohr는 산소와 결합하려는 헤모글로빈의 성질이 산성도와 이산화탄소의 농도에 반비례한다는 것을 분명하게 보여줬다. 혈액 속에서 산소와 이산화탄소의 비율로 나타나는 이러한 관계는 '보어 효과Bohr effect'라고 알려져 있다.

쉬운 말로 하면, 혈액 속의 이산화탄소 증가는 혈액을 더 산성으로 만들기 때문에 헤모글로빈이 세포에 산소를 내려놓는 효과가 일어나게 된다. 기억하라. 궁극적으로 헤모글로빈의 역할은 폐에서 '픽업'한 산소를 내려주는 것이다. 만약 제때 내려주지 않는다면 뭐하러 산소를 싣고 다니겠는가?

이산화탄소 없이는 숨을 쉴 수 없다. 이산화탄소는 폐기물이 아니다. 그것은 살아 있게 만드는, 혈액에서 중요한 기체다. 숨을 계속

쉬려면 산소와 이산화탄소 모두 필요하다.

타이트한 범위

이제 당신은 혈액에 관한 화학의 기초를 배웠다. 그래, 안다. 생리학과 생화학을 배우기 위해 당신이 이 책을 사지는 않았다는 것을. 하지만 다시 한 번 숨을 참아보라.

혈액 속에서 이산화탄소와 산소 양의 상대적인 비율은 생명 유지에 매우 중요하다. 당신이 우주비행사, 스쿠버다이버 혹은 신생아를 진찰하는 의사라면, 산소와 이산화탄소 각각이 너무나 많거나 너무 적은 것이 얼마나 위험한지를 잘 알 것이다.

상세한 내용까지는 알 필요 없지만, 각 기체의 급격한 변화(증가 혹은 감소)는 혈액의 산성도(pH라고 표시함)를 빠르게 변화시키고, 만일 그렇게 된다면 끔찍한 일들이 벌어질 수도 있다.

하지만 너무 걱정하지 마라. 혈액의 산성도는 자동적으로 철저하게 통제되고 있으니까. 혈액이 정상적인 pH 범위를 벗어나면 당신의 몸은 정상적인 범위(7.35에서 7.45로 아주 타이트하다)로 복구되도록 즉각적인 조치를 취한다.

이것을 '항상성homeostasis'이라고 부른다. 신체는 혈액의 pH를 통제하는 변수들을 조절함으로써 혈액의 산성도가 안정되게 유지되도록 한다. 혈액의 pH가 안정되게 유지되니까 당신은 계속 숨 쉴 수 있고 허슬링을 계속할 수 있는 것이다.

지나치게 많은 돈

사람들은 누구나 돈만 추구하는 것이 얼마나 위험한지 알고 있다. 삶을 피폐하게 만드는 돈의 영향력을 한 번도 느낀 적이 없다고 말하는 사람은 없을 것이다.

아마도 당신은 부정직한 CEO와 피라미드 방식처럼 의심스러운 비즈니스 모델을 가진, 유령회사에서 꽤 괜찮은 연봉을 받은 적이 있을지 모르겠다. 그렇다면 그런 경험 때문에 당신 자신을 자책하지 않았을까?

잘나가는 친구들에게 내보이기 위해서 별로 좋아하지 않는데도 비싼 옷을 구입한 적이 있을 것이다. 비싸고 과대평가된 장소에서 휴가를 보내기도 했을 것이다. 상사가 1년 전에 그곳에 갔다는 이유로 혹은 페이스북 친구들이 모두 찾아가는 곳이라는 이유로 버킷리스트에 'OO에서 휴가 보내기'를 써놓았을 것이다.

이 모든 행동은 전적으로 자연스럽고 이해할 수 있는, 전적으로 인간적인 모습이다. 하지만 혈액 속에 이산화탄소 농도가 지나치게 높은 '탄산 과잉hypercapnia' 상태와 마찬가지로 위험하다.

지나치게 큰 의미

의미란 당신이 사회에 기여하는 방식과 물질적인 것 외에 당신이 다른 사람들의 삶을 풍요롭게 만드는 방식이다. 또한 당신이 살면서 내린 선택이 매우 중요하고 자신이 좀 더 큰 그림의 일부라고 자신감 있게 생각하도록 만드는 이유이기도 하다.

사람들은 모두 의미를 추구한다. 하지만 가끔은 너무 멀리 앞서 가는 바람에 다른 중요한 요소들을 희생시키면서까지 의미를 지나치게 추구하기도 한다.

요즘 들어서 우리는 사업이 '역겹고 비인간적'이라는 이유로 상업적인 활동과 거래를 회피하기 위해 스스로를 완전히 탈바꿈한 사람들의 이야기를 예전보다 자주 듣곤 한다.

사람들은 형편없는 일로 먹고살면서도 야생마와 탁 트인 초원을 가까이서 볼 수 있고 잔인할 정도로 따분한 일상에서 멀리 떨어진 몬태나 주 빅 스카이Big Sky의 목장에 틀어박혀 인생의 염증을 한방에 떨쳐내기를 갈망한다.

이런 식의 꿈과 반응이 반드시 옳지 않은 것은 아니다. 하지만 잘못된 것이 무엇인가에 대한 사람들의 판단은 대개 잘못됐다. 많은 예술가들과 '자유로운 영혼들'은 그들이 지나치게 큰 의미를 가지고 메우려는 구멍이 '고산소혈증hyperoxia'와 유사하다는 점을 절대 이해하지 못한다. 무슨 말이냐고? 숨을 쉴 때 산소가 지나치게 많으면 죽을 수도 있다는 뜻이다.

보어 효과가 '더 많이 효과'를 만날 때

돈이 모든 문제를 해결하지는 못한다. 그리고 의미가 항상 마음속의 따분함을 몰아내주지는 못한다. 돈과 의미는 서로 비례적인 관계를 가져야 한다.

이것이 바로 '더 많이 효과The More Effect'다.* 보어 효과에서 말하는 산소와 이산화탄소의 관계처럼, 돈과 의미의 관계는 당신의 무의식이 지속적으로 감시하는 타이트한 범위를 가지고 있다.

의미에 비해 지나치게 많은 돈은 당신에게 이런 질문을 던진다. '내가 왜 이 일을 하지? 비양심적인 행동을 하는 대가로 돈을 받고 있는 걸까?'

돈에 비해 지나치게 큰 의미는 이런 질문을 당신에게 남긴다. '리스크에 나 자신을 던지지 않고서 이렇게 계속 살아야 하는가?'

어느 쪽이든, 둘 사이의 관계가 깨지거나 균형을 잃으면 항상성도 없어진다. 심장은 평형 회복이 필요하다는 신호를 머리에 알릴 것이다. 그 신호는 마음속의 따분함을 제거하려면 '더 많은 것'이 필요하다는 감각을 증폭시킨다.

돈과 의미가 항상성을 유지하면 마술과도 같은 일이 발생한다. 산소와 이산화탄소가 평형을 유지하면 애쓰지 않아도 자연스럽게 숨을 쉴 수 있는 것과 마찬가지로, 돈과 의미가 균형을 이루면 가장 놀라운 삶의 힘인 추진력을 창조해낸다. 추진력은 가슴, 머리, 습관의 동조를 위해 필수적이다. 추진력이 있어야 작은 변화를 시작도 끝도 없는 '무한한 허슬Infinite Hustle'로 나아가는 엄청난 진보로 이끌어낼 수 있다.

---

* 의미가 돈을 필요로 하는 만큼 돈은 의미를 필요로 한다. 둘은 강하게 연결된 관계를 가지고 있다. 만약 한쪽으로 균형이 쏠리면 더 많은 것을 요구하고 싶은 기분에 사로잡힌다. '지루함의 일상화'를 참조하라.

15. 허슬러와 확고한 의미

"배움의 깊이는 경험의 강도와 직접적으로 관련되어 있다."

- 로버트 먼로Robert Monroe

한밤의 통화와 달라이 라마의 미소

"혹시 내일 일정 있어?" 폴이 물었다.

TV에서 나오는 〈엑스파일X-Files〉의 볼륨을 줄이고 왼쪽 귀에 전화기를 가져가면서 조나스가 대답했다.

"뭐, 그냥 그래. 일하고, 글 쓰고, 운동하고, 요가 수업하고, 로라를 만나고. 근데 왜?"

"미안하지만 내일 일정은 취소하는 게 좋겠어. 너 휴스턴에 가야해." 라고 폴이 말했다.

오랜 친구의 뻔뻔한 말을 재미있어 하며 조나스가 물었다.

"왜 내가 거기 가는데?"

"달라이 라마Dalai Lama 만나러."

폴은 휴스턴에 본거지를 둔 불교신자 그룹의 기획자였고, 그 그룹은 '현대세계의 유심론과 과학'이라고 불리는 심포지엄을 주최하게 됐다. 영성과 과학 사이의 벽을 깨뜨리기 위해 계획된 그 이벤트에는 어느 티베트 수도승과 함께 노벨상 수상자, 일선의 과학자, 할리우드 배우 등 인상적인 참가자들이 대거 참석했다. 그중 수도승이란 다름 아닌 달라이 라마였다. 원활한 운영을 위해 믿을 만한 자원봉사자 몇 명이 필요했던 폴은 자동차로 네 시간 거리의 휴스턴에서 오스틴에 거주하는 조나스에게 밤늦게 전화를 걸었던 것이다. 조나스가 휴스턴에 오면 대단히 흥미로운 경험을 하게 될 거라고 말이다.

영성에 대해 깊은 관심을 가지고 있는 젊은 작가 조나스에게 그것은 인생에 한 번뿐인 기회였다. 참가자들 대부분이 수천 달러를 지불하고 참석하는데 자원봉사자가 돼 공짜로 참석할 수 있다니! 하지만 다니던 광고회사에 병가를 내고 휴스턴으로 달려가는 것 외에 다른 선택의 여지는 없었고, 조나스는 어차피 못 쓰게 될 병가를 그렇게 사용하는 것이 최고라고 여기며 '별일 없을 거야.'라고 생각했다.

그런데 그가 이렇게 '별일 없을 거야'란 생각을 언제 했는지가 중요하다.

때는 2005년 9월이었다. 손끝으로 톡톡 두드리기만 하면 되는 아이폰과 최신 날씨 앱이 출시되기 몇 년 전이었고, 수천 명의 사상자와 이재민을 발생시킨 허리케인 '카트리나Katrina'가 뉴올리언스를 강타한 지 몇 주 후였다. 또한 조나스가 뉴스와 미디어를 멀리하겠다고 맹세하던 때이기도 했다. 일기예보를 보지 못했던 건 그만한 이유가 있었던 것이다.

전화를 끊고 나서 조나스는 상사에게 이메일을 보내 다음 날 출근하기 어렵다고 알렸다. 몇 시간 자다 깨다 하다가 조나스는 새벽 3시에 일어나 네 시간 후에 휴스턴의 행사장에 도착했다. 그는 피곤했지만 달라이 라마와 유명 게스트들을 직접 볼 생각에 신이 났다.

심포지엄에서는 다양한 발표가 진행됐다. 몇몇 사람들이 인생의 요구와 영혼의 요구 사이에서 균형을 추구하자는 주장을 펼쳤다. 어떤 사람은 양자물리학과 '통일장 이론Unified Theory'을 설명하기도 했다. 그 후에 물리학의 절대적 법칙에 비해 정신적 철학이 얼마나 가치 있는지에 관한 토론이 벌어졌다. 처음에는 아이디어의 주장과 반박이 외교적으로 차분하게 이루어졌지만, 어느덧 공손하던 토론자는 과학자 측의 예상치 못한 잘난 체 때문에 무너졌다. 물론 과학자들이 진리를 말하기는 했지만 달라이 라마에게 던져진 질문들은 친절하지 못하고 무례했다. 우쭐해하는 시선이 노골적인 거드름으로 변했고, 청중은 불편한 기색을 감추지 못하고 자리에서 꼼지락거리기 시작했다. 조나스도 유쾌하지 못했던 사람들 중 하나였다.

하지만 행사가 마무리될 시간이 되자 웅성거리던 소리가 갑자기 끊기고 모두가 연단을 응시했다. 성하His holiness(종교 지도자에 대한 존칭-옮긴이)는 만면에 미소를 띠며 즐거워했다. 그 순간 그에게 중요했던 유일한 것, 의미 있고 소중한 단 하나는 진실을 놓고 다투는 토론이 아니라, 근처 휴스턴 대학교에서 참석한 불교도 학생들이 선물로 준 작은 화분, 그리고 그것의 순수한 아름다움이었다.

그 순간 토론장에 퍼졌던 이기심들은 사라져버렸고, 무언의 긴장 감은 모두 소멸되었으며, 방 안의 모든 사람들은 다정한 눈길을 주고받는 단순한 행동에 집중했다. 청중의 얼굴에도 웃음꽃이 활짝 피었다. 사람들을 화합하게 만드는 데 실내용 화초면 충분했던 것이다. 누가 알았겠는가?

당황스러웠지만 이내 조나스는 더없는 행복을 느꼈다. 그는 감사의 뜻으로 고개를 끄덕였고 군중과 함께 즐거운 마음으로 행사장을 빠져나갔다.

몇 시간 동안 도발적인 발표와 주장, 답하기 어려운 질문들에 관한 토론, 집단 명상 및 찬송, 도전적인 Q&A가 이어진 후에 달라이 라마가 방 안을 가득 메운 옹졸한 분위기를 잠재웠을 때가 의심할 여지없이 이 행사에서 최고의 순간이었다.

'달라이 라마도 무례함을 목격하고도 화를 내지 않았는데, 내가 과연 화내야 할 이유가 있을까?'

행사가 끝나고 나서 조나스가 가장 바랐던 것은 오스틴으로 돌아가서 조용히 되짚어볼 시간을 갖는 것이었다. 하지만 돌아가는 길이 꽤 오래 걸릴 거라는 것을 그는 알지 못했다.

서쪽으로 가려면 '정동㊀東'으로 가라

심포지엄이 차분하게 마무리되는 동안, 밖에서는 엄청난 규모의 폭풍우가 몰아쳤다. 대서양에서 가장 강력한 허리케인으로 기록된 '리타Rita'가 빠르게 휴스턴 쪽으로 접근했고 이미 시장의 대피 명령이 내려진 상태였다.

다가오는 폭풍으로부터 안전한 곳을 찾기 위해 300만 명 이상의 사람들—아이를 동반한 가족, 조부모와 함께 온 가족, 반려동물을 데려온 가족까지—이 몇 시간 만에 모든 내륙도로로 쏟아져 나왔다. 교통상황과 예상되는 날씨 양상을 살피던 조나스는 색다른 발상을 했다. 모든 사람들처럼 저녁 6시에 막히는 도로에 갇히느니 차라리 '저녁식사를 하고 차에서 몇 시간 눈을 붙였다가 새벽 3시에 떠나면 교통체증을 피하고 시간 안에 오스틴으로 돌아갈 수 있지 않을까? 별일 없을 거야.'라고 그는 생각했다.

이후 자신만만하게 새벽 3시에 고속도로로 나선 조나스는 자동차들이 거의 멈춰 있는 모습을 발견하고는 엄청난 실수를 저질렀음을 깨달았다. 그날 오전 10시까지 그는 겨우 11킬로미터를 움직였다. 피곤하고 스트레스 받은(게다가 기름을 아끼려고 에어컨을 꺼서 덥기까지 했다) 조나스는 자기 계획이 제대로 망했다고 생각했다.

그 후 조나스는 여자친구에게—그리고 잇따라 숙모와 다른 가족들에게—전화를 걸어서 기름 넣을 곳을 알려달라고 간청했다. 하지만 하나같이 대규모 대피 때문에 지역 주유소들이 모두 동났더라는 소식만 알려왔다.

조나스는 이미 두 번이나 주유소에 접근하려고 시도했지만 수많은 자동차들이 엉켜서 기름을 넣으려고 북새통을 이뤄 포기할 수밖에 없었다.

초조해진 조나스는 결정을 해야 했다. 그의 직감은 휴스턴에서 폭풍이 잠잠해지길 기다리는 것은 나쁜 아이디어라고 그에게 속삭였지만, 도로가 꽉 막혀서 오스틴으로 갈 수가 없었다. 결국 그는 고속도로에서 빠져나와, 수백만 대의 자동차가 엉켜 있는 고속도로를 우회하기로 결정했다. 운 좋게도 그렇게 결정한 지 1분 만에 기름을 가득 채울 수 있는 주유소를 우연히 만났다. 그는 초콜릿바와 사워크림, 양파맛 포테이토칩과 함께 갈증을 해소하기 위해 물 4리터를 편의점에서 구입했다.

다음 행동을 생각하며 갈 길을 재촉하던 조나스는 햇볕에 얼굴이 탄 소방관 한 명이 작업복을 입은 채 주유소 밖에 앉아 있는 걸 발견했다. 소방관 주위에는 이런저런 잔해와 부서진 자동차들이 나뒹굴었고 사람들이 버리고 간 쓰레기 냄새가 진동했다. 조나스는 어깨가 딱 벌어진 빨간 턱수염의 사내에게 다가가 길을 물었다.

"고속도로로 가기 싫다면, 농업용 도로가 있어요. 정확히 동쪽으로 가야 할 거예요. 이쪽으로 쭉 가면 목장길이 나오는데 거기서…."

조나스가 그의 말을 막았다.

"잠깐만요, 잘 이해가 되지 않는데요. 저는 서쪽으로, 오스틴으로 가야 합니다. 휴스턴으로 되돌아가는 게 아니고요."

그렇지만 남자는 아랑곳하지 않고 말을 이었다.

"좌회전해서 정동쪽으로 가라고요. 그런 다음 거기에서 옛 I-10 번 도로가 나올 때까지 똑바로 가는 겁니다. 한 50킬로미터 정도 돼요. 이봐요, 젊은이. 서쪽으로 가고 싶으면 동쪽으로 가요."

조나스는 일단 소방관의 말을 따라 정동쪽으로 차를 몰았는데, 가는 길에 자기 차 외에 다른 차는 전혀 보지 못했다.

정말 단 한 대도 없었다. 오직 말과 소들, 숲과 목장, 농장과 초원만 보였다. 가장 중요한 건 그가 초콜릿바를 먹고 무사 귀환을 걱정하고 응원하는 친구와 가족들에게 전화를 걸 만큼 충분한 힘을 얻었다는 점이다.

길게 이어지던 도로가 서쪽으로 갑자기 꺾였을 때, 그는 지금껏 봤던 것 중에서 가장 멋진 노을이 자동차를 따라 천천히 움직이는 풍경과 하나가 되었다. 결코 잊을 수 없는 광경이었다.

오래되고 울퉁불퉁한 농로農路를 지나 이윽고 그는 안정적인 속도를 낼 수 있는 옛 고속도로를 만났고, 그 도로는 오스틴으로 향하는 주요 간선도로와 합쳐졌다.

조나스는 이 스물네 시간의 경험을 어떻게 받아들여야 할지 혼란스러웠다. 그것은 기적적이면서도 한편으로는 굴욕적이고 기쁘면서도 한편으로는 짜증스러운 경험이었으니까.

조나스의 머릿속을 떠나지 않았던 것은 토론장에서의 경험이나, 물리학자들이 달라이 라마에게 정면으로 맞서면서 과학이 절대적인 진리인지에 대해 왈가왈부한 장면이 아니었다. 그보다는, 거의 열세 시간 동안 꼼짝하지 않는 도로 위에 갇혀 있을 때 목격했던 인간의 나약함이었다. 사람들의 얼굴에 떠오르던 걱정과 탈진의 기색들, 갈 곳 없이 헤매는 소들, 부서진 자동차들과 쓰레기가 나뒹구는 고속도로가 자아내는 종말론적인 장면들, 그리고 우연히 소방관을 만나 살아남을 수 있었다는 안도감(100명이 넘는 사람들이 그날 같은 고속도로 구간에서 사망했는데, 허리케인 때문이 아니라 대피로 인해 발생한 공황 때문이었다)이 조나스의 머릿속에서 뒤엉켰다.

그래도 가장 중요한 것은 조나스가 마침내 집에 안전하게 도착해서 다음 날 출근할 수 있음에 대한 깊은 감사의 마음이었다. 그리고 놀랍게도 정동에서 서쪽으로 그를 인도해준 농로의 존재는 의미를 추구하는 방법이 지닌 우회적인 특성을 상기시켜줬다. 간접적이고 보잘것없고 혼란스러울지라도 올바른 경로를 찾는 방법은 항상 자기 자신의 경험을 통해서다.

의미 탐색은 '의미 있게'

의미를 탐색함에 있어 당신의 취향이 무엇이든 간에—신앙과 영성을 추구하는 사람이든, 과학과 인간성을 지향하는 사람이든—의미를 자신의 힘만으로 발견해야 하고 틈날 때마다 노력해야 한다. 신앙을 통하든 공부를 통하든 아니면 관찰을 통하든 간에 의미 찾기는 별도의 프로젝트로 추진돼야 하고, 당신이 경험을 통해 결과물이나 목표를 향해

허슬할 때부터 – 비록 간접적인 방식이더라도 – 의미 찾기 프로젝트는
시작되어야 한다.

이러한 시행착오의 경로를 거쳐 당신 자신의 진실을 드러내게 된
다. 재능을 겉으로 드러내는 방식과 아주 똑같이 말이다. 그리고 그
경로는 오래 지속될 뿐만 아니라 당신의 삶, 정체성, 행복에 엄청나
게 중요하다. 그러기에 POP에 '의미' 바구니를 넣은 것이다.

의미를 찾기 위한 탐색은 성취에 있어 중요한 교훈 몇 가지를 알
려준다. 첫째, 에너지, 계획, 결단력 있는 선택을 통해 새로운 경험을
추구하게 되면 '그럴 수가 있나?'라고 의심하지 않고 '그것은…'이
라고 말하며 대답하는 방법을 배우게 된다. 사람들은 가정이나 '하
지 않는 것들'을 통해서가 아니라 자신이 취한 행동과 그 행동이 드
러내는 진실을 통해 자신의 운명에 적극적으로 영향을 끼친다. 만약
행동 – 즉 허슬 – 이 의미를 만드는 궁극적인 방법이라고 한다면, 우
회성은 당신이 매일 일상적으로 택하는 농로와 같다.

당신을 앞으로 나아가게 하는 것들, 행동하도록 영감을 주는 것
들을 뒤쫓기로 함으로써 당신은 안으로부터 당신을 끌어당기는 강
한 힘을 어렴풋이 느끼게 된다. 그 힘은 '왜?'라는 말을 남기며 허슬
을 끝내는 것과 같은 힘이다. 시간이 흐르면서 당신이 얻게 되는 온
갖 이질적인 경험들로부터 인생의 목적을 묶어두는 것과 같은 힘이
기도 하다.

의미 사냥에 너무 열광하면 안 되고 좀 더 깊은 중요도를 부여하
기 위해 당신의 삶을 위태롭게 만들어서도 안 된다. 대신 당신은 일

상의 삶에서 그것을 추구하고 발견해야 한다. 의미를 찾으려면 단지 당신의 의식을 확대하고 중요한 것과 중요하지 않은 것을 파악하기만 하면 된다. 그리고 의미를 찾느라 극한까지 내달릴 필요는 없다.

이 말은 당신 내면의 목소리를 무시하지 말고 스스로에게 귀를 기울이는 법을 배우라는 뜻이다. 그리고 당신의 자아를 때때로 한쪽으로 치워놓을 필요가 있는데, 그래야만 살아남아서 내일도 허슬할 수 있다는 기회에 감사할 수 있을 것이다. 바깥세상이 얼마나 치열하든, 당신이 직면하는 조건들과 분위기가 얼마나 벅차든 상관없이 말이다.

의미는 호기심과 일상적인 상호작용을 통해 '세렌디피티'처럼 나타날지도 모른다. 그리고 심포지엄 후에 불어닥친 허리케인처럼 당신을 공격할 수도 있다. 허슬을 통해 진실과 재능이 드러나듯이, 당신은 일과 삶 속에 숨어 있거나 발을 들여놓은 적 없는 분야에서 눈에 띄지 않게 자리를 잡고 있는 의미를 찾을 수 있을 것이다.

일상에서 더 많은 의미를 추출하기 위한 팁

상호호혜를 통한 의미 찾기: 친절하고 솔직하고 서로 돕는 분위기를 지닌 모든 상황과 모든 상호작용 속에서 이런 접근방식은 도움이 된다. 이는 당신뿐만 아니라 관련된 사람들 모두에게 서로 이익이 되는 긍정적인 결과물을 제공하는 것이다. 만약 누군가가 당신에게 이익이 되는 무언가를 행한다면, 그 은혜를 갚아라. 다른 사람들에게 되돌려줄 작은 방법들을 찾아라. 제스처에 불과할지라도 "제가 무엇을 도와드릴까요?"라고 물어라.

반성을 통한 의미 찾기: 명상이나 요가를 연습하거나, 반성하기와 '자신에게 연결'하는 시간을 매일 가져라. 하루에 20분 정도 의식적으로 호흡을 하면 기분과 마인드 세트, 이해력에 엄청난 효과가 있을 것이다. 쉽게 할 수 있는 방법은 자리에 앉아 호흡이 몸 전체로 퍼지는 것을 느끼는 것이다. 긴장을 풀어라. 당신이 가진 생각들을 마음에 넘실대는 파도라고 상상하라. 하나의 생각에 무게를 두거나 그것에 반응하지 마라. 그저 그것을 인정하고 확인하라. 부드럽고 작게 "그래."라고 말하면서.

감사를 통한 의미 찾기: 별로 감사하고 싶지 않아도 "감사합니다."라고 말하려고 노력하라. 직장에서, 집에서, 체육관에서, 카페에서 왜 사람들에게 감사와 칭찬의 표시를 하지 않는가? 당연한 소리지만, 다른 사람들로부터 칭찬을 들을 때도 환하게 웃으며 "감사합니다."라고 말하라. 이러한 작은 행동이 나중에 큰 도움이 된다.

관계를 통한 의미 찾기: 사람들과 함께 즐거운 시간을 보내면서 당신의 사회적 울타리를 확장하라. 다른 사람들과 계속 연락을 주고받으면서 그들의 삶에 연결돼 있어야 한다. 누군가에게 짧은 편지를 보내거나 우스꽝스러운 카드를 보내라. 당신보다 나이가 많은 현명한 사람들과 우정을 쌓아라. 당신보다 어린 사람들과도 마찬가지다. 우물 안 개구리처럼 살아가는 우를 범하지 마라. 기존의 지인들뿐만 아니라 새로 알게 된 지인들을 통해 놀라운 기회나 의미 있는 사건이 정말 많이 생겨날 수 있다.

커뮤니티 경험을 통한 의미 찾기: 사람들은 타인과 연결되기 위해서 '버닝맨Burning Man' 같은 이벤트나 'SXSW', '위즈덤 2.0Wisdom 2.0' 같은 콘퍼런스에 참가한다. 이러한 행사들은 생각이 비슷한 사람을 찾고, 경험을 공유하고, 잊지 못할 기억을 만드는 방법을 제공한다. 전국적인 포럼이든 지역의 소규모 모임이든, 당신의 '부족'을 찾아내 함께 의미를 만들어낸다면 어마어마한 의미를 끌어낼 수 있을 것이다. 이러한 경험을 하기 위해 돈과 시간을 투자하라. 그러면 정신적인 배당금으로 보답을 받을 것이다.

16. 무한한 게임에 임하는 허슬러의 자세

"유한한 게임은 승리를 목적으로 행하지만,
무한한 게임은 게임을 계속할 목적으로 행해진다."

- 제임스 P. 카스James P. Carse

시작의 끝

당신 자신을 어디에서 찾든, 당신의 힘으로 무엇을 창조하길 바라든, 세상에 무엇을 증명하길 원하든, 당신의 열정이나 좌절감이 어디에 있든, 당신이 곤경에 처해 있든 더없이 행복하든, 우리(저자들)의 삶과 허슬이 우리에게 가르쳐준 한 가지가 있다면 그것은 바로 우리가 항상 새롭게 시작하며 여정을 계속할 수 있다는 것이다.

　그래서 여기에서는 추진력, 돈 그리고 궁극적으로 의미를 추구하는 데에 부단한 경험, 반성, 활기찬 재충전이 얼마나 중요한지를 다시 한 번 강조하고자 한다.

　그 '종착역'인 의미는 직접 실천하는 허슬 경험을 통해 만들어진다. 당신이 어디에서 어떤 일을 했고 어떤 존재가 되었는지를 더 풍부하게 인식시키고 성취감을 느끼도록 할 수 있는 유일한 것은 바로 경험이다.

'내가 진정 누구인지' 혹은 '내가 어디로 가고 있는지' 모른다면 조금은 무섭지 않겠는가? 일과 삶을 통한 허슬은 당신을 예상치 못한 경로로 이끌 수 있고, 신나게도 하지만 때로는 주눅 들게 만드는 예측 불가능성을 만날 곳으로 데려다 놓기도 한다. 정체성에 대한 감각은 때때로 아주 짧은 시간 동안만 느껴지는데, 그럴 만한 이유가 있다. 당신이 스스로를 어떻게 바라보는지, 세상이 당신을 어떻게 보는지는 계속 변하기 때문이다. 어느 것도 고정되지 않는다. 아무것도 고정되지 않는다는 말은 진실이다. 직업, 관계, 지위 등 모두 그렇다. 그것들이 영속적이라고─혹은 영속적이어야 한다고─잘못 인식한다면 당신은 위대함을 추구할 용기를 갖지 못하게 된다. 정체성에는 진화하는 특성이 있다는 점과 당신이 되고자 하는 것의 중요성을 받아들일 수 있다면, 당신은 어떻게 자신의 에너지를 그동안 사용했는지, 어떻게 지나간 시간을 써버렸는지, 앞으로 무엇을 하기로 선택하는지를 반성함으로써 형언할 수 없는 기쁨을 느낄 수 있을 것이다.

반성은 당신에게 관점(혹은 균형감)과 기쁨을 선사할 뿐만 아니라 일과 삶에서의 허슬을 통해 무언가 더 많은 것을 이끌어내도록 해준다. 당신이 성취한 잠재력, 얼굴을 익혀둔 사람들, 당신이 수행했던 프로젝트들 그리고 신뢰성에 대한 입증(=증거)들이 당신을 계속 살아가게 한다. POP는 가능성, 자신감, 자신이 하는 일에 대한 사랑의 느낌으로 당신을 가득 채워준다. 그리고 그 사랑은 엄청난 추진력의 에너지를 드러내기 위한 출발, 실천과 행동, 허슬링에 의해서만 발동이 걸리는 탐험이다.

그래서 우리는 그 과정을 '무한한 허슬'이라고 이름 붙이고자 한다. 마치 계속해서 넘실대는 파도처럼, 무한한 허슬은 다른 것으로 교체되거나 느껴질 수 없는 경험들로 향하게 한다. 현실 세계의 허슬은 실천력을 필요로 한다. 가상 경험이나 '대리 경험'만으로는 아무것도 이루지 못한다.*

그렇기 때문에 이 책의 말미에 이른 당신은 허슬을 통해 이익을 끌어내는 유일한 방법은 스스로 무언가를 실질적으로 '하는 것'임을 다시 한 번 명심해야 한다. 리스크를 수용하고, 행운을 만들어가고, 예상치 못한 곳에서 기회를 발견하면서 말이다. 자기만의 이유(의미)가 있어야 시작하겠다고 하지 마라. 이유는 찾아가는 것이다. 이유는 목적지가 아니다. 케케묵고 상투적인 말 같지만, 이유는 일종의 '여정' 그 자체다. 스스로를 납득시키는 데 지나치게 집중하는 것은 종종 비생산적인 결과를 낳는다. 우회적으로 실천하는 방법이 최적이기 때문이다. 스스로를 더 잘 이해하려면 생각하지 마라. 그저 허슬하라.

스티브 잡스가 호소력 있게 언급했듯이, 당신이 "미래를 생각하

---

* 뉴욕대 종교 역사 및 문예학 명예교수인 제임스 카스의 연구를 참조하라. '무한한 게임'이란 게임을 그만하라고 위협할 경우에 규칙을 바꿔야만 하는 게임을 말한다. 이런 게임의 핵심은 게임을 계속하는 것이다. 이와 마찬가지로, 허슬링의 핵심은 허슬링을 '계속'하는 것이다.

며 점을 연결하고자(혹은 단편적인 사실에서 결론을 도출하고자)" 애쓴다 할지라도 바로 한계에 봉착할 것이다. "그저 앞날을 기대하며 그 점들을 연결할 수 있을 뿐"이다. 역순으로 점을 연결하는 것은 매일 실천할 수 있는 '반성의 명상 과정'으로 가능하다. 그리고 반성의 효과는 개인적으로나 직업적으로나 이익으로 이어진다. 일상적인 선택과 경험을 통해 의미에 대한 인식을 더해가는 것이다. 진정한 자아의 실체를 더 잘 이해하려면 당신의 허슬은 일생 동안 멈추지 않는 탐험이어야 한다. 탐험을 하면서 계속 실천하고 반성하는 것이 핵심이다.

로그오프Log off

의미를 조금씩 알아가고 허슬에 대해 좀 더 깊이 인식할수록 산뜻하고 활기차고 집중이 잘되는 기분을 경험할 수 있다. 그렇게 되면 '업무적으로 판에 박힌 일'과 '무의미한 일상의 일' 모두에 '강제 멈춤'을 가할 수 있고, 아무 생각 없이 멈추지 않으려는 당신의 오래된 습관이 다른 방향으로 향하게 할 수 있다.

우리(저자들)는 매주 일정이 없는 시간을 정기적으로 확보해두길 권한다. 특히 주기적으로 돌아오는 휴가나 휴일에 말이다. 비즈니스나 삶을 영위하는 데 별로 효과적이지 않는데도 해야 한다는 이유로 '그냥 지속하는 일'로부터 스스로를 자유롭게 하라.

그렇기 때문에 우리는 '일정 없는 시간'을 만들기 위해 일정과 업무를 재고하는 것이 얼마나 중요한지를 강조하고자 한다. '일정 없는 시간'은 재충전뿐만 아니라 뜻밖의 일과 뜻밖의 발견을 위해서도 꼭 필요하다.

움직이는 동안에 휴식하기

번아웃되는 가장 빠른 방법은 무엇이든 모든 것에 광적으로 반응하는 것이다. 경험 많은 허슬러들은 '움직이는 동안에 휴식하기'가 필요하다는 것을 잘 안다.

이 말이 무슨 뜻일까? 바로 다음과 같이 해야 한다는 것이다.

1. 아무도 만나지 않고 아무 일도 하지 않는 시간을 가져라.
2. 휴가나 안식일에는 적어도 하나의 새로운 경험을 하라. 기존의 경험으로부터 당신을 자유롭게 하고 당신의 감각을 확장시킬 그런 경험을 말이다.

움직이는 동안에 휴식하기는 추진력을 떨어뜨리지 않는 생소한 방법이지만, 당신은 휴식을 통해 완전히 다른 경험을 얻으면서 다시 젊어진 듯 느낄 것이다!

『아이코노클라스트Iconoclast』에서 그레고리 번스Gregory Berns는 이렇게 말했다.

"뇌가 이전에 경험한 적 없는 자극을 받으면, 인식을 재구성하기 시작한다. 상상력을 불러일으키는 가장 확실한 방법은 당신이 경험한 적 없는 환경을 찾아내는 것이다."

일정 없는 일정을 세워라

일과 삶에서 완벽함은 절대 목표가 아니다. 달력을 일정으로 가득 채우는 것 역시 목표가 아니다. 오히려 그 반대다.

너무나 많은 관리자들, 컨설턴트들, 기업가들, 직원들이 이런 실수를 저지른다. 생산성을 극대화하자는 기치 하에 개인들은 극심한 피로와 감정적인 번아웃에 빠지고 만다. 속도를 줄이는 것이 이익이고, 회복할 시간을 갖는 것이 매일의 '웰빙' 중 하나여야 한다.

팁을 하나 주겠다. 일정을 빡빡하게 채우지 마라. 매주 10~20퍼센트의 시간을 창의력을 위한 시간으로 비워라. 이 말은 일주일에 적어도 네 시간, 많으면 여덟 시간을 다른 사람의 의도와 안건에 대응하지 말고 오롯이 자기만의 시간으로 삼으라는 뜻이다. 그리고 본인의 재능을 진단하고 연습하는 시간을 가져라.

몇 개월이 지나면 당신은 이런 '한가한 시간'이 최고의 아이디어가 떠오르는 순간이며, 자신의 선천적 재능에 대해 더 많은 것을 알게 된 시간임을 깨달을 것이다. 이로써 당신의 잠재력을 발휘하는 새로운 경로는 명확해진다.

'일정 비우기'는 일종의 리셋 버튼이다. 이 버튼을 현명하게 사용하면 당신은 그동안 얼마나 다른 방식으로 살았는지 놀라게 될 것이다. 우리(저자들)의 친구이자 『사랑은 경이로운 것Love Is the Killer App』

의 저자인 팀 샌더스Tim Sanders도 이렇게 말한 바 있다.

"창의력은 달력의 여백에서 생겨난다."

진짜 허슬러와 '탁상 허슬러'의 차이

우리 대부분은 이국적인 곳으로 금방 데려다주는 자가용 제트기가 없고, 위대한 인물들과의 개인적 미팅 일정을 갑작스럽게라도 잡을 수 있는 그룹에 속해 있지 못하다. 그런 라이프스타일을 즐길 수 없기 때문에, 많은 사람들은 다른 사람들의 말과 행적을 간접적으로 경험하며 사는 것이 그나마 자신이 할 수 있는 최고의 것이라고 생각한다.

'탁상 여행자armchair traveler'들은 무속적 치유 의식과 한밤중에 브라질 이키토스Iquitos의 아마존 유역 깊은 곳에서 수상 비행기에 올라타는 스릴에 대한 이야기를 읽는다. 그들은 등장인물들이 배고픈 재규어의 이빨을 피하며 정글을 누비고 다니는 모습을 글을 통해 본다. 그들은 용감한 화자話者의 작은 등에서 땀이 흘러내리고 주인공이 600미터가 넘는 폭포 아래를 내려다보며 깊은 숨을 몰아쉴 때 그들의 몸에 솟구치는 아드레날린을 함께 느낀다.

그러나 탁상 여행자는 그래 봤자 이런 상황이 간접적 경험에 의한 상상일 뿐이라는 점을 잘 안다.

그는 여행 계획을 짤 때 얼마나 복잡한지, 타국에서 비행기가 연착하거나 수하물 분실로 골치 아픈 것까지는 알지 못한다. 오카방고 삼각주Okavango Delta 깊숙이 위치한 보츠와나Botswana 마운Maun 같은 오지에 도착할 때의 희열을 알지 못하며, 사자의 발자취를 따라가고 습지에서 뒹구는 코끼리와 하마를 볼 수 있는, 일생의 한 번뿐인 기회를 잡으려고 뜨거운 여름날에 제대로 된 장비 없이 숲속으로 들어갈 수밖에 없었던 결정의 순간도 알지 못하는 것이다.

'탁상 요리사armchair chef'는 요리책을 읽고 팟캐스트를 듣고 요리 프로그램을 시청한다. 그들은 강렬할 정도로 창의적인 요리법의 역동적인 면모를 눈으로 본다. 하지만 농장에서 바로 만든 크림과 너무나 달콤해서 뼈가 녹아내릴 듯한, 남미에서 가져온 귀하고 비싼 술과 곁들여져 나오는 외국산 열매를 맛볼 수는 없다. 그들은 동물이 똥으로 배출한 커피 원두(혐오스럽긴 하지만 향은 끝내준다)를 신선하게 볶아낸 냄새를 맡을 수도 없다. 이런 커피 원두를 '루악 코피Luwak Kopi'라고 부르는데, 세계에서 가장 희한한 커피 중 하나로서 앙코르 와트의 폐허를 관광하기 전에 그 커피를 신이 나서 마시는 사람들이 있다. 탁상 요리사는 '실제로' 그곳에 있지 못한다.

'탁상 예술가'는 무언가에 대해 읽기는 하지만 직접 자신의 예술을 선보이지는 않는다. '탁상 기업가' 역시 경영에 대해 읽지만 사업은 하지 않는다. '탁상 몽상가'는 꿈을 꾸지만 자신의 꿈을 소유하지는 못한다.

냉혹하게 들릴지 모르지만, 당신이 마땅히 되어야 하는 '진정한 자신'을 드러내는 것은 허슬의 습관인 '행동'이다. 안락의자는 승리하길 바라기만 할 뿐 기꺼이 실패하려 하지 않는 안전그물과 같다. 탁상 허슬러의 문제점은 직접적인 경험을 통해서만 알 수 있고 성장할 수 있다는 점을 모르는 것이다. 당신은 스스로를 길 위에 던져놓음으로써, 그리고 다른 사람들 앞으로 다가가 그들의 허슬에 추진력을 더해줌으로써 성장할 수 있다.

그렇기 때문에 당신을 감동시키는 무언가를 직접 실천하고 경험하지 못하면, 기회를 발견하기 위해 고개를 들어 눈을 크게 뜨지 않는다면, 거래를 요구한다든지 아니면 파트너십을 끝내거나 새로운 프로젝트를 안착시키기를 꺼린다면, 당신이 진정 누구고 당신의 진정한 잠재력은 무엇인지 깨달을 수 있는 기회를 잃고 만다.

허슬을 행하면서 당신은 당신의 삶이 얼마나 많은 모험으로 가득한지, 당신이 열 수 있는 문이 얼마나 많은지를 깨닫고 놀라게 될 것이다. 당신의 출발점이 어디인가는 중요하지 않다. 늦깎이든 아니든 상관없다. 가장 중요한 건 오늘 시작하는 것이다.

당신의 진정한 '이유'

우리(저자들)가 이 책의 내용을 구체화하기 시작했을 때 모두가 즉각 동의했던 아이디어가 하나 있다. 사람들이 자신만의 꿈을 갖도록 돕고, 이유(의미)가 있을 때만 돕지는 않겠다고 약속했던 것이다.

아무도 자신의 이유를 알지 못한다. 왜 결혼하고, 왜 아이를 낳고,

왜 의사가 되고, 왜 영화를 감독하고, 왜 다리를 디자인하고, 왜 책을 쓰는지 그 의미는 처음부터 분명할 수가 없다. 절대 그럴 수 없다. 그럴 수 있다고 보여도 말이다.

그렇다. 당신의 두뇌는 친구와 가족에게 왜 당신이 이 일을 했고 저 일을 했는지 설명하기 위해서 사회적으로 수용 가능한 피상적인 이유들을 준비해놓고 있다.

"엄마, 저는 의사가 되고 싶어요. 사람들을 돕는 걸 아주 좋아하기 때문이에요." "이봐, 친구. 나는 경영 컨설턴트가 될 거라고. 전략을 좋아하기 때문이지."

하지만 이건 다 '눈 가리고 아웅'이다. 당신이 장황하게 늘어놓는 그 피상적인 이유는 당신을 눈멀게 만들고, 앞으로 나아갈 방향을 찾아가는 데 전혀 도움이 되지 않는다.

진정한 이유—신의 이성과 감성 때문에 모습을 감춘—와 당신의 목적, 당신의 의미는 허슬링을 통해서만 모습을 드러낸다. 그리고 실패와 상실, 성공과 승리, 역시 허슬링을 통해서 차란! 하고 나타난다. 우리(저자들)가 말하려는 것은 당신의 진정한 의미는 오직 정신적이고 정력적이고 열성적으로 인생의 타석에서 스윙을 시작할 때에야 비로소 분명해진다는 것이다. 그래서 당신의 진정한 이유를 찾는 유일한 방법은 도전적인 프로젝트를 맡아 시간에 따라 당신이 어떻게 행동하는지 관찰하는 것이다('재능 자가진단하기'를 참조하라).

이유는 경험에서 나오고, 실험으로부터 생겨난다. 잘못된 일을 행할 때도 나오며, 나쁜 의사결정 속에서도 모습을 보인다. 당신이 하는 일이 무엇이든 '이유'에 너무 절절매지 마라.

꿈을 소유하는 것은 벼락출세를 뜻하지 않는다

생각하면 할수록 인생은 어렵다. 그렇지 않은가? 가족에 대한 책임감, 각종 청구서, 여러 가지 의무들이 매 순간 당신을 물고 늘어지기 때문이다. 또한 전쟁, 테러, 가뭄, 질병과 같이 세상에 대한 걱정거리들이 뉴스를 뒤덮고 있기 때문이다.

　이해한다. 하지만 마치 과거에 일어난 일처럼 '시각화'하는 연습을 잠깐 해보자. 내일 아침은 '달라진다'고 가정하자. 기분 좋게 일찍 잠에서 깬 당신은 마음이 새로워지고 깨끗해졌다고 느낀다. 지난밤에 세상은 올바르게 변했다. 그리고 당신의 삶도 그렇게 변했다. 침대에 앉은 당신은 따뜻한 햇살이 방 안으로 쏟아져 내리는 모습을 본다. 새와 다람쥐는 멀리서 찍찍거리며 운다. 당신은 일어서서 천천히 깊게 숨을 쉬고 기지개를 켜며 피부에 닿는 햇살의 느낌을 만끽한다. 잠시 당신은 인생을 생각한다. 그리고 당신은 살아 있음에 감사하며 숨을 천천히 내쉰다. "아ㅡ!"

　이어 편안한 마음으로 주방으로 걸어가던 당신은 미소지으며 생각한다. '그래, 인생은 멋진 거야.'

　이제 거품이 가득하고 뜨거운, 그날의 첫 카페인 음료를 즐길 시간이다. 한 모금 두 모금 마실수록 당신은 이보다 좋을 수 있을까 생각한다. 그리고 방금 배달된 따끈따끈한 신문을 펼치고 뉴스를 꼼꼼히 읽기 시작한다. 아니, 이럴 수가! 당신이 뉴스 1면에 나왔다.

"평범한 허슬러가 자고 일어났더니 유명해졌다"

기사를 읽으니 은행에 500만 달러가 예치되어 있을 뿐만 아니라 추가로 500만 달러가 들어올 예정이라는 것을 알게 됐다. '이게 어찌된 일이지?' 이번 주에 복권에 당첨됐으니 당연한 일이지 않은가! 그래, 인생은 계속 좋아지고 있구나!

침실로 돌아간 당신은 이 모든 일이 무슨 의미인지 깨달으며 여전히 자고 있는 배우자를 내려다본다. 배우자는 완벽에 가깝다. 피부가 보기 좋게 탄 근육질의 몸은 어느 쪽에서 봐도 비율이 좋다. 당신은 이런 만족스러운 연인을 가질 만하다. 언제나 이렇게 사려 깊은 친구를 둘 만하다. 당신의 배우자는 가장 큰 지지자이고 가장 믿음직한 비평가이기도 하다. 지성적이고 이성적이며 배려심 많은 목소리의 소유자이다. 참으로 끝내주는 인생의 파트너가 아닌가!

당신은 삶 전체가 모두 완벽하다고 인식한다. 가족들도 건강하고 편안하게 잘 지낸다. 근심이나 정신없이 바쁠 이유가 없고, 공황 상태에 빠져 어디론가 돌진할 이유는 전혀 없으며, 심지어 원치 않는 전화를 받을 필요도 없다.

사무실에서 싸구려 커피를 마시던 일상은 오래전 일이다. 오전 8시 미팅에 참석하기 싫어 꾸물댔던 것도 이젠 옛일이다. 휴가 때도 고객 전화를 받아야 했다고? 이제는 절대 안 될 말이다. 당신은 더 이상 2005년식 머큐리 마리너Mercury-Mariner를 몰고 집으로 돌아가지 않는다. 드림카였던 저 반짝이는 검은색 신형 BMW 7시리즈가 당신을 기다리는걸! 닥터피시doctor fish로 발 관리를 받고 달팽이 크림으로 얼굴 마사지를 한 다음 오후 1시에 현금으로 그 차를 살 것이다.

더 많은 일을 할 필요도, 더 많은 돈을 요구할 필요도, 더 많은 걱정을 할 필요도 없다. 원하기만 하면 뭐든지 된다. 삶은 당신이 정한 조건과 규칙대로 움직이는 게임이다.

어떤가, 이 시나리오가 엄청나게 멋지게 들리는가? 잠시 숨을 들이쉬자.

당신은 어떨 것 같은가? 그런 지위에 오르려면 무엇을 해야 하는지 알고 싶지 않은가? 그 비결을 알게 된다면 똑같이 하고 싶을 것 같은가? 침대에서 자고 있는 배우자를 좋아한다는 걸 당신은 어떻게 알까? 그리고 그 텅 빈 시간을 어떻게 채울 것인가? 알고 보니 당신은 마음속 깊이 이른 미팅에 일찍 참석하는 것과 낡은 고물 자동차를 모는 것, 새로운 방식으로 문제를 해결하도록 몰아세우며 당신을 테스트하는 것을 진정으로 좋아한다면 어쩔 것인가? 더 많은 사람들이 당신의 새로운 앱을 구매하게 만들고, 당신의 디자인 서비스를 이용하게 하고, 세상에 대한 당신의 기여에 감사하도록 만드는 방법을 좋아한다면 어쩔 것인가?

일상의 짜증스러움과 불안감이 오히려 무언가에 감사하도록 만드는 것이라면, 당신에게 진정한 일을 하고 있다는 느낌과 더 큰 커뮤니티에 연결돼 있다는 느낌을 선사한다면 어쩔 것인가?

그렇다. 인생은 어렵고, 때때로 고통스럽다. 인생은 뚫고 지나가야 하는 과정이다. 당신은 일상에서 의미를 찾기 위해 허슬을 한다. 맞다. 이 말은 당신이 선택을 해야 하는 뜻이다. 그리고 당신은 아는가? 일은 고통스러운 경험이기도 하다는 것을. 하지만 흥미로운 무언가가, 형언할 수 없는 가치와 살아 있게 하는 에너지를 주는 무언가가 생겨난다.

금전적인 불안감과 부채, 조작된 게임과 사회적 불평등, 여러 가지 슬픈 일들을 극복하고 노력한다면, 당신이 돈이 적든 많든, 당신의 가치가 쉽게 대체되거나 없어지지 않는 일이 어딘가에 있을 것이다. 당신이 '되기를 바라는 사람'으로 인정받는다는 것은 때때로 당신에게 중압감을 주는 고통이기도 하다. 돈은 생기겠지만, 그게 중요하진 않다. 중요한 것은 내면의 비판을 잠재우고 '지금 상태'에서 '될 수 있는 상태'로 계속 나아가도록 의식적으로 심리적 몰입을 하는 것이다.

그 과정에서 당신은 몇 차례 이익을 얻을 것이다. 하지만 인생은 정돈되기보다는 더 골치 아파진다. 필요한 것보다 더 많은 돈이 생긴다 해도 그리고 당신의 이름이 신문 1면을 장식한다 해도 인생은 여전히 골칫거리고, 여전히 예측 불가능하다. 늘 어느 정도의 리스크를 필요로 한다. 스스로를 명예롭게 하고 당신의 꿈을 소유하려고 노력하다 보면 매일 짜증이 생기기 마련이다.

'오늘의 나'에서 '되고자 하는 나'로 가려면 시간이 필요하다. 그리고 그 길은 결코 끝나지 않는다. 이것은 진실이다. 미스터리와 모험은 떨어지지 않은 채 함께 간다. 위로가 될 법한 말이 있다면, 그건 "로마는 하루아침에 이루어지지 않았다."이다. 가장 창의적인 지성들도, 강력한 리더들도, 가장 혁신적인 기업들도 일주일이나 한 달 만에 로마를 만들어내지 못한다. 훌륭한 와인처럼, 숙성되려면 시간이 필요하다.

에필로그
무한한 허슬

당신에게 작별을 고하기 전에, 더 많은 시도를 통해 행운을 수확하도록 하기 전에, 당신이 더 많은 우회적 접근을 시도하기 위해 진부한 경로에서 빠져나오기 전에, 돈과 의미를 함께 놓고 보기 전에, 당신의 추진력을 강화하기 전에, 마지막으로 당신을 움직이는 무언가를 행하기 전에 이 말을 명심하길 바란다.

고개를 들고 눈을 크게 뜬 다음 현실화시키기 위한 계약을 맺으라. 이것이 우리가 당신을 떠나면서 던지는 마지막 화살이다. 물론 마지막으로 최고의 것을 준비해놓았으니 기대하라.

일이 이상하게 꼬일 때, 아무도 당신의 멋진 아이디어에 협력하려 하지 않을 때, 당신의 사업 전체가 틀어질 때, 가장 친한 친구의 비웃음이 상처가 될 때, 이성친구나 배우자가 당신을 떠날 때, 이상하게 블로그에 아무도 방문하지 않을 때, 당신의 일자리에 문제가 생길 때, 새로 만든 이력서를 아무도 거들떠보지 않을 때, 은행 계좌가 비어가는데 가족들을 어떻게 먹여 살려야 할지 방법을 확실히 알지 못할 때, 이것을 기억하라. 세상에는 두 가지 종류의 게임이 있다. '유한한 게임'과 '무한한 게임'이.

유한한 게임은 테니스나 축구처럼 항상 시작과 끝이 있고 경쟁자들이 승리와 패배에 관하여 사전에 정한 조건에 만족하면 끝이 난다. 대부분의 스포츠 종목들은 정해진 시간에 상대방보다 높은 득점을 얻으면 승리한다. 야구는 9회 안에 홈으로 주자를 들여보낸 횟수로, 폴로는 네 쿼터 안에 골을 넣은 횟수로 승리를 결정한다. 무엇보다 유한한 게임에는 항상 규칙이 있다. 잘 정의된 규칙 말이다. 규칙의 목적은 게임을 원활하게 끝내는 것이다.

반면, 무한한 게임은 끝도 시작도 없고, 규칙은 유동적이다. 만약 그 규칙이 무한한 게임을 유한하게 만들려는 조짐이 보인다면, 경기 참가자들은 규칙을 바꿔야만 한다. 왠지 익숙하게 들리지 않는가? 허슬처럼 들리지 않는가? 절대 잊지 마라. 무한한 게임에서 규칙의 목적은 경기를 계속하도록 만드는 것이다.

그러니 할 수 있는 한 계속하라. 절대 허슬링을 멈추지 마라. 허슬의 의의는 그저 돈, 의미, 추진력에 있지 않다. 비록 당신이 이 세 가지를 수확하게 될지라도 말이다. 언제나 핵심은 허슬링을 계속하는 것이다.

감사의 말

다음 분들에게 깊은 감사의 말씀을 전한다.

상담역인 스콧 호프만과 몰리 자파, 애니 황 등 폴리오 리터러리 에이전시의 직원들. 조사를 도와준 샤샤 블리엣. 출판사 로델의 책임 편집자인 우슬라 캐리, 행 편집을 담당한 리 밀러, 묵묵히 맡은 바 책임을 다해준 편집팀원 이사벨 휴즈, 발행인인 게일 곤잘레스와 전임자인 메어리 앤 네이플스, 마케팅을 이끌어준 앤지 지암마리노스, 멜리사 미첼리, 신디 베르너, 홍보를 담당한 엘레나 네스빗, 에밀리 웨버 이건. 프론티어 PR의 마크 포티어, 파멜라 피터슨에게도 감사의 말을 전한다. 두 사람은 우리의 메시지가 멀리 폭넓게 전파되도록 해주었다. 그리고 인서전트 퍼블리싱의 톰 모크스와 직원들에게도 감사한다. 그들은 우리의 프로모션과 파트너십이 확장되도록 도와주었다.

켈리 오마라, 프랜 하우저, 휴 포레스트, 레베카 칸타르, 아제이 카푸어, 니나 무프레, 파브리스 그린다, 애밋 마타드라스, 웬디 파파 잔, 앤드루 권, 루이스 카츠 등 인터뷰에 응해준 모든 분들께도 감사 인사를 드린다. 또한, 줄리아 로드, 레이 바드, 제이 파파잔 등 초기 부터 지지를 보내준 분들에게도 감사한다. 비조이 고스와미, 니라즈 반살, 카탈리나 브라브스바브스키, 클라이우디아 페르난데즈, 스투 갈비스, 매트 비만 등은 이 책의 초고를 읽고 우리의 아이디어를 검 토하고 이견을 제시하면서 더 나아진 내용이 추가되도록 시간을 내 주었다.

마지막으로, 우리의 가족에게 감사 말씀을 드린다. 닐은 키란, 프 라티마 파텔에게, 패트릭은 캐티, 셰인, 밀라, 비올라 블라스코비츠 에게, 조나스는 벤자민 거쉬먼, 주디스, 알렉스, 리차드, 로버트, 애 니에게 고맙다는 말을 전한다. 특히 로라 코플러와 램지스(편히 잠 드시길)에게 감사 말씀을 전한다. 여러분의 도움이 있었기에 우리의 여정이 행복했다. 우리에게 지지와 비판, 사랑과 인내심을 보여준 여러분에게(미처 언급하지 못한 분들에게도) 깊이 감사한다.

옮긴이 후기
누구나 자신만의 허슬이 있다

번역할 때 가장 어려운 것 중 하나는 우리말로 뉘앙스를 정확하게 표현하기 힘든 단어를 만날 때다. 이 책의 원제이기도 한 '허슬Hustle'도 바로 그런 경우였다. 저자들은 허슬을 "목표를 향한 결단력 있는 움직임. 하지만 간접적으로 그 움직임 자체가 행운을 창조하고 숨어 있던 기회를 드러내고 우리의 삶을 더 많은 돈과 의미, 추진력으로 충전시키는 움직임"이라고 정의한다. 옮긴이로서 허슬의 의미를 간추려본다면, '어느 곳에 있든지 늘 목표를 탐색하고 언제든 그것을 향해 달려가려는 재빠른 결단력' 정도가 아닐까 생각된다. 아직 허슬의 의미가 와닿지 않는다면, 부끄럽지만 나의 허슬 이야기를 통해 보다 선명하게 이해하길 기대해본다. 돌이켜보니 20년간의 내 사회생활은 허슬의 연속이었기 때문이다.

내 첫 번째 허슬은 시스템 통합System Integration, SI 업체에서 글로벌 컨설팅 회사로 옮겨가는 과정에서 이루어졌다. 대학을 졸업하고 첫 직장이었던 자동차 회사가 IMF 금융위기 무렵에 부도를 맞아 부랴부랴 인력 구조조정을 하던 때에 나는 안전하게 보이는 모 그룹사의 SI 업체에 지원서를 넣었다. 고백하자면, 붙거나 말거나 큰 기대를 하지는 않았던 터라, 건방지게도 고작 다섯 줄로 된 자기소개서를 적어냈다. 면접관들이 그렇게 건방진 놈이 누군지 얼굴이나 한번 보자고 한 것인지는 몰라도, 며칠 후 면접 날짜가 잡혔고 정말 운 좋게도 면접 한 번만으로 합격할 수 있었다.

그러나 대수롭지 않게 생각했던 SI 업체의 업무는 나와 맞지 않았다. 불과 며칠 전만 해도 자동차 회사에서 몇 천억 원 규모의 중후장대한 개발 프로젝트를 진행했던 내가 모니터에 얼굴을 박고 프로그램 코드의 자잘한 버그를 잡아내야 했으니 말이다. 하루 종일 끙끙대다가 마침표 하나 잘못 찍어 생긴 버그를 찾아내면 기쁘기보다는 '내가 여기서 무슨 일을 하는 거지?'라는 자괴감이 여름날 태풍처럼 밀려들었다. 지금 돌이켜보면 그때의 경험이 IT에 대한 이해를 높이는 데 도움이 됐지만, 당시엔 내가 펼치고 싶었던 꿈과는 상당한 괴리가 느껴졌고 회사 다니는 유일한 목적을 월급 받는 것에 국한시켰다. 자동차 회사를 계속 다닐걸, 하는 후회도 막급이었다.

그렇게 2년을 어렵게 다니다가(IMF 외환위기 직후라서 직장 찾기가 어려웠다) 뜻밖의 기회가 찾아왔다. 내가 다녔던 자동차 회사의 상사가 외국계 컨설팅 회사로 이직했다는 소식을 우연히 듣게 됐다. 회사가 다른 기업으로 인수합병되는 과정에서 업무를 경험했던 그가 컨설팅사의 M&A 컨설턴트가 된 것이었다. 당시 우리나라엔 인수합병 유경험자가 부족했기에 조금이라도 해당 업무를 수행한 사람이라면 컨설팅사의 유력한 영입 대상이었다. 그 소식을 접한 나는 대학 시절부터 막연히 가지고 있던 컨설턴트의 꿈을 다시 꺼내들 수 있었다. 복학 후 생명과학에서 산업공학으로 과를 옮겼던 이유 중 하나가 컨설팅에 대한 동경 때문이기도 했던 것이다. 조금 어렵긴 했지만 면접 기회를 잡을 수 있었고 몇 번의 면접 끝에 컨설팅사에 입사할 수 있었다. 저자들의 용어를 빌리면 '밖에서 안으로의 허슬(발 들여놓기)'을 시도해 성공한 셈이었다.

나의 허슬은 여기에서 끝나지 않는다. 그 후 '안에서 위로의 허슬'을 감행했기 때문이다. SI 업체에서 시스템 엔지니어로 근무했던 경력 때문인지 나는 당시 유행했던 '경영정보시스템' 구축 컨설팅 팀에 배속되었다. 헌데 우리 팀의 영업력이 부족해서인지 고객으로부터 제대로 된 프로젝트를 따내지 못했고 나는 6개월 이상 아무 일도 하지 않은 채 월급만 축내고 있었다. 그러던 어느 날, 지식경영컨설팅 팀에서 인력을 지원해달라는 요청이 들어왔는데, 시스템이 아니라 순수한 '경영 컨설팅'을 해보고 싶었던 나에게는 뿌리치기 어려운 제안이었다. 나는 두말할 것 없이 팀 이동을 자청했고, 오래 지나지 않아 새로운 팀에 시니어급 컨설턴트로 자리를 잡았다. 덕분에 몸이 힘들 정도로 여러 프로젝트에 투입돼 경력이라는 소중한 자산을 구축할 수 있었다.

하지만 거기에서 멈췄다면 아마도 지금의 나는 존재하지 않았을 것이다. 몇 년 후 컨설팅사라는 안전한 울타리를 벗어나 '안에서 밖으로의 허슬'을 감행하여 독립적인 컨설턴트로 체질 전환을 이루었고, 비록 일천할지라도 '밖에서 위로의 허슬'을 통해 여러 권의 저서와 역서를 출간함으로써 컨설팅에서 벗어나 경영 분야의 작가 및 번역가라는 타이틀을 얻게 됐다. 물론 나의 허슬은 아직 현재진행형이다. 언제나 호시탐탐 노리고 있으니 말이다.

이 책에는 허슬을 감행하여 더 나은 세계로 자신의 사고와 지식을 발전시킨 사람들의 이야기가 생생히 담겨 있다. 그들은 결코 뛰어난 두뇌와 풍부한 자산을 지닌 게 아니었다. 공통적으로 그들은 언제나 우리 근처에 있는 사람들이고, 어느 곳에 있든지 항상 '다음의 목표'를 설정하고 끊임없이 앞으로 나아가려는 재빠른 발걸음을 보이는 자들이며, 필요하면 우회하거나 규칙을 바꾸는 용감한 인물들이다. 읽어보면 알겠지만, 허슬은 로켓 과학이 아니다. 누구에게나 유효한 지침이고 방법이다.

또 한 권의 번역서를 세상으로 내보내는 이 순간, 삶은 힘들고 괴로운 여정이지만 그 삶을 즐겁게 만드는 에너지는 허슬을 통해 부단히 공급할 수 있음을 새삼 깨닫는다. 이 책이 계기가 되어 '오늘의 나'를 '내일의 나'로 만들어가는 여정에 동참하길 기대해본다.

유정식

이 책을 쓰는 데 영감을 준 자료들

우리는 이 책을 저술하고 조사하는 과정에서 우리의 의식과 지식을 고양시키고 계몽시키는 수많은 자료를 알게 됐다. 그중 당신에게 추천하는 책과 동영상은 다음과 같다(번역서가 있을 경우에는 번역서 제목을 따름-옮긴이).

『부채: 그 첫 5,000년Debt: The First 5,000 Years』 / 데이비드 그레이버David Graeber : 인류학자인 데이비드 그레이버는 기존의 상식을 뒤엎는 놀라운 주장을 제시한다. 그는 돈 이전에 부채가 있었다고 말한다. 5,000년 넘게, 농경 중심의 제국들이 등장한 이래로, 인간은 물건을 사고팔기 위해 정교한 신용 시스템을 사용해왔다는 것이다. 동전과 지폐가 발명되기 오래전부터 말이다. 그레이버는 우리가 채무자와 채권자로 나뉜 사회를 처음으로 목도하는 시대라고 주장한다.

『추격, 우연 그리고 창의력: 참신함이라는 행운의 기술Chase, Chance, and Creativity: The Lucky Art of Novelty』/ 제임스 오스틴James H. Austin : 『선과 뇌의 향연 Zen and the Brain』의 저자인 오스틴은 이 책을 통해 창조 과정에서 우연의 역할을 살펴본다. 그는 생의학 연구 과정에서 인내, 우연, 창의력이 어떻게 상호 작용하는지를 개인적인 이야기를 통해 설명하고, 자신이 도달한 결론을 어떤 분야의 창조 과정에도 적용할 수 있다고 말한다. 그는 자신만의 조사를 통해 예상치 못한 사건들이 어떻게 연구 성과로 이어지고 참신한 결과를 낳았는지를 보여준다.

『어린왕자The Little Prince』/ 앙투안 드 생텍쥐페리Antoine de Saint-Exupéry : 사막에 불시착한 비행사는 여러 행성들을 여행하면서 인생에서 가장 중요한 것이 무엇인지 찾으려 하는 어린왕자를 만나게 된다.

『행복에 걸려 비틀거리다Stumbling on Happiness』/ 댄 길버트Dan Gilbert : 이 멋지고 위트 있고 쉽게 읽히는 책에서 하버드의 유명한 심리학자 댄 길버트는 미래를 잘못 이해하고 만족도를 잘못 추정하도록 만드는 상상의 오류와 예측의 환상에 대해 다룬다. 심리학, 인지 신경과학, 철학, 행동경제학의 최신 연구들을 생생하게 설명하면서 길버트는 과학자들이 미래를 상상하는 독특한 인간의 능력에 대해서, 그리고 그 미래가 현실이 됐을 때 무언가를 얼마나 좋아할지 예측하는 능력에 대해서 연구한 바를 설명한다.

『자신 있게 결정하라: 불확실함에 맞서는 생각의 프로세스Decisive: How to

Make Better Choices in Life and Work』 / 칩 히스Chip Heath, 댄 히스Dan Heath : 베스트 셀러 『스위치Switch』와 『스틱!Made to Stick』의 저자 칩과 댄 히스는 우리의 일과 개인적 삶에 있어 가장 중요한 주제 중 하나를 다룬다. 바로 '어떻게 더 나은 결정을 하느냐'이다.

『긍정의 시간: 어떻게 밖에서 춤추고 여러 사람 앞에서 서 있으며 어떻게 당신 자신이 되는가Year of Yes: How to Dance It Out, Stand In the Sun and Be Your Own Person』 / 숀다 라임스Shonda Rhimes : 이 가슴 아프면서도 명랑하고 사람들을 끌어당기는 아주 내밀한 이야기를 통해 헐리우드에서 가장 영향력 있고 〈그레이 아나토미〉와 〈스캔들〉의 뛰어난 크레이터이자 〈범죄의 재구성How to Get Away with Murder〉의 책임 프로듀서인 숀다는 "예스"라는 말이 자신의 인생을 어떻게 변화시켰는지 보여주고 당신도 그렇게 할 수 있다고 말한다.

『스스로를 경영하라Managing Oneself』 / 피터 드러커Peter F. Drucker : 우리는 전례 없는 기회의 시대에 살고 있다. 어디에서 시작하든 상관없이 야망과 열정과 재능을 갖고 자신이 선택한 직업의 최상에 오를 수 있다. 하지만 기회에는 책임이 따른다. 오늘날의 기업들은 지식노동자의 경력을 관리해주지 않는다. 그렇기 때문에 당신은 자신만의 CEO가 되어야 한다.

『자기 갱신: 개인과 혁신 사회Self-Renewal: The Individual and the Innovative Society』 / 존 가드너John W. Gardner : 이 고전적인 책에서 가드너는 왜 위대한 사회가 번성하고 멸망하는지를 살핀다. 그는 활력이 미국 사회의 지형을 극적으로 뒤바뀌놓은 병폐는 아니라고 주장한다. 20세기는 과거 어느 때보다 더 빠른 변화를 낳았고 그와 함께 진보와 각종 문제, 잦은 파괴가 뒤따랐다. 가드너는 사회를 분절시키고 파괴하는 변화보다는 풍요롭게 하고 강화시키는 변화를 지지해야 한다고 주의를 준다.

『낙관성 학습: 어떻게 내 마음과 삶을 바꿀까Learned Optimism: How to Change Your Mind and Your Life』 / 마틴 셀리그먼Martin E. P. Seligman : 긍정심리학이라는 새로운 과학의 아버지로 잘 알려진 셀리그먼은 낙관주의가 어떻게 삶의 질을 향상시키는지, 그리고 누구든지 어떻게 낙관주의를 배울 수 있는지에 대해 20년 넘게 임상 연구를 계속하고 있다.

『직진보다 빠른 우회전략의 힘Obliquity: Why Our Goals Are Best Achieved Indirectly』 / 존 케이John Kay : 이 혁명적인 책에서 경제학자 존 케이는 언뜻 보기에 역설적이면서도 매우 상식적으로 느껴지는 개념을 증명한다. 행복부터 산불을 막는 문제에 이르기까지 복잡하거나 광범위한 목표를 달성하는 최고의 방법은 '간접적인' 방법이라는 것이다.

『열정은 쓰레기다: 열심히 노력하는 당신이 항상 실패하는 이유How to Fail at Almost Everything and Still Win Big』 / 스콧 애덤스Scott Adams : 만화 〈딜버트〉의 작가 스콧 애덤스는 지금껏 낸 책들 중에서 가장 개인적인 책을 통해 자신의 숱한 실패를 장난스럽게 회고하며 그런 실패가 성공에 대해 무엇을 가르쳐주었는지를 이야기한다. 어떻게 몇 년 안에 불운한 사무직 직원에서 세계적으로 유명한 카툰 작가이자 베스트셀러 저자로 변모할 수 있을까? 어떠한 경력 가이드들도 그 답을 제시할 수 없고 스콧 애덤스도 모든 사람들에게 적합한 로드맵을 주지 못한다. 하지만 그의 개인적 이야기로부터 많은 것들을 배울 수 있을 것이다. 유머는 덤이다.

『유한한 게임과 무한한 게임: 놀이와 가능성으로 삶을 바라보기Finite and Infinite Games: A Vision of Life as Play and Possibility』 / 제임스 카스James P. Carse : 무한한 게임이란 무엇인가? 무한한 게임이 어떻게 유한한 게임을 하는 방식에 영향을 주는가? 유한하거나 무한한 게임을 할 때 우리는 무엇을 하게 되는가? 그리고 무한한 게임이 우리가 살아가는 방식에 어떻게 영향을 미칠 수 있는가? 카스는 우리가 유한하게 그리고 무한하게 '노는' 장소, 이유, 방식을 설명하면서 자신의 탁월한 관찰과 통찰의 세계를 놀랍도록 우아하고 논리정연하게 제시하면서 이런 질문들을 탐색한다. 그는 경기장과 놀이판에서 벌어지는 유한한 게임들부터 문화와 종교에서 발견되는 무한한 게임에 이르기까지 우리의 세계를 살피면서 우리가 알고 있다고 생각하는 모든 것들을 재조명한다.

『사랑하기에 충분한 시간Time Enough for Love』 / 로버트 하인라인Robert A. Heinlein : 미래의 역사를 다룬 하인라인의 위대한 업적이자 최고의 작품인 이 책은 수세기를 넘나드는 라자루스 롱의 거대하고 장엄한 여정을 그린다. 하인라인의 책 중 가장 길고 가장 야심에 찬 작품인 이 책에서 그는 결코 거부하지 못하는 '삶'과 사랑에 빠지고 스스로가 자신의 조상이 될 정도로 시간과 사랑에 빠진 한 남자의 이야기를 다룬다.

『최고의 나를 꺼내라The War of Art: Break Through the Blocks and Win Your Inner Creative Battles』 / 스티븐 프레스필드Steven Pressfield : 무엇이 우리가 동경하는 것들을 하지 못하게 막는가? 내면의 반대론자는 왜 있는 걸까? 창조적 노력을 막고 있는 바리케이드를 어떻게 걷어내고 꿈꾸던 사업을 시작하거나 소설을 쓰고 혹은 그림 그리기를 시작할 수 있을까? 베스트셀러 작가 스티븐 프레스필드는 우리 모두가 맞서야 하는 적을 규명하고 이러한 내부의 적을 물리치는 전투 계획을 제시한다. 그리고 어떻게 위대한 성공에 도달할지 꼭 집어 말해준다.

『피카소와의 대화Conversations with Picasso』 / 브라사이Brassaï : 이 책은 피카소뿐만 아니라 전쟁 한복판에 놓인 파리의 예술적이고 지적인 분위기를 전반적으로 묘사하고 있다. 또한 피카소의 작품을 사진에 담으며 1940년대 초반을 보냈던 재능 있는 사진작가이자 다작 작가의 시각을 보여준다. 브라사이는 그 위대한 화가와의 만남과 약속 모두를 세심하고 애정 어린 문체로 기록했다. 그렇게 했기에 이 책은 피카소와 그의 세계를 진정으로 이해하고픈 사람들에게 놀랍도록 깊고 내밀하며 매우 중요한 이야기를 들려주고 있다.

『린 기업가The Lean Entrepreneur』 / 브랜드 쿠퍼Brant Cooper, 패트릭 블라스코비츠Patrick Vlaskovits : 이 뉴욕타임스 베스트셀러는 '예지력의 환상'을 몰아내고, 당신이 기업가적 성공으로 가는 여정에서 제품을 만들고 기존의 시장을 뒤흔들어놓으려면 어떻게 증명되고 실행 가능한 기술을 구현할 수 있는지를 보여준다. 이 책은 린 스타트업 방법론으로부터 고객 통찰customer insight, 신속한 실험, 실행 가능한 데이터에 대한 개념을 통합함으로써 개인과 팀, 혹은 전사적으로 문제를 해결하고 가치를 창출하고 비전을 빠르고 효과적으로 달성하는 방법을 제시하고 있다.

『예술과 예술가: 창조적 욕구와 성격 개발Art and Artist: Creative Urge and Personality Development』 / 오토 랭크Otto Rank : 이 책은 개인적인 예술 작업뿐만 아니라 종교, 신화, 사회 제도 등 모든 복잡한 측면에서 무언가를 창조하려는 인간의 욕구를 탐색한다. 심리학과 심리분석의 지식을 기반으로 랭크는 심리학을 넘어 인간 본성을 광범위하게 이해하기 위해 인류학과 문화 역사학을 통한 폭넓은 주제를 다룬다.

『무엇이든 피칭하라: 제안, 설득, 계약 성공의 혁신적인 방법Pitch Anything: An Innovative Method for Presenting, Persuading, and Winning the Deal』 / 오렌 클라프Oren Klaff : 피칭에 관한 한 클라프는 범접할 수 없는 실적을 지니고 있다. 지난 13년 동안 4억 달러 이상의 투자를 유치하기 위해 그는 독특한 방법을 사용해왔고, 이제 그는 사람들이 어떠한 비즈니스 상황 속에서도 '이기는 피칭'을 구사하도록 자신의 방정식을 처음으로 이 책을 통해 설명하고 있다. 투자자에게 아이디어를 '팔든', 신사업을 의뢰인에게 피칭하든, 더 많은 연봉을 협상하든 간에, 이 책은 당신이 아이디어를 '포지션'하는 방법을 변모시킬 것이다.

『그릿: IQ, 재능, 환경을 뛰어넘는 열정적 끈기의 힘Grit: The Power of Passion and Perseverance』/ 앤절라 더크워스Angela Duckworth : 선구적인 심리학자 앤절라 더크워스는 성공을 갈망하는 사람들에게 특출난 성취의 비밀은 재능이 아니라 그녀가 '그릿'이라고 부르는 열정과 끈기의 결합이라고 말한다.

『아웃라이어: 성공의 기회를 발견한 사람들Outliers: The Story of Success』/ 말콤 글래드웰Malcolm Gladwell : 글래드웰은 누군가가 성공한 방법을 알기를 바란다면 그들을 둘러싼 것들, 예를 들어 가족, 태어난 곳, 심지어 태어난 날짜들을 살피는 데 더 많은 시간을 써야 한다고 주장한다. 숨어 있던 이치를 드러내면서 글래드웰은 인간의 잠재력 대부분을 형성하기 위한 놀랍고 도발적인 청사진을 제시한다.

『위대함: 누가 역사를 만드는가Greatness: Who Makes History and Why』/ 딘 키스 사이먼튼Dean Keith Simonton : 마돈나, 컨퓨시어스Confucius, 재키 로빈슨Jackie Robinson의 공통점은 무엇일까? 무엇이 위대한 정치 지도자로 역사에 이름을 남기도록 할까? 왜 혁명이 발발하고 폭동이 발생하며 폭력적인 군중이 집결하는 걸까? 어떤 사건을 사람들은 가장 쇼킹하고 가장 기억에 남는 것으로 생각할까? 이런 선구적인 업적을 통해 사이먼튼은 역사의 흐름에 영향을 끼친 중요한 인물들과 사건들을 처음으로 포괄적으로 살펴본다. 이 책은 역사에 이름을 남긴 사람들이 평범한 사람들과 다른지, 보통 사람들과 다른 특별한 성격 기질이 어떤 사람을 세계적인 리더, 영화 스타, 과학 천재, 운동선수 등으로 만드는지를 다룬다. 이 책은 위대함의 심리학을 탐색하는 과정에서 우리가 역사를 만든 사람들과 공유할 수 있는 특성이 무엇인지를 밝히고 있다.

『우리는 왜 자신을 속이도록 진화했을까: 진화생물학의 눈으로 본 속임수와 자기기만의 메커니즘Deceit and Self-Deception: Fooling Yourself the Better to Fool Others』 / 로버트 트리버스Robert Trivers : 리처스 도킨스, 스티븐 핑커와 같은 학자들로부터 칭송을 받는 트리버스는 어떻게 우리가 스스로를 얼마나 자주, 왜 속이는지를 살펴본다. 우리는 매일 스스로에게 거짓말을 한다. 우리가 얼마나 잘 운전하는지, 얼마나 많이 스스로를 기쁘게 하는지, 심지어 우리가 얼마나 잘생겼는지에 대해서 말이다. 이 혁신적인 책에서 로버트 트리버스는 항공 재난, 사기꾼, 성적 배신, 가족 내의 갈등 등 여러 가지 놀라운 사례를 들며 우리가 어떻게 자기기만을 하는지뿐만 아니라 왜 그러는지를 이야기한다. 현실을 드러내는, 도발적이면서도 위트 있는 이 책은 금세기에 쓰인 가장 필수적으로 읽어야 할 책들 중 하나다. 당신이 안다고 생각하는 모든 것을 다시 생각하게 만들 것이다.

『권력의 신호: 집단을 이끌고 타인을 설득하고 개인적 영향력을 극대화하는 과학Power Cues: The Subtle Science of Leading Groups, Persuading Others, and Maximizing Your Personal Impact』 / 닉 모건Nick Morgan : 만약 누군가가 당신에게 당신의 행동이 보이지 않는 권력에 의해 통제되었다고 말한다면 어떨 것 같은가? 우리 대부분은 그런 말을 회의적으로 듣겠지만, 알고 보면 엄청난 진실이다. 우리의 뇌는 지속적으로 우리가 알지 못하는 신호를 전달하고 수신한다. 여러 연구에 의하면 이러한 지속적인 인풋이 다음에 내려야 할 결정의 대다수를 몰고 가는 바람에 사람들은 그 결정을 행하고 난 후에야 그런 결정을 인식한다고 한다. 이것이 리더십에 주는 시사점은 아주 중요하다. 이 자극적이지만 실용적인 책에서 저명한 스피치 코치이자 커뮤니케이션 전문가인 닉 모건은 감정을 유발시키는 타인의 비언어적인 신호(미묘한 제스처, 소리, 표시 등)에 응답하도록 인간이 어떻게 프로그램되어 있는지를 보여주는 최근의 연구를 집중 소개한다.

조지 칼린, "The American Dream(아메리칸 드림)", 유튜브 http://www.youtube.com/watch?v=rsL6mKxtOlQ. Bitly.com/GeorgeCarlin AmericanDream

숀다 라임스, "Be a Doer, Not a Dreamer(몽상가가 아니라 행동가가 돼라)", 2014년 다트머스 대학 졸업식 축사, 유튜브 http://www.youtube.com/watch?v=EuHQ6TH60_I, http://bit.ly/BeADoer

루이스 CK, "Everything Is Amazing and Nobody Is Happy("모든 것이 놀랍고 아무도 행복하지 않다)", 유튜브 http://www.youtube.com/watch?v=q8LaT5Iiwo4, Bitly.com/EverythingIsAmazing

미주

PART 1 마음

1. www.iop.harvard.edu/harvard-iop-fall-2015-poll

2. usnews.nbcnews.com/_news/2013/04/24/17882085-americans-head-north-for-affordable-college-degrees?lite

3. http://www.smh.com.au/business/the-economy/australian-households-awash-with-debt-barclays-20150315-1lzyz4.html

PART 2 머리

4. www.healthyhorns.utexas.edu/n_dietsoda.html

5. www.purdue.edu/uns/x/2008a/080211SwithersAPA.html

PART 3 습관

6. David Obstfeld, "Social Networks, the Tertius Iungens Orientation, and Involvement in Innovation," Administrative Science Quarterly 50, no. 1 (March 2005): 100-130.

옮긴이 유정식

경영 컨설턴트이자 인퓨처컨설팅 대표. 포항공과대학교 산업경영공학과를 졸업하고 연세대학교에서 경영학 석사학위를 받았다. 기아자동차에서 사회생활을 시작했으며, LG CNS를 거쳐 글로벌 컨설팅회사인 아더앤더슨Arthur Andersen과 왓슨와이어트Watson Wyatt(현 타워스왓슨)에서 컨설턴트로 경력을 쌓았다. 시나리오 플래닝, 전략적 사고, 문제 해결력, 인사 전략 등을 주제로 국내 유수 기업과 공공기관을 대상으로 컨설팅과 교육을 진행하고 있다. 지은 책으로『착각하는 CEO』『당신들은 늘 착각 속에 산다』『경영, 과학에게 길을 묻다』『전략가의 시나리오』등이 있고, 옮긴 책으로『에어비앤비 스토리』『하버드 창업가 바이블』『디맨드』『당신은 사업가입니까』『피터 드러커의 최고의 질문』등이 있다.

KI신서 6256

허슬, 멈추지 않는 추진력의 비밀

1판 1쇄 발행 2018년 8월 13일
1판 2쇄 발행 2018년 8월 30일

지은이 닐 파텔·패트릭 블라스코비츠·조나스 코플러 **옮긴이** 유정식
펴낸이 김영곤 박선영 **펴낸곳** ㈜북이십일 21세기북스

정보개발본부장 정지은 **정보개발1팀장** 이남경 **책임편집** 김은찬
해외기획팀 임세은 장수연 이윤경
출판영업팀 이은정 한충희 최명열
출판마케팅팀 김홍선 최성환 배상현 이정인 신혜진 나은경 조인선
홍보기획팀 이혜연 최수아 박혜림 문소라 전효은 염진아 김선아
디자인 this-cover.com (주영훈 이아름)
제작팀 이영민

출판등록 2000년 5월 6일 제406-2003-061호
주소 (10881) 경기도 파주시 회동길 201 (문발동)
대표전화 031-955-2100 **팩스** 031-955-2151 **이메일** book21@book21.co.kr

㈜북이십일 경계를 허무는 콘텐츠 리더

21세기북스 채널에서 도서 정보와 다양한 영상자료, 이벤트를 만나세요!
페이스북 facebook.com/21cbooks 블로그 b.book21.com
인스타그램 instagram.com/book_twentyone 홈페이지 www.book21.com
서울대 가지 않아도 들을 수 있는 명강의! 〈서가명강〉
네이버 오디오클립, 팟빵, 팟캐스트에서 '서가명강'을 검색해보세요!

ⓒ 닐 파텔·패트릭 블라스코비츠·조나스 코플러, 2018

ISBN 978-89-509-6203-6 03190